保健体育科教育における
肥満羸痩概念の基礎的検討

吉川　和利

溪水社

保健体育科教育における肥満羸痩概念の基礎的検討

目　　次

序　章 ………………………………………………………… 1
　第1節　研究の目的　1
　第2節　健康事象の現代的課題と肥満　2
　　1）人口統計学的にみた有病率の変遷　2
　　2）現代病の危険因子の構造化　4

第1章　肥満羸痩の概念規定と
　　　　保健体育科教育における課題 ……………………… 6
　第1節　一般モデルによる生体エネルギー源と
　　　　　肥満羸痩の関連　6
　　1）栄養障害の指標としての体格の意義　6
　　2）肥満羸痩に関わる体格指標の有効性と限界　9
　第2節　肥満羸痩概念ならびにその指標の批判と更新　12
　　1）羸痩から肥満への問題転換　12
　　2）肥満度指標の批判と体組成への更新　12
　　3）わが国における肥満羸痩指標の問題点　14
　第3節　肥満羸痩度に関連する保健体育科教育的課題と
　　　　　概念モデル　18
　　1）保健体育科教育の教育課程における肥満羸痩概念の反映　18
　　2）身体活動からみた体組成の概念化　23
　第4節　全体モデルの仮定　25

第2章　研究の理論的枠組み ……………………………… 26

第1節　体組成の成分要素の理論　26

1）直接法による体組成分画化の理論段階　26

2）間接法による体組成の理論段階　27

3）多成分モデルへの進展　29

第2節　間接的な推定方法の進展とその信頼性　30

1）総水分量法の定量による体組成推定　31

2）総カリウムの定量値による体組成推定　35

3）クレアチニン法による体組成推定　37

4）体密度法測定法による体組成推定　39

5）皮脂厚など身体計測法による体組成推定　42

6）電気工学の援用による体組成推定の信頼性　46

第3節　体組成定量方法の妥当性の検討　52

1）体水分量定量値による体組成推定の妥当性　52

2）総カリウム測定法による体組成推定の妥当性　55

3）尿中クレアチニン法による体組成推定の妥当性　56

4）体密度法による体組成推定の妥当性検討　58

5）皮脂厚法など身体計測法による体組成推定の妥当性　59

6）電気工学援用法の妥当性　64

第4節　総合的な有用性の評価　68

第5節　体組成予測モデルの研究系譜　69

1）体組成予測モデルへの帰着必然性　69

2）体組成予測モデルの研究系譜　75

3）予測モデルの互換性と相補性　91

4）独立変数採択からみた体組成予測モデルの限界　92

5）標本の属性からみた予測モデルの限界　94

6）モデルの妥当性・信頼性の限界　96

第6節　体水分モデルの意義　97

1）多成分的モデルでの必要性　98

第1章　肥満贏痩の概念規定と
保健体育科教育における課題

　　本章では肥満贏痩が人間の成長とそれを援助する教育の中でどのように取り扱われたかを検討する。そのため、1）人の生命活動に関わる栄養熱量の関与を検討し、肥満贏痩が熱量供給と不可分であることを述べる。また、2）肥満贏痩度が成長過程での健康度と密接に関係し、乳幼児期には贏痩が健康に関わる重要な要件であることを述べ、さらに、3）肥満贏痩概念が欧米では20世紀半ばから脂肪沈着性の体組成概念へと変化しつつあり、4）わが国では学校教育、社会教育の充実の一方で、旧態依然とした概念によって支配されていることを述べる。

第1節　一般モデルによる生体エネルギー源と
肥満贏痩の関連

1）栄養障害の指標としての体格の意義

　ヒトは食糧を外部から経口的に摂取し、歯によってこれを咀嚼する。食糧のうち、人間の営みを生成するエネルギー源になるものは三大栄養素といわれる炭水化物、蛋白質、脂肪である。
　各栄養素の基本的構成は以下のように理解されている。
　（1-1）炭水化物はブドウ糖、果糖、ガラクトースなど単糖体が2つ以上つながって構成されたものを指し、11以上の単糖体がつながった多糖類とそれ以外の少糖類に区分される。
　（1-2）蛋白質は約20種類のアミノ酸が一列に連なってでき、これが糸屑様に絡まって丸められた構造になっている。
　（1-3）脂質には「グリセロールに脂肪酸が3分子つながった」中性脂肪、

子＝慢性的基礎疾患とすれば、現実の疾患である高血圧疾患や糖尿病など
は第3次因子となり、第4次的状態に死因ともなる脳血管疾患や冠動脈疾
患の発症がある。こうした疾患発症は第1次から第2次など低次の因子が
複合した個体で著明になること、第2次よりも第3次の因子と水準が高次
になるにつれて不可逆性が高まることが推測できる。

　また、これら因子＝疾病間の相互関係は1要因の非制御化が別の要因の
増悪化を招来し、疾患の発症に至る閉塞的循環回路を形成している。つま
り運動不足という高度産業社会特有の因子、高度に発展した経済下で増加
する「脂質」、「砂糖」などの多い熱量過剰な食品やミネラル・ビタミン不
足に陥りがちな食事栄養因子が「運動不足＝栄養不良＝熱量過剰＝肥満＝
運動不足＝ストレス社会＝循環器疾患＝運動不足＝……」と連鎖する閉塞
的循環回路の出発点となっている。特に最近の知見では動脈硬化や癌の発
生に深く関わる生化学的因子としてフリーラジカルが提言され、これはま
た、老化学説の中心的な位置を占めるまでになっている。

　高度な高齢社会を迎えようとするわが国でもこれらの慢性退行性疾患へ
の対応は焦眉の急な課題である。特に循環器疾患は過労死を極とした中高
年疾患であり、FA（Factory Automation）化やOA（Office Automation）化に
よる高密度化・低消費エネルギー化を特徴とした高度産業社会に必須的に
生じた疾患である。

　とりわけ1960年代以降の日本でこうした慢性退行性疾患が注目されるよ
うに至ったのは、産業労働者の労働態様がOA化、FA化し高密度化、低運
動量化したことと不可分である。これは厚生省による有病率調査、疾病罹
患調査などにみられる糖尿病を代表とした代謝性疾患、高血圧症など循環
器疾患、筋骨格系・結合組織の疾患の増加に顕著にみることができる。

しかし社会経済的環境の著しい高進とともに、健康事象そのものは、急性感染症から慢性退行性疾患に変容している。また、その危険因子の同定に際して肥満度重視への視点の変換はあったとしても、肥満度評定は依然として旧来の身長—体重の合成指標に依存している。内分泌系・代謝系あるいは心臓血管系の疾患などの増加傾向を考慮すれば、内臓の脂肪蓄積度の評定へと肥満度評定が移行せねばならないことを示唆している。

ヒトの体は骨などの主成分であるミネラル、骨格筋や内臓を構成する蛋白質、それらに含まれる水分、および脂肪分などで構成されている。体脂肪分については必須脂肪の他に余剰な脂肪があり、これが臓器や皮下に蓄積した度合いをもって肥満度をいう。

増加しつつあるこれらの疾患発症には、人間生活において、最も基本的な食生活や基本的な生活習慣が、蓋然的ではあっても、関与している。これら身体の健康に関わる要素は、最も基本的であるが故に、個人の意志や、外的な教育的介入（intervention）によって適正化が可能な要素でもある。

肥満関連疾患の発症予防や制御のために、仮に、適度の随意運動が勧告されるとすれば、まず個体の病態診査や身体資源の評価があり、適正な運動の組立ての段階、そして実際の運動実施が図られる。この評定段階の客観化、妥当化を意図した基礎研究として、体内総水分を予測するモデル定立を目的としたのが、本研究である。

２）現代病の危険因子の構造化

循環器疾患には高カロリー摂取と低カロリー消費なるカロリーからみた不均衡状態が考えられるところから、運動不足病のほかに食源病と概括的に呼称される。これらの現代病の危険因子について内科学など主として医学領域の知見を総合的に検討すると以下のような点が考えられる。すなわち、喫煙、過食、美食、ミネラル不足・高脂肪・蛋白食の摂取、精神的ストレスの蓄積などの生活習慣因子の低下を第１次因子とすることができ、それに対応して派生しあるいは増悪化する肥満症、耐糖能低下を第２次因

（6.1人／0.2人）、高血圧症（30.7人／1.3人）、筋骨格系及び結合組織の疾患（16.1人／1.5人）となっている。また平成5年患者推計調査でも疾病分類は異なるが、平成2年調査に比べ高血圧症が＋4.8％（＝639.5万人／610.4万人）、心疾患＋0.6％（160.6万人／159.6万人）、糖尿病＋4.7％（156.5万人／149.4万人）、癌＋20.9％（90.8万人／75.1万人）などの増加率を示している。これらは成人期にその患者数が多いことから、成人病・老年病と総称され、高齢化社会や電子機器普及の現代社会の生活条件と不可分である。またそれらは病像が慢性波状的に進行することや原因が不明確であって、原因の多重積性を示し、個体差の大きい蓋然性をもった複合病変として掌握されている。

　厚生省の患者調査等を通して明らかなように現在のわが国は急速な高齢社会とともに、慢性退行性疾患増加の趨勢にある。それらの疾患の成因は生活習慣、交通手段の発達など種々の要因が重複化し、閉塞化したものであることは多くの臨床医学的、基礎医学的研究から明らかにされている。その発症は家庭的・社会的に枢要な位置にある壮年期に多く、成長期から青年期にかけての生活習慣因子の適切化によって予防可能であることも多くの研究が示唆するところである。

　それらの疾患はまた、個体差が著明であり、病像にも慢性波状的であるため、一義的にその兆候や罹患の有無、進行の程度を捉え難いことも特徴である。つまり軽症の段階で予知したり、あるいは進行を抑制するためには、その指標を如何に捉えるかは極めて重要である。肥満度は、そのメルクマールのひとつであり、また閉塞化しているこれらの疾患の増悪因子でもある。有効な肥満度指標として知られているのは、身長と体重という最も単純な体格指標を利用した指標である。

　肥満に対置される指標に羸痩がある。急性感染症の危険因子が栄養障害を起点とする抵抗力や免疫力の低下であったがために、戦前戦後、ならびに高度経済成長期を通じ、羸痩は、栄養障害の標識として乳幼児期、成長期から壮年期、老齢期まで有効に利用されてきた。これは栄養供給源の適切さを示すのに身長と体重の二大指標で十分に機能したからに他ならない。

〜30%である」ことが指摘されている（北川、1986）。

　非脂肪量（FFM）と除脂肪量（LBM）の定義上の差異は以下のようになる。脂肪組織の比重は0.94であって、体重から必須脂肪でない脂肪を除いたものがFFMである。また、非脂肪量FFMのほかに、除脂肪量（Lean Body Mass, LBM）という用語がある。Lohman, T. G.（1992, p.2）はこれを定義し、必須脂肪が男子２％、女子８％含まれるものをLBMに当てるとしている。本研究では、これらの知見に準じてFFMを原則的に使用するが、論文等の引用にあたっては、執筆者の示すとおりに従うことにする。

　保健体育科教育の主要教材であるスポーツや表現活動は、無酸素的、有酸素的に供給された化学的エネルギーを筋肉に供給し、それを筋肉が機械的エネルギーに変換する形式によって行われるが、この筋肉はFFMの主要な構成分である。消費熱量的意義が優先する身体活動では、基礎代謝測定時の酸素消費量とFFMの非常に高い相関関係が指摘されており、個体の肥満羸痩の実質的評定を適切に行うことは極めて重要である。

　本研究はこれまで明らかにされてきた科学的事実、とりわけ、脂肪分以外の非脂肪分（FFM）に占める体水分量の割合が一定であるという事項に依拠しながら、定量化された体水分を身体計測値から予測する統計モデルの定立を行い、肥満度羸痩概念の保健体育科教育における位置づけを検討する。

第２節　健康事象の現代的課題と肥満

１）人口統計学的にみた有病率の変遷

　厚生省の患者調査など行政統計の有病率、受療率など患者調査をみると、糖尿病、高血圧症、筋骨格系及び結合組織の疾患がこの30年間に際だった増加を示している。すなわち1988年の厚生省「国民衛生の動向」では1955年に比して1000人あたりの有病率の著明な増加を示す疾患として糖尿病

序　　章

　　本章では、第1節において研究目的を提示し、また、第2節では肥
満贏痩の概念化の前提作業として健康事象としての肥満に関わる外在
的な由来を論じ、あわせて肥満に関連した疾患の発症や増悪化の内的・
外的制御が、一定程度、可能であることを論じた。

第1節　研究の目的

　　本研究は肥満や贏痩度に関する基礎的研究として体内総水分量（Total
Body Water, TBW）を身体計測値から外挿的に予測し得る統計モデルを作
成し、学校教育や社会教育において等閑視されがちな肥満贏痩の教育学的
意義についての検討を行うことを目的とする。

　　ヒトの体は骨などの主成分であるミネラル、骨格筋や内臓を構成する蛋
白質、それらに含まれる水分、つまり非脂肪量（Fat Free Mass, FFM）およ
び脂肪量（Fat Mass, FAT）で構成されている。

　　体組成に関わる種々の基礎的研究は実験・分析技術と歩調を合わせなが
ら、ヒトの体内のミネラル、体水分の評定についても、科学的な事実を明
らかにしている。

　　まずもって、ここでは、本研究で扱うこれら体組成に関する用語の定義
ならびに肥満の一般的な基準についても指摘する。

　　脂肪量は必須脂肪分と臓器や皮下に蓄積した余剰脂肪とに大別される。
本研究に関わる肥満度は、一般的に脂肪量が体重に占める割合（体脂肪率、%
FAT）によって表示される。Lohman, T. G. など米国の体組成研究者たち
の間では、一般人の最適健康状態とは「体脂肪率が男子10～25%、女子18

保健体育科教育における肥満羸痩概念の基礎的検討

2）保健体育科教育の内的・主観的側面からみた体水分モデルの意義　212

　　3）肥満羸痩に関する全体（holistic）モデルへの発展　215

第4節　今後の課題　217

文　　献　……………………………………………………………………　221

謝　　辞　……………………………………………………………………　245

4）データ解析　174

　第3節　結果と考察　174

　　1）基本統計量と相関行列　174

　　2）重回帰モデルの作成方式　176

　　3）最適モデルの選択　180

　第4節　考　　察　182

　　1）重回帰式の妥当性検討　182

　　2）モデルの信頼性の確認　183

　　3）体脂肪率の推定　184

　第5節　小　　括　186

第6章　リッジ回帰分析による最適モデルの選択　……　188

　第1節　リッジ回帰分析の定義と体組成研究上の意義　188

　第2節　資料と方法　189

　第3節　結果と考察　190

　　1）多重共線性の探索　190

　　2）リッジ推定量の軌跡　192

　　3）ステップワイズモデルとの比較による妥当性検討　195

　　4）予測モデルからの体脂肪率推定　195

　第4節　小　　括　196

第7章　結論と討論　……………………………………　197

　第1節　研究結果の要約　197

　第2節　体水分モデルの成果と体組成研究に関わる意義　205

　　1）独立変数に示されるモデルの有効性　205

　　2）肥満度評定と関数式係数を巡る論議　206

　　3）体組成に関した応用的研究への発展可能性　208

　第3節　保健体育科教育における課題への成果　209

　　1）保健体育科教育の外的・客観的意義からみた体水分モデル　209

v

第4節　考　　察　140

　1）予測モデルでの独立変数の検討　140

　2）残差分析　141

　3）体脂肪率の算出　144

　4）モデルの適用範囲の限界　145

　5）計測値の正規性検定について　146

第5節　青壮年期男子の予測モデル作成に関する
　　　　資料と方法　150

　1）被験者の特性と身体計測　151

　2）体水分量の定量方法　152

第6節　男子に関する予測モデルの研究結果　152

　1）基本統計量の算出　152

　2）相関係数行列と多重共線性の検出　154

　3）重回帰モデルの作成　155

第7節　予測モデルの評価とモデルの再構築　157

　1）2、3の基準統計量による評価　157

　2）残差分析　159

　3）異常値除去後の重回帰分析　161

　4）モデルの多重共線性について　165

　5）体脂肪率の換算　166

第8節　提示モデル全般の考察ならびに小括　167

第5章　周径値を独立変数とした
　　　　体内総水分量（TBW）予測式作成の試み ……… 171

第1節　周径値モデルの意義　171

第2節　資料と方法　173

　1）被験者　173

　2）体内水分量の定量　173

　3）身体計測　174

２）電気抵抗的方法への応用可能性　99

　　３）関数式での係数確認の意義　100

　第７節　重回帰分析に関する最近の課題　102

　　１）資料の分析手法の選択　102

　　２）重回帰分析の定義　106

　　３）最良回帰式の選定と統計的基準　107

　　４）情報量規準の導入　108

　　５）多重共線性への対処　113

　　６）残差分析　114

第３章　研究主題ならびに仮定の設定　……………… 117

　第１節　作業課題と仮定　117

　第２節　被験者　120

　第３節　研究の実施　122

　第４節　研究の限界　124

第４章　青年期から壮年期までの
　　　　体内総水分量予測式の作成　……………… 126

　第１節　重回帰式での変数選択と
　　　　　予測モデル最適化の必要性　126

　第２節　資料と方法　129

　　１）被験者の選定　129

　　２）体水分の定量方法　130

　　３）身体計測の手続き　130

　　４）統計解析の理論的枠組み　131

　第３節　研究結果　133

　　１）基本統計量の算出　133

　　２）相関係数行列の検討　135

　　３）重回帰分析の実際　136

「グリセロールに2分子の脂肪酸ならびに1分子の燐酸がつながった」主要骨格を有するリン脂質、そしてコレステロールがある。

また、各栄養素の吸収と分解は、以下のようになる。

（2-0）これらの食糧のうち、炭水化物のひとつ、でんぷんは消化酵素唾液アミラーゼによってすでに咀嚼段階から短く切られて消化が始まる。その他は胃や小腸で初めて消化が開始される。

（2-1）炭水化物のうち、でんぷんは咀嚼段階から麦芽糖化が進んでいるが、胃から小腸に入った時点で、すい臓アミラーゼによってブドウ糖化される。その他の乳糖、しょ糖を含めてすべて二糖類化された炭水化物は、以下のような消化酵素によって肝臓に吸収される。麦芽糖はマルターゼによって2つのブドウ糖になり、しょ糖はフルクターゼによってブドウ糖と果糖になり、乳糖はラクターゼによってブドウ糖とガラクトースにそれぞれ分解されていく。

（2-2）蛋白質は強酸性の胃液によってアミノ酸の絡みが解け始め、表面積が増加する（蛋白質変性）。変性が進むうちに胃の蛋白消化酵素ペプシンがアミノ酸の結合を切断し始める。さらに蛋白質は小腸において、すい臓でつくられた10種類近くの蛋白質消化酵素によってアミノ酸に分解される。

（2-3）脂肪は胃までの過程では変化がなく、肝臓で生成され胆嚢に貯蔵されていた胆汁により、小腸で乳化される。その後、すい臓から分泌された脂肪分解酵素リパーゼによって、グリセロールと脂肪酸が分離される。消化の終了したアミノ酸のうち90%は、小腸壁から吸収されて、肝臓に運搬される。

次に各栄養素の体内での作用を示す。

（3-1）ブドウ糖は血中では血糖とよばれ、筋肉ではこれはグリコーゲンになる。血糖値が上昇すれば、すい臓からインスリンが分泌され、血糖を細胞内に取り込む。組織のうち、脳はブドウ糖のみをエネルギーとすることができる。

（3-2）アミノ酸はアミノ基とカルボキシル基を合わせ持つ化合物であ

る。このうちわれわれの体内で機能し得るアルファ・アミノ酸が20種類ある。これらが50以上つながりあったものが機能する蛋白質であり、ヒトのからだで酵素となったり、細胞の修復など体構成分、あるいはエネルギー源になる。ある蛋白質をつくる場合、そのアミノ酸構成が決定している以上、何がしかのアミノ酸が不足していれば、余剰のアミノ酸からこれをつくり出すことも可能ではある。ただし人体で生成できないため、食糧からしか摂り得ないアミノ酸がある。この必須アミノ酸は成人で8種類、子どもで9種類となっている。

（3-3）脂肪の働きは以下のような諸点になる。①エネルギー源＝まず脂肪細胞中の中性脂肪を脂肪酸とグリセロールに分離し、これを血清アルブミンによって必要な組織に送る。このうち、各細胞は脂肪酸を細かく切り分けてクレブス回路で燃焼させ、最終的に水と二酸化炭素を生成する。あるいは燃焼できなかった脂肪はケトン体になる。②生体膜の成分＝細胞膜は燐酸に飽和脂肪酸、不飽和脂肪酸が結合したリン脂質の二重構造としてできており、ホルモンを通した他の細胞との情報伝達、バクテリアなどの防護壁的な役割もある。③エイコノサイドの原料、④その他、皮下脂肪の体温調節材的役割、油溶性ビタミンの吸収補助、コレステロールの持つ皮質ホルモン、性ホルモンの材料役なども重要である。

最終的に各栄養素の代謝過程は以下のようである。

（4-1）ブドウ糖はいったん肝臓に集められ、血液中に送り出され、細胞は必要に応じてこれを取り込む。ブドウ糖は細胞に取り込まれた後、20以上のステップを経てエネルギーを生産する。この代謝過程のうち、ピルビン酸までは細胞質、それ以降はクレブス回路を中心に細胞内のミトコンドリアで行われる。またブドウ糖が燃焼していく過程で放出されるエネルギーは、アデノシン3燐酸（ATP）に吸収される。ブドウ糖1分子が燃焼する時には38個のATPがつくられ、その一つひとつには約8kcalが貯えられている。つまりミトコンドリアをエネルギー生成の発電所とすれば、ATPは蓄電池にたとえることができる。

（4-2）このようにわれわれの細胞エネルギーの中核はブドウ糖である

が、エネルギー量に余裕があって、発電の必要がない場合には、肝臓と筋肉でグリコーゲンとなり、また代謝の過程で脂肪やアミノ酸の合成を行っている。

また余剰なアミノ酸は糖質化、脂肪化し、また逆に蛋白質はグリコーゲンからも生成される。

そして脂肪は脂肪細胞からできている脂肪組織にいったん送り込まれる。また糖質も肝臓・筋肉でグリコーゲン化しても、貯蔵できない程、必要以上にとりすぎた場合には脂肪組織に貯蔵される。脂肪組織が多いのは、皮下（皮下脂肪）や内臓（内臓脂肪）である。

われわれの日常生活では、エネルギー源は食事後の数時間内ではブドウ糖に依存しているが、次第に脂肪からのエネルギーに変換される。

これら三大栄養素の主たる共通する働きは活動エネルギーの生成である。蛋白質と炭水化物は相互依存的に補完しあい、また脂肪化もする。

しかし脂肪は蛋白質やグリコーゲン（糖質）になることはなく、したがって一方向的であるということができる。脂肪の燃焼は筋肉でしか可能でなく、これを燃焼させるには長時間の筋肉運動によることが必要である。

また、熱量が供給され、消化されたとしても、これを代謝し細胞内で実質有効なエネルギーに変換していくためには補酵素が欠かせない。補酵素役には素因子としてビタミン13種類とミネラル類二十数種が該当する。

このビタミン類、ミネラル類、とりわけ微量栄養素と熱源たる三大栄養素との間に軽重はなく、それらがすべて揃っていること、万遍なく摂取されていることによって生命の鎖が維持できている。

2）肥満贏痩に関わる体格指標の有効性と限界

上記の栄養熱源の供給が満足されなかったり、熱源の消費が供給を上回ったりした場合には筋繊維の萎縮がおこる。また必須な脂肪分もいき値以下に低減することも有り得る。こうした体構成実質限界をさらに下回る状態は極度の贏痩として臨床医学の対象となる。

(1)乳幼児の健康指標としての肥満贏痩性

　とりわけ、臨床医学で問題とするのが、出生時の低体重である。WHOでは1950年に2500g以下で出生した者を未熟児とし、1960年にその呼称を低出生体重児とし、2500g未満としている。わが国では、1935年（昭和10年）の出生数1000あたりの乳児死亡率は約110、これに対して英国や米国では50から70前後に過ぎない。医学やパラメディカル・サイエンスの進歩によって、わが国のこの数値は1970年の8.7から、1975年の6.8、1985年の3.4へと漸減してきている。しかし、厚生省資料（国民衛生の動向1989年版）によれば1985年現在でもこの数値が高い国としてユーゴスラビア（16.4）、ハンガリー（15.6）、ポーランド（13.0）など東欧の旧共産圏諸国があげられ、西欧の自由主義経済国家ではこの数値が7以下となっている。また、旧共産圏以外の開発途上国ではさらに高い数値になると推測される。出生時の体重は妊娠中から周産期までの母体の栄養状態に関係するところが大きい。特に蛋白質は細胞の構成に不可欠な要素とされるが、完ぺきに必須アミノ酸を含んだ母乳の供給はまさしく母体の健康によって生み出され、胎児そして乳児の健康の源泉であると考えられる。

　乳幼児期には体格、特に体重の大なることが、健康に関して、必要十分条件として考えられており、同時に経済発展と不可分な関係にあるとみなすこともできよう。

(2)成長期の健康指標としての肥満贏痩性

　クラーク, H. H. (1967) は栄養不足は子ども達や若い成人達への重大な健康への脅威であるとしている。わが国でも、戦時下の「体力管理法」のもとでは、栄養状態がロウト胸などを参考に、基本的には身長および体重の大なることが、感染症や内臓疾患の無い状態を示し強壮の条件と評定されていた。熱量の不足は予備エネルギーとしての脂肪貯蔵の減少だけでなく、通常の活動エネルギー源の不足でもあり、したがって慢性的な疲労物質の蓄積による疲労感や無気力、また成長遅滞を招来することが考えられる。同時にビタミン類やミネラル類に不足が生ずる。成長とは現象的には骨の伸長、筋肉の肥大化である。したがって日本でも身長と体重の月齢、

年齢別の percentile 値が母子手帳に記載され、成長の指標化になってきている。

　学齢期でも成長の指標に身長と体重の二大指標を利用しているが、胸囲や座高も併せて利用されている。現在でも栄養不良、特に摂食障害などに由来する疾患の診査には重要な条件と考えて良い。しかし、栄養摂取の質ならびに量的な変容を主たる原因のひとつに子どもだけでなく、成人にも旧来とは異なった身体の健康阻害がみられる。アレルギー性疾患などは身長や体重にほとんど無関係にみられることは、すでに外見的な指標だけでは健康の指標足り得ないことを示唆している。

(3) 2、3の肥満羸痩度指標の有効性

　全身の肥満羸痩度を表す指標として、体重（WT）と身長（HT）、あるいは胸囲など一次的な測定値の間の比などを用いたものがよく利用される。たとえばBMI（＝WT／HT^2）は古くから肥満度評価の指標になっている。これらは広くいえば肥満羸痩度を表す指標と考えることもできるが、現在でもよく使用される指標として、比体重＝Quetlet指数、比胸囲、Rohrer指数、Kaup-Davenport指数、Pignet指数、Vervaeck指数、Pfaundler指数、Pirquet指数などがある。また図表を作成して栄養や発育状態を検討しようとした研究者もあり、Wetzelgridは身長・体重の直角座標を利用する方法、平田と角は年齢月齢別の身長・体重、身長・胸囲の相関確率類楕円に基づく相対的体格判定図を作成して満月齢に対応する身長や肥満羸痩度、胸郭広狭度を検討する方法などが提示されている（新井と上田、1972）。これらの間には似て非なる関係が認められており、これらは算出方法にしろ、図表上の観察にしろ簡便であるが、ほとんどが主に乳児期や幼児期など成長期の栄養状態・発育状態に関して形態との関係から種々の算出方法を考えたものである。また少なくとも手元で得る資料からはそれらが本来持つ妥当性、あてはまりの良さ、信頼度について検討されたものはない。

第2節　肥満贏痩概念ならびにその指標の批判と更新

1）贏痩から肥満への問題転換

　贏痩ではなく肥満に由来する、あるいはその合併症としての多様な疾患は、先進工業国化を19世紀後半から20世紀前半までに果たした欧米で、すでに問題視されていた。1974年に昇格したフォード大統領が諮問した健康と栄養ニーズに関する委員会（＝通称マクガバン委員会）の設置理由は、1920年以降からその時点まで50歳の米国人男子の平均余命の伸びが9カ月でしかなかったこと、癌や糖尿病の増加など食源病への対応を焦眉の急としたからである。同委員会のレポートがアメリカでは数百万部売れ、多くのアメリカ市民が啓発を受けたのは、その後、牛肉より鶏肉が嗜好され、クリーム、バター、マーガリンなどの消費が低下し、果物が増加したことでも良く理解されよう。

　過剰な肥満が蓋然的ではあるが、心的ストレスなどとともに、糖尿病、冠動脈疾患の要因として理解されている。とりわけ内臓への深部脂肪蓄積は、単なる体重過剰のみでは知り得ないが故に、後に検討するような精緻な体組成の分画的研究が進展するようになったのも、この時点からである。それまで健康としての肥満贏痩度評定が乳幼児期、成長期あるいはスポーツ選手に限定的であったのに比べ、現代の肥満贏痩度、とりわけ、深部脂肪の評定までを含む体組成のモデルと実査が必要になってきている。

2）肥満度指標の批判と体組成への更新

　すでにみてきたように、わが国にしろ、欧米にしろ、20世紀前半までは贏痩がそのまま、栄養障害というヒト、特に成長期のヒトにとって過酷で、かつ最も基本的な飢餓を示す指標として扱われてきた。確かに贏痩は栄養

障害から派生し、さらには活力や疾病抵抗力の低減を示すことには違いなく、現在でも発展途上国では重要な健康指標になっている。しかし、特に社会経済指標の向上とともに、羸痩よりも肥満に関する問題が指摘されつつある。

欧米の先進工業国は、すでに20世紀前半から食糧自給は国全体としては、満足されており、むしろ肥満に関係する健康事象が問題となっていた。そのため、特に成長期の子どもを対象とした学校教育、とりわけ体育学に関する研究者によって羸痩よりも肥満度指標の設定が焦眉の急な課題として検討されていた。これはすでに指摘した通りである。

肥満とは辞書的な定義では「太っている、太り過ぎている」ことを意味し、obesity あるいは obese とは「食い荒らす、腹いっぱい食べる」という意味の to eat away を語源としている。しかし単なる食行動を意味するだけではなく、実質の体組成における過剰な脂肪を表すと見るのが妥当であり、したがって、身長と体重の比率を用いた実査的な評定が試みられてきた。

実はアメリカでは年齢別にみた身長―体重標準値表を20世紀前半から使用し、これが長い期間、骨の伸長、筋肉の肥大成長を示す基準とされていた。しかし20世紀後半には、こうした標準表が「たとえば栄養失調の児童は必ずしも under-weight ではない」と評されるような遺漏がおこり、Meredith の Height-Weight Chart、Wetzel の格子図などが提言されている（クラーク, H. H., 1967）。

しかし食糧供給が満足されたことで肥満傾向者の増加と肥満由来の疾患増加が起こり、このことはもっと急激な変更を要求することになった。先にあげた身長―体重標準値表が「体型、骨格寸法、および、適合しなければならない標準体重に骨、筋、脂肪の割合を無視してしまう」と考えられ、体型と種々の組成要素によって識別する必要性が指摘された。こうした要求に応えるように、「上腕囲」、「胸厚」、「腰幅」の測定値に基づくACH指数、あるいは身長、胸厚、胸幅を使った推定体重値の試みがある。また Cureton は骨格成長、筋肉成長、脂肪組織が体重推定に有効であることを

述べている（クラーク，H. H., 1967）。

これらの実査的な教育評価的肥満羸痩度評定以外にも、体重の中身そのものの検討が開始される。これは肥満そのものが当時の欧米社会で問題となったことや、軍人・プロスポーツ選手の適性検査が必要であったことを理由にしている。この進捗については後の章で詳細に検討する。

3）わが国における肥満羸痩指標の問題点

(1)わが国の発育促進現象と肥満羸痩指標の問題点

わが国ではすでにみてきたように、戦前から羸痩が栄養障害、さらには活力や疾病抵抗力の低減を示す指標として考えられてきた。戦時中から敗戦にいたる過程で弱者としての子どもにも成長阻害現象が発生していた。明治以降、穀物主体の食事から徐々にではあるが、蛋白や脂質の比率を高める方向にシフトされた栄養状況は明らかに体格の向上をもたらしていた。15歳男子をみると明治33年には身長＝152.1cm、同体重＝43.0kgであったものが、40年後の昭和10年には157.6cm、48.3kgとなり、また、女子では身長＝144.8cm、体重＝42.0kgであったものが昭和10年には150.7cm、45.9kgとなっていた。戦況の悪化から食糧事情の悪化─成長の阻害がもたらされ、敗戦後の昭和23年には男子が身長152.7cm、体重44.0kg、女子が149.1cm、43.9kgとなって少なくとも体重は同一年齢で低下し、身長は従来のプラスの傾向線が停滞か、低下を示すことになった。この後、もとの傾向線上の推計値に戻るキャッチアップ現象の終了は昭和45年前後まで待たないと認められないことになる。

かくして戦後の復興が進み豊かな生活がもたらされた時点では急速な体位の向上がみられ、平成年代では15歳の体位は男子167.9cm、59.0kg、同女子は157.2cm、52.1kgまで上昇してきている。

しかし戦後復興期から高度経済成長期に至ると、羸痩よりも肥満の問題が提示されるようになった。これは十数年の time lag こそあれ、欧米先進諸国の歩みと同じである。ここにも肥満羸痩が優れて社会経済的指標で

あると考えることができる。肥満児が学術的あるいは社会的に問題とされたのは定かではないが、食糧難とGHQ主導による海外からの援助食糧の供給を経て、主食たるコメ自給が1955年前後に達成されたことと無関係ではない。

同時に電気機械産業の隆盛の本格的な振興によって家庭電化製品の普及、自家用自動車の普及が進んできた。このことは、畢竟、身体活動量すなわち消費熱量の低下をもたらした。エネルギー出納の不均衡は、生体のメカニズムとして蓄積脂肪の増加をもたらす。先に述べた体位向上の反面、昭和39年から開始された文部省スポーツテストでは体位の向上に見合った運動能力や体力の向上がないことが昭和40年代後半から指摘され、背筋力や立位体前屈など大筋系の体力ではむしろ低下が指摘されている。

しかし、肥満児の指摘が1970年代初頭にあったとしても、日本の教育界には、羸痩から肥満への問題所在の変更の指摘を叫ぶのみであり、一方、肥満症に関わる医学的な定義に至るとき、「脂肪含量が増加していることを証明しなければならない」としながら、「身体の脂肪量を簡単に測定する方法は確立されていない。そこで便宜的な診断方法……統計学的に割り出された身長にふさわしい標準体重ないし理想体重を基準として肥満度が定められている」(「医学大辞典」南山堂)とされる。しかし、体組成の水準にまで体の実質の評定が進捗しているのにも関わらず、肥満羸痩指標は1920年代に提示された身長体重比、BMI、あるいはローレル指数の応用を一部の教師が試験的に試みていたに過ぎない。すなわち、1973年の学校保健法施行令の改訂にあっても、肥満・羸痩傾向は主観的な評定にまかされ、肥満羸痩度の基礎となる検査項目も身長、体重、胸囲、座高にとどまったままである。

一方、体組成実質に関する研究は1960年代に栄養研究所において青年期の者を対象にしたことに嚆矢があり、現在でも日本の研究の多くはこれをもとにしたデータ収集を実施している。研究者間で利用されるにしてもすでに古いコホートに関したモデルが連綿として息づいているということができよう。

(2)日本における食糧栄養学的課題

　日本での食糧栄養事情には、第二次大戦前後と高度経済成長期以降とでは劇的な変容がある。とりわけ、戦後に米飯に替わってパンを主食として開始された学校給食の影響は、児童が成人した後のみならず、その家族をも含めた肉や炭酸飲料に代表される欧米食への移行と海藻、野菜、魚、豆類離れを起こしてきている。厚生省の逐次刊行報告書「国民栄養の現状（昭和50年版から平成4年版まで2～3年間隔で8年分）」から総摂取熱量に占める脂質比率を年次をおって計算すると明白な脂質の年次増加が観察される。こうした脂質比率の増加傾向は、活動熱源としての炭水化物・脂質・蛋白質の混合割合が変化したことであり、ガソリンから重油系への変質と換言できることになる。国内総生産（GDP）とカロリーの混合比率を相関させて示した Perisse et al. の資料（丸元、1993）では、経済の豊かさは「分離しない動物性脂肪」、「分離した植物性脂肪」、「砂糖」の増加が顕著なことを示している。

　「ヒトにとって自由な選択が許されながら、結果として必要な栄養素を確保できる食生活が可能だということは大きな幸せである」（日達、1993）とされながら「食」という基本的で、そして楽しみ深い要件は、1980年代以降の日本で健康づくりの施策としてとりあげられる。エネルギー消費量・摂取量としてのみ運動や食事がとりあげられ、健康処方の上でカロリー測定こそ有効な手段であるとの認識が高まってきているように思える。しかし、本来、日本人の食事とは健康づくりの手段化にさせられるような要素ではなかった。すなわちカロリーとは車で言えばガソリンの充填度、あるいは炉端に用意された薪の量であって、これを燃やしていくには二十数種のミネラルやビタミン類が不可欠である。またカロリーに占める脂肪比率がマクガバン委員会の勧告値30％以下、あるいは西独政府の勧告値25％未満であることは8ないし9の必須アミノ酸と同様に食事の最も重要な条件であるはずである。そして忘れてならないことはこれらによって旧石器時代からのヒトの遺伝子は支えられ、これに従って現代の我々も生命を育んできていることである。肉食を主体としているとみなされがちな欧米先進

諸国の人たちも三度の食事に全て肉が出てくるようなことは、人類史を数万年とすれば0.01％にも満たないごくわずかの期間に、わずかの人口しか経験していない。500万年前のアファール人による直立二足歩行の開始、250万年前にあるといわれる旧石器道具の使用、現人類の直接の祖となるホモエレクトスが150万年前に誕生して以来、人類史の殆ど全てが飢餓であったことは、実は人類が過食や飽食にはなじまない存在であることの何よりの証明である。

同時に、防腐剤、着色料、発色剤など食品添加物による身体の侵害、あるいは、おそらく食事、特に脂質の増加に由来すると考えられるアレルギー性疾患の増加も、飽食が指摘されるようになったこの時期に相当している。

以上のように、近代から20世紀までの健康事象の変遷と肥満贏痩度を関連させながら考察してみると以下のようなことがわかる。

1）栄養所要量と肥満贏痩の関連

食料が不足して飢餓に近い時代には、栄養障害として虚弱体質や抵抗力の減衰が発生している。熱量の不足による過労、蛋白質の不足による細胞修復の遅延からおこる治癒能力の減退、脂肪の不足は血管など細胞の柔軟性消失に帰着する。これらは全体として成長期には骨成長不全、筋肉の発育不全から体格の萎小化など発育不全を招来する。また、青年期から壮年期をも含めて免疫力、病気への抵抗力の低減をもたらすことになる。したがって一定以下の贏痩に属する場合は感染症など健康に重大な障害をもたらすことになる。

2）一般に、肥満とは過剰な脂肪分の蓄積が臓器や皮下において発生し、体重に占めるその割合が一定以上である場合を指す。肥満の対極に位置すると考えられている概念には贏痩という言葉があるが、これは脂肪組織や筋肉の減少を指す。これらは集団を対象にして得た肥満・贏痩指標の平均値とか散布度に照らして、該当する個体の存在位置から「大きい」「小さい」と尺度化した、統計的な概念である。ヒトの成長や食糧供給の程度に関連させて肥満贏痩は検討されねばならない。

3）経済的な豊かさが満足された社会では肥満贏痩のうち、過度の肥満

が健康障害に連動する。一般に、熱量は摂取する値が大きく、相対的に消費する熱量が小さい。したがって、余剰の熱量は臓器の脂肪として蓄積し、とりわけ、循環器など深部に蓄積する。そのため、冠状動脈疾患の誘発にいたる。

　4）冠状動脈疾患などは、感染症が単一原因で決定されるのに比して、食事、ストレスなど多様な因子が複合的に作用することに特徴がある。つまり肥満が決定的な因子になるわけではない。

　5）体重は脂肪と非脂肪（水やミネラルなど）で構成されているが、蓄積した深部脂肪、臓器内脂肪などの定量は困難であり、これは体重のみに依存して説明することはできない。

　6）総じて肥満とは健康度からみれば蓋然的な概念であり、必要条件ではあるが、十分条件ではないということができる。ヒトの成長は乳幼児期や飢餓社会では健康度に関連させた時、身長と体重から合成された指標が一定以上の値を示すことは重要な条件である。すなわち、この対象においては肥満羸痩度を表す指標として身長に見合った体重など「標準化体重」はかなり有効である。

第3節　肥満羸痩度に関連する保健体育科教育的課題と概念モデル

1）保健体育科教育の教育課程における肥満羸痩概念の反映

　本節では肥満羸痩が保健体育科教育の中での目的論的、内容論的、方法論的課題として、いかに考慮されるべきかを検討した。

　まず第一に学習指導要領の記述をもとに、戦後の保健体育科教育における「目的論的」観点から健康あるいは疾病と肥満羸痩との関わりについて検討した。高等学校の場合、学習指導要領は昭和31年に提示され、昭和35年、昭和45年、昭和53年、平成元年と数次に及んで改訂されてきている。教科書や教師用指導書における肥満羸痩に関連した健康事象の記述を探れ

ば、昭和35年改訂当時、「栄養についての知的関心が低い」ことを理由に「栄養所要量に占める動物性蛋白に富む食品」の摂取勧告が行われている（「高等保健体育教授用参考資料：保健編　V.7.」大修館書店）。また、疾病も感染症を中心に述べられ、抵抗力増強の手段として運動が位置づけられている。すなわちこの段階までは、保健体育科教育を含めた学校教育において栄養障害＝「羸痩」なる概念が、児童生徒の成長における重大な関心事項であったということができる。

　さらに学習指導要領の昭和45年改訂時には、大修館書店、高等保健体育教授用参考資料：第6章3．にあるように「身体発育の盛んな小児期には蛋白質の多い食品が重要であり、……中高年齢層に対しては肥満の問題が成人病予防の上から社会的関心を呼んでおり……」との記述に改められ、ここで初めて肥満および慢性退行性疾患への対応が指摘された（北川、1978、1984）。すなわち、戦前あるいは戦後の食糧供給のままならない時期が克服され、からだの成長に関する主要な問題も羸痩から肥満へと移行してきていることになる。また、中学・高校生期からすでに、中高年期を展望した健康づくりの概念が素描されていたことになる。

　その後、学習指導要領の昭和53年の改訂では、肥満と慢性退行性疾患の対応がより強調され、運動処方なる医学用語が発現した。さらに平成元年に改訂された文部省学習指導要領第6節第1．体育では、健康の保持増進のために身体運動の必要性が、より強調されるとともに、生涯学習的に身体運動を計画的に実施する意義と実施の方策について記述されている。すなわち、中高年期に多くみられる疾病が運動不足に蓋然的にしろ由来する循環器疾患などに移行し始めた実態に対応して、積極的な身体活動の計画的推進が標榜されてきている。

　以上のように肥満羸痩に関する教育的課題を目的論的に検討すると、「羸痩」の指摘と十分な食糧摂取を勧告する昭和40年前後までの第1期、中高年期展望の「肥満」予防勧告を行う昭和50年頃までの第2期、運動と栄養との均衡を説き、とりわけ、運動の習慣化・生涯化を勧告する現在の第3期に区分できる。

第二に保健体育科教育の教育課程にみられる「内容論」的な検討を行った。わが国の保健体育の教育課程では肥満羸痩を含めた「ヒトのからだ」、「体の発育」について、個体差とともに順序性、方向性、異速性など個体内変動として表現できる法則性があることを中心に構成され、また、「運動・スポーツの実施」について求められる理解面は練習に関わる目標設定、練習回数・時間について設定されている。しかしそこで論じられる体の発育の指標は一次的に評定可能な体格変数のみであって、体の実質の構成については触れられていない。また肥満に関しては、「増加する成人病」への危険因子となり得ることが1980年代から認められていても、その評定に関しては標準体重からの過剰度が指摘されるのみである。畢竟、身体資源 (physical resources) の評定も、スポーツ適性に偏重しており、筋肉量や骨の構成やその発達面はほとんど論じられてはいない。この背景には早期発見、早期治療を第一義とする成人病の代表格に癌があげられており、これらを含めた疾患には医師によるX線による診断の優先性が想定されていることを考えないわけにはいかない。しかし、繰り返し述べたように、蓋然的にしろ、筋肉骨格系疾患や糖尿病、高血圧症などの疾患発症の前駆段階には肥満症の存在が考えられる。

　平成元年に改訂された学習指導要領はすでに中学生から種目選択の幅を大幅に拡大する方向になった。個人の興味、関心を尊重しようとする趣旨はくみ取れるとしても、軽スポーツを始めとした多様なスポーツや表現活動を導入しようとする前提は必ずしも骨や筋肉の発育を促すものにはならないことを保健体育教育の場において再度確認せねばならないであろう。

　本研究では以下のような理由から保健体育科教育の中でも実質的な体組成の内容にまで検討が行われるべきであると考えたい。まず第一の理由として、体組成が学習による可変性をもつという点である。すなわち、Weber, G. et al. (1976) による10週間に及ぶ持久性トレーニングの双生児研究のデータを、筆者で再検討したところ、体脂肪率の変化比率は持久性体力など他の指標以上に運動群において大きいものであった。またKlissouras, V. (1972) の同様な一対の双生児研究でも運動群の体重が大き

いのにも関わらず、体脂肪率では11.4%ほど低かったことが示されている。身体成果（physical performance）は、その基底にある骨格系や筋肉系の質と量、あるいは神経系の良否に与って、発現されるものであり、変容し難いといわれる体の形態でも身長と体重とは別の、身体運動能力の向上と並行したり、先行する体組成の変化が有り得るのではないかと推測できる。第二の理由として、身体組成は身体運動とは栄養熱源を巡り、相互依存関係を有していると考えられる点である。身体活動にとって適切な栄養素の供給は不可欠であり、それも単なる熱量の供給だけでなく、必須脂肪酸や13種類のビタミン、約20種のミネラル、8ないし9種の必須アミノ酸を食糧から供給することが必要である。同時に身体活動の効果的な遂行にあたっては、体格よりも、さらに精緻な身体のつくり、微量栄養素を含む体組成要素にまで検討が行われなければならないことを示唆する。栄養学的に適切な食糧の供給はひとり身体運動に効果的に影響するのではなく、体組成にも影響し、適切な体組成は、また適切な量と質の栄養を要求すると仮定できる。

　保健体育科教育における「児童生徒の発育発達」を踏まえた教育を考えれば、体組成の実質は身体成果の基底にある身体資源の根幹をなす可変性のものであり、身体運動を通した教育・学習の素材として優れた意義をもつと考えられる。また思春期痩せ症や拒食症を極にすれば、身長と体重という一次的な指標に代えて、体組成の評定に重点がおかれるべきである。

　第三点として保健体育科教育の教育課程における方法論的な検討を行った。保健体育科教育にいう「成長や発達」は身体成果に関する側面だけでなく、あるいは一次的に観察し得る体格の成長のみを指すのではなく、体組成の実質の健全な発達をも想定している。しかし、体格も含めた「ヒトの体の成長」は、体に関した知識として取り扱われてはいても「保健管理」に固有な領域として副次的にしか取り扱われておらず、保健体育科教育の主題からはずれてきたのではないかと推測される。同時に、身体資源を測定し評価する局面にも問題無しとはしない。学齢期における体力の「消長を継続的に捉える」目的で設定されている文部省スポーツテストの実施要

項には身体成果としての運動能力とスポーツ適性に限定された測定の記述はあっても、身体計測に関する記載はない。身体成果は身体資源が具現化される一定の成果に過ぎず、「継続的にその消長を捉える」としても、基底にある身体資源の消長の方が、より先行してかつ積極的であると考えられる。すなわち、筋肉量や脂肪率の消長こそ、学齢期の個体の成長において、正確に評定される必要がある。

　これまで保健体育科教育では「体を通した教育」としてスポーツや表現運動の技術を学び、これに習熟する過程と、「体に関した教育」として身体や健康に関する知識を学ぶ過程が相互に密接な関連性をもつことを命題としながら、有機的に結合できるような課程を構成しているか否かは定かではない。

　以上の点から本研究での概念モデル（conceptual model）として食糧、身体成果、身体資源がそれぞれ相補的に影響しあい、身体組成自体が可変性をもつものであると設定する。

　第四に生涯学習の視点からみた肥満羸痩度評定に関する課題を検討した。生涯学習活動の展開は、超高齢社会の必然的な到来や国民が「物」から「心」の豊かさへと変容してきていることを動因としている。特に身体活動に関する学習は、心豊かに充実した生きがいのある人生のためには、身体の健康の重要性が何よりも前提となることが広く理解されたことも重要な要因となってその重要な柱を構成している。身体運動を学習することは、語源が license にある leisure＝余暇の本来的な意義および生涯学習からの意義、そして熱量消費的な意義をもっている。学習がすべてそうであるように、人間のある動機を基本に、個体の身体状況を評定し、適合する運動内容を設定し、実行する過程を経ていく。消費熱量的意義が優先する身体活動では、個体の肥満羸痩度評定は重要な先見事項になる。しかし、昭和42年に文部省が定めた壮年体力テスト実施要項には、肥満羸痩度を表すための形態測定は身長・体重を含め何も示されておらず、身体成果のバッテリーテストでしかない。こうしたスポーツを含めた身体運動の勧告のみ盛んであっても、その効果を評定していく手段や内容が付帯しない限り、

生涯学習はかけ声のみに終始していくほかない。

2）身体活動からみた体組成の概念化

　教育のうち、知育と徳育は「文化的存在としての人間を変え」、体育は「自然的存在としてのヒトを変える、ないしはヒトを変えることを通じて人間を変える」ことを主目的としている（宮下、1980）。「健康についての理解を深める」ことが保健体育科教育の一つの目的であり、豊かな活力のある生活を営む態度を「体験的に習得する」ためには、最も密接な自己のからだを理解することが必要である。

　しかし、筋肉生理に関する項は、教育課程として微細な繊維構造の記述はあっても、脂肪を含めた体の構成の実質を検討するようには構成されてはいないと考えられ、一方で、完全な病態との関連で脂肪や肥満が取り上げられている。

　論を整合的に進めるために、問題をヒトとしての身体に限定し、また「活力」や行動に限定しておく。生体の活動とは体制神経・自律神経・内分泌系など調節操作系が、筋肉・肝臓などエネルギー系を使って、骨格・筋肉など構造を動かすと理解できる。その時、体構成分の比率の適切か否かは、当然、活動力に関係してくる。

　一方、身体運動などの不足が筋骨格系疾患、循環器疾患、糖尿病などの危険因子となり得ることは基礎医学的、臨床医学的な成果を通して広く一般化している。宇宙飛行による無重力体験や臥床研究では非脂肪量の減少と脂肪量の増大、心容積の減少と一回心拍出量の減少を招来することが知られているが、このことは組織のエネルギー代謝の低活性と低酸素状態を一方で示唆する。消費エネルギーは①生命の維持に必要な基礎代謝量（Basal Metabolic Rate, BMR）、②食事摂取や激しい活動後の体熱産生、③身体活動に伴う代謝量に区分され、日常において特に激しい運動を伴わない場合には全エネルギーに占める比率は基礎代謝量が最も高いことを意味する。ちなみに Miller Jr., A. T. and Blyth, C. S. (1952) による基礎代謝量測定時

の酸素消費量と除脂肪量（LBM）との非常に高い相関関係（r=0.924）の報告や Nelson, K. M. et al. (1992) による男女、肥満贏痩すべて含めて安静時エネルギー消費量（Resting Energy Expenditure, REE, KJ/24hr）を非脂肪量（FFM、kg）、脂肪量（FM、%body weight）から説明した報告（y=1114+904×FFM+13.2×FM、寄与率74.3%）などを始め、FFM あるいは LBM から REE を予測する試みは広く行われている（Cunningham, J. J., 1991）。また Nelson, K. M. et al. (1992) では FFM と FM は相関関係r=0.215と低く、FM の REE に寄与するところは小さく、FFM の寄与が大きいとされ、また各組織が REE に占める比率についての見解を文献的に整理した結果、体重70kgの男子が250ml O_2／min＝728KJ／24hrとしてREEを計算すると骨格筋では平均24.4%、肝臓では平均26.1%、大脳では平均19.6%、心臓では平均11.5%、腎臓では平均10.2%、脾臓では3.6%であるとしている。

　つまり筋肉量 FFM が大きいほど基礎代謝に占めるエネルギー消費量が高くなることになり、換言すると、相対的な脂肪量の増加＝循環機能の余裕性の低下＝酸素不足＝糖代謝異常＝運動不足＝脂肪量の増加＝……の悪循環回路が形成されることになる。このようにして知られている脂肪量の上昇が健康水準の低下を意味し、運動の奨励が勧められるべきとも考えられる。

　特に長時間に及ぶ運動は単位時間あたり運動強度が低く、遊離脂肪酸がエネルギー源の主体となるような運動ではインスリン感受性が改善され、脂肪組織に貯蔵されている脂肪の利用率が上昇することが見いだされ（佐藤と押田、1991）、Ishiguro, T. et al. (1987) によるグルコース代謝量が、鍛錬者＞対照群＞単純肥満＞肥満糖尿病の順で優れているとの指摘などがある。

　運動の一方的な勧告だけでなく、エネルギーの源泉たる筋肉量の個体差を評定し、効果や時系列変化を検証する作業も行わねばならないはずであり、本研究結果は少なくとも対象とした世代への適用の基礎作業としても考えたい。

第4節　全体モデルの仮定

　本節では、これまでの節で設定された一般モデルからの発展型である概念モデルが、教育学的な全体（holistic）モデルへと深化する必然性を仮定した。
　熱源出納の不均衡性によって肥満が生じると考える一般（一次）モデルは成長期や発展途上社会においては有効であるが、肥満に由来する疾患が増加する社会構造の変化にともない conceptual（二次）モデルとして筋肉や脂肪の構成比率と、食糧の質量、身体活動量の質量と相互関連的に作用しあうモデルが想定されると考える。さらにいえば conceptual モデルの発展型として基本的な生活要素の適切性を触発し、内的・外的因子の制御によって要素の適性化を図る holistic（三次）モデルが必要になる。

第2章 研究の理論的枠組み

第1節 体組成の成分要素の理論

　これまでの章で健康科学の現代的な研究課題が体組成にあることを探索でき、また教育科学的に児童生徒の成長発達、あるいは青年期から壮年期に至る疾病予防からみた時の課題を見いだした。

　ここでは体組成の要素を定量的、操作的に研究対象として扱い得るようになった背景や研究史を検討する。このことによって研究課題とすべき対象や我々の研究環境で操作可能な要素の絞り込みが可能となる。Martin, A. D. and Drinkwater, D. T.（1991）は身体組成の推定方法を(1)死体解剖による直接法、(2)体密度法、^{40}K法、体水分法などの間接法、(3)超音波法、BIA法（Bioelectric Impedance Analysis）、近赤外線法など最近に発展した工学的手法や皮脂厚測定法など(2)で得られた定量値との関係から体組成推定の基礎となる方法の3段階に区分できるとしている。まずは、この分類にしたがって体組成成分の分画について検討する。

1）直接法による体組成分画化の理論段階

　ヒトの体組成に関する研究は1857年、ドイツの von Bezold, E. に求めることができる（小宮ほか、1988）。彼はヒト胎児を含む動物多数について、その種ごとに特有な一定量の水と有機物質、塩分を持つことを明らかにし、また、加齢によって水分容量は減少し、有機物質と無機物質容量が増加することを指摘した。さらに Moulton, C. R.（1923）は小児から成人までの化学的体組成を明らかにし、また胎児の体組成に関する電解質と蛋白質のデータが公表され、さらに Rathbun, E. N. and Pace, N.（1945）はモルモッ

トを検体とし、その生化学的分析から除脂肪量中の水分あるいは窒素の割合が性の影響を受けずに一定であること、これはヒトにも応用できることを明らかにした。Mitchel, H. H. et al. (1945)、Widdowson, E. M. et al. (1951)、von Doblen, W. (1956) などは死の直前まで正常な生理作用を営んでいた死骸を直接分析した結果の体組成データを報告した。また Behnke, A. R. (1961a,1961b) は LBM の比重は1.060であることを明らかにし、さらに Rathbun, E. N. and Pace, N. (1945) の研究を通して、ヒトを含めた哺乳動物の除脂肪組織が一定の組成を持つものと考えられる点に帰着している。この結果、1945年から1959年までの間に人体の有機成分が体水分量(体重に占める比率約60%、そのうち20%が細胞外液、40%が細胞内液)、細胞内液に多い電解質としてK^+と$H_2PO_4^-$、HPO_4^-、細胞外液に多い電解質にNa^+、Cl^-があること、成人の体重の16%を占める蛋白質、同じく15%を占める脂質、6％を占める無機物質(＝灰分、うち83%は骨格内、10%が筋内に存在)、これらの分解産物、酵素、ビタミン、ホルモンなどもあることが明らかにされた。これらを解明した研究者は言わずもがな生物化学系の研究者であり、こうした基礎的研究の成果を踏まえて医学や成長・老化学など実学的な研究者がこの領域にも参入してきている。

2）間接法による体組成の理論段階

研究の年次は前後するが、*in vitro* な死体剖検ではなく、生体の体組成を *in vivo* に間接定量する試みが20世紀前半にすでに行われていた。チェコスロバキアの人類学者 Matiegka, J.(1921)は筋力をヒトの身体効率とし、筋力は身長や体重などの計測値からは十分な推定ができないことに問題の緒をおき、筋力に関連する要素、すなわち骨の重量＝O、筋量＝M、皮膚と皮下脂肪量＝Dを四肢の計測値から推定しようとした。つまりo^2＝四肢骨の幅の２乗平均、L＝身長、r＝皮膚と皮下脂肪を除いた四肢の平均半径、K＝定数とすると、O＝o^2×L×K；M＝K×r^2×Lが成立し、d＝10箇所の平均皮下脂肪厚とするとD＝d×S×Kが求められるので、脳と腸の重量（＝

J）が得られるならば人体の重量（W）はO＋M＋D＋Jとなる4成分モデルを提案した。

　in vivo なこうした研究方法が本格的にヒトに対して採択されるようになったのは、20世紀中盤のアメリカ、Behnke, A. R. あるいは Welham, W. C. による仕事にその嚆矢がある（Lukaski, H. C., 1987）。

　彼らは体比重（specific gravity）の測定を実施した。すなわち、アルキメデスの原理から体容積＝空気中の体重－(肺残気量を考慮した)最大呼気後の水中体重として求め、体比重＝体重／体容積とすることができると考えた。この結果、体比重が1.021から1.097を示すのは体脂肪率量の差に起因することを指摘し、体脂肪率％FAT＝[(5.548／比重)－5.044]×100なる推定式を作成している。また脂肪組織の比重は0.94であって、体重から必須脂肪でないものを除いたものが Lean Body Mass（LBM）であるとした。つまり旧来用いられていた年齢・身長・体重表でフットボールプレーヤーや現役の兵士が過剰体重として評定されることに疑問があったからであり、以後この種の測定法は Brozek, J. や Keys, A. ほかによる共同研究（1951, 1953）によって脂肪組織の密度を推定する式（体密度＝体重／体積）の基礎をなし、体重に占める脂肪の割合（％FAT）を得る式へと発展した。すなわち(1)体組成が除脂肪量（重量W_1）と体脂肪量（同W_2）の2要素からなるとすると、体重$W＝W_1＋W_2$となる。(2)それぞれの密度をD_1、D_2とすると、体密度$D＝D_1＋D_2$となる。(3)Dは体重Wと体積Vの比（W／V）であるので、$D_1＝W_1／V_1$、$D_2＝W_2／V_2$となる。(4)すなわち$D_1＝\{W_1＋W_2\}／\{V_1＋V_2\}＝\{W_1＋W_2\}／\{(W_1／D_1)＋(W_2／D_2)\}$が成立する。(5)$W_1＋W_2＝1$として、上式を展開すると、$W_2＝(1／D)×\{(D_1D_2)／(D_1－D_2)\}－\{D_2／(D_1－D_2)\}$となる。(6)$W_2＝1－W_1$であるので、$W_2$は体重に占める体脂肪の割合（％FAT）を示すことになり、ここで体脂肪組織の密度を36℃で$0.9007g/cm^2$とすると、％FAT＝{(4.971／D)－4.519}×100、また、37℃で体脂肪組織の密度$0.900g/cm^2$とすると、％FAT＝{(4.95／D)－4.50}×100となる。また Brozek, J. et al.(1963) は剖検体から得た体密度$1.064g/cm^2$、体脂肪の密度$0.9007g/cm^2$、除脂肪密度1.100を考慮したとき、

体脂肪率%FAT＝{(4.570／D)−4.142}×100 となることを提言した。

3）多成分モデルへの進展

(1)体密度ならびに水分分画

　Siri, W. E.(1956)はFFBでの蛋白質に対するミネラルの比率(5〜12)および固体の密度(1.565g/cc)が一定であることを仮定し、以下のような式を提示している。

　$1／Db = f／df + w／dw + p／dp + m／dm$

　ここでdf、dw、dp、dmはそれぞれ脂肪、水、蛋白、ミネラルの密度に等しく、またf、w、p、mは体重分画としての脂肪、水、蛋白、ミネラルに等しい。彼はこれに基づき、多成分的アプローチの嚆矢ともいうべきモデルを発表した。この%FAT、体密度(Db)、体水分(W)の理論的な関係を示すと以下のようになる。

　$\%FAT = ((2.118／Db) − 0.78 × W − 1.354) × 100$

　Siriの推定によれば体密度のみに基づいた%FATの誤差は4％であるが、体密度と体水分に基づくと2％減少するとされる。さらにSlaughter, M. H. et al.(1988)などは形態計測とbioelectric impedanceを正当化するための3つの基準的方法として「密度」、「水」、「水・密度」の方程式を比較し、予測誤差はこうした多成分を基準とした方法によって2成分モデルよりも減少することを見いだしている。

(2)カリウム法

　体組成との関連で最も厳密に定義されている体内のミネラル量はカリウムである。Forbes, R. M. et al.(1956)はネコやウサギなどの除脂肪量あたりのカリウムが比較的一定であることを見いだし、ヒトのトリチウム希釈法によって得られた除脂肪量と^{40}Kが一致することを見いだした上で、人体の総カリウム量から除脂肪量を推定する式を作成した。また死体剖検からカリウム量はヒト除脂肪成分では68.1m当量／kg、女性では65.2m当量／kgであることも知られている。

(3)クレアチニン法

同様な点はクレアチニン法にも認められていた。すなわち Talbot, N. B. (1938) がクレアチニンの尿中排泄量が筋量に比例する性質を利用し、24時間尿排出量から筋量を推定する手続きを提示していた。

以上のように、この段階までのところで全身の体組成を間接的に推定する研究方法として体密度、体比重法のほか、体水分法、カリウム法、クレアチニン法が示されたことになる。したがって研究対象としての体組成の成分には体密度、体水分、体内の総カリウム、クレアチニン体脂肪をあげることも提示できる。

第2節　間接的な推定方法の進展とその信頼性

ここでは間接的に行われている体組成査定方法それぞれの理論的な概要を述べ、またそれらの測定の信頼性を文献的に検討する。信頼性とはこれらの方法の確からしさを検討する上で、使用される器材、標識の材料、検査者など操作可能な要因によって影響される度合いを意味する。測定事象にはもうひとつ妥当性の検証が必要であるが、これについては次節で検討する。

さて小宮ほか (1988) は、体組成の間接的な評定方法には1940年代より開発され、発展せられたものが多いとした上で、a) 体密度法＝①水中体重法、②水置換法、b) 体水分量法＝③トレーサー希釈法、c) カリウム法＝④シンチレーション・カウンター法、d) クレアチニン法＝⑤尿中クレアチニン排泄、e) 人体計測法＝⑥皮下脂肪厚、⑦その他の身体計測値、f) ＝⑧X線法、g) ＝⑨CT法、h) ＝⑩超音波法などの方法があるとしている。これらのうち、⑧X線法、⑨CT法、⑩超音波法はいずれも皮下脂肪厚を定量する用途に利用されるので、e) 人体計測法のひとつとして考えられるべきである。

これら個々の方法の理論と実際あるいは背景を述べ、その精度や誤差に

ついて述べ、方法のもつ有効性ならびに限界についてまとめておく。

1）総水分量法の定量による体組成推定

(1)体水分量測定の方法論的基礎

これまでに述べたように、多くの体組成研究の方法は、身体が脂肪と非脂肪という化学的に明白な2つの区画部分で成り立つとする（Brozek, J. et al., 1963）モデルに基礎がある。非脂肪分の化学的な成分は37℃で1.1g/ccの密度をもち、72〜74％が水分で、男子では1kgあたり60〜70mmol、女子で50〜60mmolのカリウム量をもって相対的に一定であると仮定される。脂肪、すなわち蓄積された中性脂肪は脱水性かつ非カリウム性であって、37℃では密度0.900g/ccを有している。

Keys, A. and Brozek, J. (1953) は哺乳動物の身体を4つの化学成分グループ＝水、蛋白質、灰すなわち骨ミネラル、脂肪に区分した上で、2分画モデルを得ている。Anderson, F. C. (1963) は後に、これらの成分を推定するためにカリウムと水の測定値を使用している。また、最近の工学技術の発展とともに4つの成分変数の *in vivo* な測定ができるようになってきているが、2分画及び4分画モデルがすべての体組成方法の発展の土台となって役立っているのはいうまでもない。

Pace, N. and Rathbun, E. N. (1945) は死体を用いた直接法により、哺乳動物の死体を100℃以上の乾燥室中で放置し、放置前後の体重差から体水分を求め、FFMへの比率を得ている。これによると、ウサギ76.3％、イヌ74.5％などが対FFM比の高く、ネコやモルモットで72.4％と低いこと、同種類の動物でも4〜5％の差があること、平均値が73.2％、変動係数1.6048であると報告し、また Sheng, H. P. and Huggins, R. A. (1979) は多種の動物の除脂肪体重中の水分が70〜76％の範囲にあることを報告している。Widdowson, E. M. et al. (1951) はヒト成人の死体分析の結果を報告し、水分量は非脂肪量の72.5％、73.2％となったとしている。また、Behnke, A. R. et al. (1953) はアンチピリンと重水をトレーサーとした実

験例から72.0%を非脂肪量に占める体水分量としている。
⑵体水分量測定の信頼性

　in vivo に体総水分を定量する時には、①アンチピリン、N-acetyl 4-amino アンチピリン (NAAP)、重水 (^2H_2O)、トリチウム (^3H_2O) といった「体内で代謝されず、無害で、体液全体に十分均一に分布する」同位元素を標識物質として既知量 (G) だけ投与し、②物質が体内に均一に分布し、希釈された後に、③その体液の一部を採取して、物質の濃度 (C) を測定して、その分布容積Q／Cを求めるといった手続きが必要である。

　健常者だけではなく、病人の体水分容量を同位元素希釈によって定量する研究が行われており、アンチピリンやNAAPでは代謝速度の遅速に問題があり、トリチウムでは弱いβ線を発する陽子があるため、適切でないといわれる (Lohman, T. G., 1992)。

　同位元素希釈法については「同位元素が水と同様な分布容量をもち、それは身体によって水に置き換えられ、使用される量では毒性がない (Pinson, E. A., 1952)」という仮定を前提としている。液体シンチレーション計数器の簡便性を理由としてTBWを測定するのにトリチウムを用いた研究も行われている (Panaretto, B. A., 1968) が、放射線活性トレーサー、たとえばトリチウムの使用はその侵襲性の故に子供や妊娠中の女性が被験者である研究や短期間に繰り返し測定を行う応用的な利用では望ましくはない。その意味で重水による希釈法は、安定的でもあり、他の体密度法に比較すれば、広範に利用されるようになると考えられる。たとえば、ガスクロマトグラフィー、マススペクトロメトリー、固定フィルター吸収法の利用が生物学的液体における重水分析を促進した事実もあるからである。

　国内で重水をトレーサーとした研究を推進している小宮ほか (1981a、1981b、1982、1985、1988) では以下のような配慮をしている。すなわち、重水の毒性レベルである20%を考慮して純度99.8%の重水を被験者の体重１kgにつき１gで投与する。この時、20%以下に飲料水で希釈したものを経口投与する。投与後は発汗を避けるため飲食をせず安静にしておく。重水は投与後２時間で平行状態に達し、その後数時間は濃度を一定に保持する

(Fig.-2-1参照)が、濃度の均一分布を知るために1時間間隔で3回採尿する。採尿サンプルは蒸留装置によって100℃で約20分間熱蒸留する。蒸留後の検体の重水濃度は先行研究に従い、赤外分光光度計によって測定される。この赤外分光光度計による重水濃度測定法の精度・信頼性は極めて高いことがKomiya, S. et al. (1981a,1981b) によって報告されている。また検体からの重水濃度の決定は赤外分光光度計のほかガスクロマトグラフィーを利用して行われるが、Mendez, J. et al. (1970) は両者間の差は大きくはないとしている。以上のようにして得られた重水濃度、すなわち全身に拡散し、均一に分布して平衡状態に達した濃度（%D_2O）と投与量（gD_2Ogiven）から体水分（Total Body Water, TBW）は以下の式によって求められる。

TBW＝gD_2Ogiven／%D_2O×10

トリチウムや重水の使用には一定の平衡期間とサンプリング期間をもつ特定な量のトレーサーの経口投与、あるいは静脈内注射が必要である。TBW量の計算は $C_1V_1=C_2V_2$（ここでC_1V_1は与えられたトレーサーの量、C_2は生物学的液体におけるトレーサーの最終濃度、V_2はTBWの容量である）なる関係に依拠し、またトレーサーの尿損失量に関する補正が必要である。

同位元素希釈的アプローチから体水分を推定する時の誤差因には、生理学的液体（唾液、尿、血液、呼吸液）の選択の問題、同位元素トレーサーの平衡時間、平衡時間中の同位元素損失、同位元素希釈空間の較正（重水の希釈空間は^{18}O希釈空間）、蛋白・水素交換可能留分及び平衡に達した後の同位元素濃度決定の分析方法の選択など多様な技術的な誤差が存在していると考えられる。また、10分間の収集時間では呼吸水分に大気の水分が引き込まれ得る可能性も示唆されている。Schoeller, D. A. et al. (1985) はこれらの素因のそれぞれを論議し、すべての水分測定法標準化のための標準的な手続きと計算を提示することによって体水分測定の標準化を唱えている。

Lohman, T. G. (1992) は「とりわけサンプルの清浄性および非浸襲性サンプリングが必要であるため、呼吸液のサンプリングは生理学的液体の内では最も実用的な選択である」と述べ、また、Schoeller, D. A. et al. (1985)

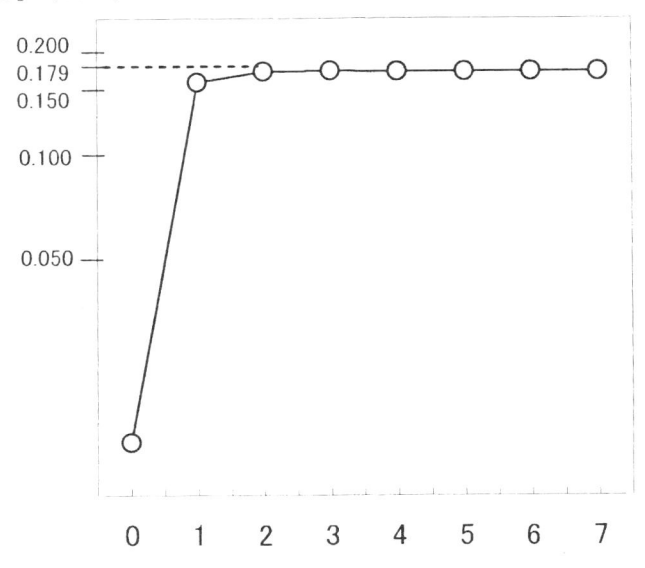

Fig.-2-1 : Changes of concentration of orally dosed deuterium.
(Komiya, S. et al., 1981, Japan. J. Phys. Edu. 26 : 161-167)
Note:59. 14g of D_2O was orally dosed to an adult male
(WT=59. 14kg, Age=43 years old).
Across is the lapse time in hours.
Down is the concentration of D_2O in the sample.

は同位元素的にラベル化された水分は標識化されていない水よりも低い蒸気圧しかもたないので、分溜効果が定量されていなければ総水分を過剰に推定するようになると述べている。第二に、これらの器具装置やトレーサーなどの技術的要因と被験者固有の問題との組み合わせによって、多様な結果を導出する。たとえば、Schoeller, D. A. et al. (1985) では14日間にわたる5人の被験者の2回の測定の比較において体水分比率は2％ほど変化した。Bunt, J. C., Lohman, T. G. and Boileau, R. A. (1989) によって

検討された7人の男子では3週隔てて2回測定された被験者内のFFBの水分量は1.1％の標準偏差を有していた。Lohman, T. G. (1992)はこれを推論し、総水分を使った研究者間の変動の多くは標準偏差が2ないし3倍に増加し期待値の1％から2％の技術的誤差があるために起こってきているであろうと述べている。

以上に述べたような方法論的な問題を第一義の理由として、体脂肪とFFBの内容を推定するために体内総水分の利用は余り行われていない。そもそも同位元素希釈法に関する技術的な批判は、以上のような(a)様々な生理的液体が試用される時に得られる推定の正確さや精度、(b)蛋白・水素交換可能性の大きさのほか、(c)性周期、運動による脱水、薬あるいは病気による脱水といった集団内変動因や(d)非脂肪組織の水分の恒常性などの生物学的な批判点がある。

しかし、体水分と非脂肪量との定性的な関係はカリウムやクレアチニンに比較しても明白であり、様々な動物種間のデータからの変動係数をみても安定している指標であるということができる。また体組成研究の原点が水分を含む非脂肪量と脂肪量とに分画されることにあったように、多成分的なモデルの一要素として定量されることから考えても体水分定量は体組成研究全般に関して十分意義のあることであると考えられる。

2）総カリウムの定量値による体組成推定

(1)カリウム測定の理論的基礎

天然中に存在するカリウム (potassium) の同位元素は^{39}Kが93.1％、^{41}Kが6.9％、また^{40}Kは1.46MeVのγ線を発する既知の自然量 (0.0118％) で存在している。一方、化学的分析によると体内のカリウムは本質的には、蓄積された中性脂肪の中には存在しない細胞間陽イオンであり、このうち約98％は細胞内、残り2％が細胞外液中に存在している。また人体カリウム量の61.8％は筋中に、残り38.2％は骨・皮膚および他の組織に存在していることが知られ、人体総カリウムの0.2％は^{40}Kで占められているので（小

宮ほか、1988)、強いγ線を手がかりに検出することができる。したがって⁴⁰Kを外部から計数することによってヒトや動物の非脂肪量を推定することができる。幸いに Forbes, G. B. and Hursh, J. B. (1963) はヒトを始めとした動物について LBM 中のカリウム値（単位mEq/LBM・kg）を報告し、その結果は平均値±SDでヒト（男）＝68.1±3、ブタ＝69±4、ラット＝73.0±3となっている。したがって、人体総カリウム量＝⁴⁰K×0.002量を併用して男子の場合、LBM＝人体総カリウム量(mEq)／68.1、女子の場合、LBM＝人体総カリウム量(mEq)／64.2として推定できることになる。体内の総カリウム（TBK）の定量は記録装置のついたγ線検出装置、放射線を減ずるためのシールドルームからなる計数システムを必要とする。

(2)総カリウム法の測定信頼性

　Cohn, S. H. and Palmer, H. E. (1974) によると、使われている計数システムのタイプとは無関係に人体計測用模型での⁴⁰K計数の可変性は5％よりも大きく、ヒトにおける⁴⁰Kの誤差は5％未満である。また全身計数測定に際し、シャワーを浴び、洗髪し、清潔な衣服を身につけていることなど被験者の条件も、ある意味で厳密である。

　すなわち、これら計数精度の推定値は身体の形状における個人間変動や検出者の差に由来し、草間ほか（1994）はカリウム測定の精度では(1)体格の考慮、(2)FFM重量推定における分画ごとのカリウム濃度の問題点を重要な要因にあげている。また Cohn, S. H. et al. (1969) は均一分布するセシウム137（0.5μCi）と54-detector 全身計数器を使い、⁴⁰Kを測定するようなコンピュータ装置を結合したものを試作提言している。これは寝台に仰向けになった被験者の下におかれるセシウム源から発せられたγ線をカウントすることによって減衰要因を決定するものである。これらによって体格や形態の差や各被験者のγ線自己吸収度の差を修正することが可能であり、この方法は *in vivo* な⁴⁰K計数の正確さや精密さを3％内にすることができると考えられている（Lohman, T. G., 1992）。計数精度の上昇に関する最近の一つの知見として影椎音Bi-214の汚濁減少があることが知られている（Lykken, G. I. et al., 1983）。

しかしカリウムは、その体内分布が一様でなく、したがってカリウム量から非脂肪量を推定する場合の非脂肪組織のコンパートメント数、および各コンパートメントのカリウム濃度が精度に関することがあげられる。現在では、ヒトや動物での実験結果から非脂肪コンパートメントのカリウム濃度は成人男性では2.82〜2.47g／kg、同女子では2.75〜2.41g／kgであるとされている（草間ほか、1993）。

3）クレアチニン法による体組成推定

(1)クレアチニン測定の理論的基礎

内因性クレアチニンの起源は肝臓や腎臓のクレアチン先駆体の合成まで辿ることができる。多くの組織はクレアチンを吸収するが、その98％はクレアチン燐酸の形で骨格筋にある。尿中クレアチニン排泄量は、「活性組織との間に線形な関係を持つこと」をFolin, S. M. (1905) が示唆し、クレアチン燐酸の脱燐酸化中に解放された遊離クレアチンの非酵素性加水分解によって形成されることが明らかにされてから後、有力な体組成推定方法となってきている。また、Hoberman, H. D. et al. (1948) によって窒素15同位元素希釈法を使った尿中クレアチニンの全身クレアチニンに対する直接的な割合が提示されて以来、尿中クレアチニン排泄が非脂肪量や筋肉量に関係していることが一般的な見解となってきている。また、Talbot, N. B. (1938) は1gの尿中クレアチニンが17.9kgの骨格筋に相当することを報告し、Cheek, D. B. (1968) ではそれが20.0kg骨格筋相当であることも示されている。この線形関係とフィールドでも比較的簡便で安価なことを拠り所にForbes, G. B. (1962)、小室と小宮（1982）などがクレアチニンによる体組成の評定を行ってきている。

また理論的な言及は古典的であるが、同様に安全で *in vivo* な体組成の指標として白筋のミオシンにみられるヒスチジン残余物のメチル化によって生成された3メチルヒスチジンがある。

(2)クレアチニン法の信頼性

クレアチニン法にはいくつかの問題点が指摘されている。まずMaterson, B. J. (1971) は、この方法の最大の欠点として日間尿中クレアチニン排泄量が大きな個人間変動を有していることをあげ、毎日のクレアチニン排出量の個人間変動係数の平均は、制限のない自由食を摂取している被験者では11～20％、肉食無しの場合には11％であるとしている。またCalloway, D. H. and Marzen, S. (1971) は数週間にわたって肉無し食をとった健康な男子では、クレアチニン排泄量の有意な減少（10～20％）がみられるとしている。一方、川崎ほか (1984a) は8名の21日間24時間の蓄尿から尿中クレアチニン排泄量 (UcrV) を検討し、個体内変動係数が平均9.2％、個体間変動係数が30％であること、運動負荷後のUcrVには一過性の減少があるものの有意な変化がみられないこと、夕刻を頂値、深夜から未明を底値にする日間変動があること、利尿薬や食塩を投与した男子被験者にはUcrVの有意な変化がみられないことを報告している。

また技術要因に属する尿収集時間の正確性もあり、Forbes, G. B. and Bruining, G. J. (1976) は高々15分の収集時間の誤差は24時間尿中クレアチン排泄量の決定において1％の誤差を表すとしている。一般に、代表的なクレアチニン量の代表値を確定するためには3回の連続した尿収集をすることがLukaski, H. C. (1987) では勧められている。

尿中のクレアチニン濃度を査定するにはJaffe反応を使った自動化された方法があるが、その正確性・精度は1～2％であり、40～100kgの非脂肪量を持つ男子では誤差は3～8kgになる (Boileau, R. B. et al., 1972) ことも報告され、非脂肪量をクレアチニン排泄から推定するときにはその誤差は体密度や^{40}K法に関して報告されている値に比べて高いと考えられる。

しかしForbes, G. B. and Bruining, G. J. (1976) のように総カリウム法を使用した非脂肪量は子供や成人では3kg未満の誤差をもって尿中クレアチニンから予測し得るとする報告もあり、クレアチニン排泄と筋肉量との間で一定の関係があることを示す研究者も少なくはない。

したがって、クレアチニンと「単位体組成」との検討には、年齢、性、

成長度、運動トレーニング、あるいは食事や代謝状態などについて予め検討しておく必要があろう。

4) 体密度法測定法による体組成推定

⑴体密度測定の理論的基礎

ヒトの体組成を評定するのには最も普遍的な方法として体密度測定法がある。この方法は非脂肪分の化学的成分は非脂肪量の密度が実質的に脂肪の密度とは異なっている (1.100vs0.900g/cc) として相対的には一定であるとの仮定 (Behnke, A. R. et al., 1942) に基づいている。この点は、その後にMendez, J. et al. (1960) によって実験動物の化学的分析から確認されている。その他にも水分の水準が一定であること、非脂肪分における筋肉に対する骨ミネラル (例えば骨) が一定の割合であることなどの仮定があるが、Siri, W. E. (1956) はこれらに関して異議を唱え、非脂肪体重の密度の変動性の最大・単一な原因として体水分量の正常変動を強調し、また、身体の脂肪量を計算している。

間接的な方法によるヒトを対象とした研究では、非脂肪量の水は1～3%の変動を示しており、Siri, W. E. (1956) はこの推定値を一般集団では非脂肪量の水分の変動に帰属するものとしての、2.7%体脂肪率の誤差を計算するのに使っている。

Siri, W. E. (1956) はまた、体密度測定を使うときの体脂肪予測における骨密度変動性の影響を疑問視し、Keys, A. and Brozek, J. (1953) によるデータをreviewした後、蛋白：ミネラルの比の変動性は健康人において2.1%体脂肪率 (0.005g/cc) の変動に結びつくことを結論づけている。Bakker, H. K. and Struinkenkamp, R. S. (1977) はその集団での変動によって引き起こされる密度の同様な誤差 (0.003g/cc) を推定している。

骨ミネラル密度や非脂肪の水分のこうした推定値に基づき Lohman, T. G. (1981) は体密度法を使った体脂肪予測には理論的に3～4%の誤差があると計算している。

このように体密度法の再現性的な誤差は0.005g/cc程度で、研究者間には差がみられない。

①水中体重秤量法

最も広範に用いられている全身の体密度測定方法はアルキメデスの原理にしたがって身体の容積を測定する方法である。空気中と水中の重さを測定し、かつ水中秤量時の水温に対応した水密度で補正した両者の差を身体の容積とするが、この技法を使うときには、沈下中の肺容量（肺残気量）を測定することが必須である。肺残気量は全身の容積の推定に相当な寄与（１～２リットル）をする。しかし、消化器内ガスは大きさではかなり小さく（100ml未満）、一般には測定されない（Buskirk, E. R., 1961）。しかし食物残滓のガス容量が相対的に大きいと、体脂肪率推定における1.5％未満の差に結果するとする場合もある（Lukaski, H. C., 1987）。消化器内ガスの個人間変動はかなり大きい（50～300ml）ので、この変数は体密度法の精度と妥協し得るものである。

Durnin, J. V. G. A. and Satwanti, B. H.（1982）は体脂肪推定に及ぼす「吐き出し」レベル、先立つ食事の大きさ、炭酸飲料消費の影響を定量し、またそれぞれの条件での残気量を水中体重と同時に測定している。最大呼気時に得られた値と比べて吐き出し・吸い込みのレベルの変動、食事の大きさのレベルの変動は推定された脂肪量で１％未満の絶対値の差しかない。こうした体密度測定による体脂肪率推定の偏差は方法の誤差の範囲にあり、これらの変動が水中体重法とは別になされた肺残気量測定を使って引き出され得るものかどうかは疑問である。

また進藤ほか（1979）は３個のロードセルを使って独自に開発した体密度測定装置で大学生の体密度測定を実施し、２回測定間の密度差が８割の被験者では0.005g/ml以下であり、誤差率は平均0.27％にしか過ぎなかったことを報告している。

最近では国井ほか（1994）が体格の大きなスポーツ選手にも適用可能なシステムを提案し、同一人の10回繰り返し測定の変動係数は１～２％であるとしている。こうした測定システムはステンレス製タンクの床の上、水

中に据え付けられたストレンゲージを使用したものである。さらに水中秤量時に肺の窒素希釈法によって残気量測定の圧搾空気管システムを使用している。一般にこうしたシステムは、水中体重を迅速かつ高い再現性で測定できることであり、一方で被験者の不安を減らし、協力を促すように沈下手続き中の被験者の制御をしている。このシステムを使った体密度測定の精度は0.0015～0.0020g/cc、すなわち体脂肪率1％未満である (Jelliffe, E. F. P. and Jelliffe, D. B., 1969)。つまり、この方法の絶対誤差（例えば体脂肪のkg）は被験者の脂肪に依存し、その面からして他に提示された測定システムよりも精度が高いことになる。

体密度に関わる研究者が最も意を注ぐのが、水中体重測定時の肺の残気量測定である。例えば、81歳までの高齢者を含む成人女子を被験者とした田原ほか (1995) は不安感などを考慮し、タンク外で実施している。Wilmore, J. H. (1969) によると肺残気量は沈下中の測定、標準表からの予測値、あるいは肺活量測定からの予測値には差がないということが示されているが、そのすべての被験者は非喫煙者、身体的活動をしている健康な学生であり、同じ様な結果が心理的に不安感の高い中高年者などにおいて得られるとは思われない。ちなみに甲田 (1994) は女性スイマーとランナーの水中体重を測定し、ランナーには水没への抵抗感を示す者も多かったことを示唆している。

②水置換法

容積評定の第二の方法は体容積計を使った水置換法がある。この方法は被験者によって置き換えられた水が測定されるという点を除けば肺残気量を全身の体密度を計算するのに測定するなど静水体重法 (hydrostatic weighing) と同じである。Consolazio, C. F. et al. (1963) は、水中秤量に伴う精度を得るために必要なタンクにおける容積の変化は識別し難く、また沈下中の被験者の制御が欠如すると述べ、この方法の欠如を指摘している。

また、このシステムはフィールド調査への適用も可能性は必ずしも優れてはいない。

ただし多くの装置・機材（ストレンゲージ、増幅器、記録計、呼吸計、窒素分

析計）を含んではいるが、費用面では最近の二重X線法など最先端的技術の応用に比べれば言わずもがな、あるいは同位元素希釈法など他の高精度な体組成査定方法に比べても比較的低コストといわざるを得ない。

体密度（D_b）から%FAT（F）を計算するにはBrozek, J. et al.（1963）、Siri,W.E.（1956）による式があるが、体密度1.10〜1.03の範囲内では、これら2つの方程式は1%体脂肪誤差変動の範囲内になる。30%以上の体脂肪の被験者ではSiri, W. E.の方程式はBrozekの方程式よりも高い体脂肪推定値になる（Lohman, T. G., 1981）。

以上のように、体密度法は被験者への負担、装置移動の困難性などの難点は存在するものの、比較的簡便に実施し得る手続きであって、広範にその採用がみられる。また最も定量値に影響するのが肺残気量測定であることから、この面でも研究が進展しつつあり、その研究例の多さからしても黄金基準（Gold Standard）としての地位にあるといえよう。

5）皮脂厚など身体計測法による体組成推定

フィールドでのヒトの体組成の推定は基本的に形態測定値によって行われる。多様な部位の皮膚ヒダの厚み（＝以下、皮脂厚とする）の測定値や骨、四肢の周径値から体密度を外挿的に予測し、さらに二次的に体脂肪や非脂肪量の定量化を意図する研究は多い。これらの形態測定の基本は他の書物（東京都立大学、1988など）にゆずるとして、ここではこれらの測定値が体組成推定にどのように寄与しているのかを概覧する。

(1)骨量の測定と信頼性

Behnke, A. R.（1959）は骨直径の測定が、骨格量、さらには非脂肪量の推定に利用し得るという仮説を提示している。すなわち非脂肪組織が所与の骨格サイズに対して相対的一定の割合である点に依拠し、マルチン型の計測器などによって骨の長さ、幅、厚みなどの測定値を用いて予測方程式が作成されている。一方で、たとえば青年期を対象に作成されたモデルを老人に対して試用すると、予測値と体密度測定からの体組成との間には小

さな相関係数しか得られず（r=0.73〜0.82）、また女子でも体密度測定的に測定された体密度や非脂肪量と予測値との間には同程度の差（r=0.77〜0.80）が得られている（Wilmore, J. H. and Behnke, A. R., 1970）。こうした結果は提示された人体計測学的モデルがそれが得られた集団の部分でしか妥当でないということを示唆する。

予測モデルが得られた集団に特異なものに過ぎないことは cross-validation（交差妥当性）として十分に考慮されるべきであると、すでに外挿的モデルの提示者 Behnke 自身考えていたようである。少なくとも性別、あるいは少年期・青年期・中年期・高齢期など年齢範囲、特に女性では閉経前後の集団に関してこれが考慮されるべきことが研究の草創期から考慮されていたことになる。

もう一点重要なのはその測定部位の同定が相当に厳密に行われなければならないとする点である。すなわち熟練者でもマーキングをつけるなどの配慮が必要であり、また部位が多岐にわたる場合あるいは大標本を対象とする場合には検査者の疲労や慣れについても相応の配慮が必要になる。これらは測定値自体の信頼性を左右する大きな要因といえよう。

(2)皮脂厚測定の正確性と部位の選定

皮脂厚測定の正確性には計測者の技能や測定部位が影響するところも大きく（Brozek, J., 1960 ; Borkan, G. A. and Norris, A. H., 1977 ; Jackson, A. S. et al., 1980）、一般には適切にトレーニングされた経験豊富な験者では5％以内の精度が得られるとされる（Cameron, N., 1974）。人体計測値から、体密度測定的に測定された体組成を推定する誤差は体脂肪率で5％未満であることが報告されており（Lohman, T. G., 1981）、また Bedell, G. N. et al.(1956)では予測方程式や被験者によっては体脂肪率で3％から5％の誤差になるとしている。

この他にもキャリパーの微調整や測定回数の厳守あるいは測定部位の同定など、測定値の信頼度を高める方策にはかなり現在の検査者では考慮をしてはいるが、被験者によっては、精度の高い皮脂厚測定を行うための問題が常にあるということができよう。また厳密には皮脂厚測定では皮膚と

皮下組織の2層の二重ヒダを測定することになる。つまり皮脂厚測定の再現性や妥当性に影響する要因は検査者の熟練度や被験者の肥痩度、キャリパー、測定圧など、かなり広範囲にわたり、これらが予測される体組成値の誤差を増加させると考えねばならない。

小宮(1991)はこの手続きの問題点について①測定部位のズレ、つまみ方、計測器のあて方などによって皮脂厚測定値に疑問があり、客観性が欠け、10名の測定者の変動係数は10%から22%程度になること、②肩甲骨下部と上腕三頭筋背部の皮脂厚が等しい3人の被験者に14部位の皮脂厚測定結果では、皮下脂肪g＝{(14の皮脂厚値の平均／2－1.1mm)xBSA,cm^2}から求めると組織外脂肪推定値で3.1～4.3kg、組織内で9.6～11.6kgの違いがあり、重水希釈法で推定した%FATも22.4%から24.7%まで異なる値を示すことを指摘し、それ故に上腕三頭筋と肩甲骨下部が至適変量であるとは限らないとしている。また③トレーニングを行った後の体組成変化を皮脂厚法や重水法で検討すると14部位の皮脂厚合計値は減少し、重水法でも同様であるが、上腕三頭筋と肩甲骨下部の皮脂厚から推定した脂肪量は変化がないと考えられるという矛盾点も指摘している。つまりトレーニングなどを通して変化することが少ないものであり、この身体計測値から変化量を考察することの問題点はWilmore, J. H. et al. (1970)などでも指摘されている。小宮(1991)は皮脂厚法からの%FATに代わり得るものとしてBIA法やBIA-TBW法を提示しているが、皮脂厚法とBIA-TBW法とは相関は高い(r=0.842)ものの、双方の%FAT間の差が平均でも10%前後に昇ることを示している。したがって皮下脂肪厚や四肢・躯幹の周囲値(circumference)や直径値・幅・厚み(diameter)にも独立変数としての意義を見いだすことを考慮せねばならない。

(3)腕の周囲測定値の信頼性

一般に体脂肪率推定には肥痩度評定のみが強調されがちであるが、特に欧米では栄養状態の推定値としても考慮されている。フィールド研究でもよく用いられる栄養状態評定の手続きとして、上腕の周径値や上腕三頭筋部の皮脂厚の利用(Jelliffe, D. B., 1966 ; Jelliffe, E. F. P. and Jelliffe, D. B.,

1969より間接引用）がある。Gurny, J. M. (1969)では腕の周囲値は相対的には年齢と独立しており、限定的ではあっても有効な測度であるとしているが、これだけでは栄養不良の正確な診断は引き出され得ない。つまり上腕三頭筋部の皮脂厚は測定がしやすいけれども、皮下の脂肪組織の指標であり、腕の周囲値を併用し、これらの組み合わせは蛋白・熱量的な栄養不良の指標として使われてきている（Frisancho, A. R., 1981）。こうして推定された腕の周径値は身体の筋肉量の指標を与え、その結果、蛋白保有量を示すものである。それ（Cm）は腕の周囲値（Ca）と上腕三頭筋部の皮脂厚（S）からCm＝Ca－πSのように得られる。つまり横断的面での脂肪（S）と筋（M）の面積を使うことは皮脂厚と腕の周囲値を使うことよりもエネルギーや蛋白の栄養状態を評定するのには、より論理的であるというのがこの種の意義である。これらの測定値は個別的には、特に子供においてはエネルギーや蛋白貯蔵の予測因としては弱いと考えられているが、これらの変数を組み合わせた合成値は栄養状態指標としては、より適切であると考えられている（Gurny, J. M. and Jelliffe, D. B., 1973）。脂肪面積は、適切な栄養状態の子供の標準値の変化量は1歳から7歳までの間でわずかであるので、年齢と独立したエネルギー貯蔵評定値が示されるという付加的な長所もある（Gurny, J. M., 1969）。これらの面積計算には、F＝SCa／2＋πS^2／4及びM＝(Ca－πS)^2／4πを用いることになる。

(4)皮下脂肪厚測定の信頼性と正確性

　皮脂厚測定に加えて、皮下脂肪組織層を使った体脂肪の推定は、軟部組織のX線写真や超音波法、赤外線感応法によって可能である。キャリパー法がむしろ代替的であったのかも知れないが、こうした先端的技術が適用されるようになった背景には言わずもがな、年齢にともなった皮脂厚の圧縮性の問題、肥満者でのいくつかの部位の皮脂厚測定の不可能性の問題など、皮脂厚測定の限界が存在するからである。

　脂肪組織のX線での測定は、キャリパー法に比べかなり正確で、その特徴には①非観血性、②多数の筋の同時測定、③深部筋、躯幹筋までの診断可能性などが考えられる。しかし、一方で超音波法のように筋の輪郭が追

い難く、血管や筋膜の影響を受けて不正確になるおそれがあり、またこれを客観的に評価する尺度が一般化されていないことも測定の信頼度や客観性に影響すると考えられる。

　一般にこれらの実施にあたってはX線技師など検査者が専門家である必要があり、また相当なX線曝露があるため、それなりの安全な限定された場所でのみ使用可能である。また、体型的に個体差のある測定対象者の対象部位についても検査者がよく認識しているか否かなど、皮脂厚のキャリパー測定以上の配慮が必要となる。

6）電気工学の援用による体組成推定の信頼性

　ここでは、人体の電気現象を利用した方法について述べる。人体の電気現象については古くから知られていたが、それを体組織測定の実際に応用するようになったのは、かなり最近のことである。筆者にはこの実際的な応用経験はなく、その概説を文献解題的に行う。

(1)超音波の理論と信頼性

　この接近方法は電気的エネルギーが探針を通して、高周波の超音波エネルギーに変換され、短い振動型で体内へ電導されるような装置が使われる。こうした超音波が、音響特性で異なっている組織間の中間面に垂直にぶつかるので、超音波エネルギーのある部分が探針の中の受信器に反射され、電気エネルギーに変換される。(信号電圧の波形を観測する)オシロスコープのスクリーン上で、このエコーは水平な時間線上の垂直な歪みとして眼でみることができる。

　市販の超音波装置は組織の形状のイメージを提示し（Bモード）、組織の密度の変化の深さの読みとり（Aモード）を提示する。脂肪組織の厚みの評定はAモード装置で行われる（Lohman, T. G., 1992）。

(2)赤外線感応性＝近赤外線法の理論と信頼性

　赤外線感応法は体組成評定で新しく提示された方法であるが、近赤外線スペクトロスコピーを使った光の吸収と反射の原理に基づいたものであ

る。すなわち電磁的な放射線が物質に当たるとき、エネルギーはサンプルの散逸度や吸収性に従って、反射、吸収され、伝達される。サンプルへのエネルギー伝達は散逸され、サンプルの化学成分についてのサンプル内容情報の外部へ反射して戻る。このアプローチは穀物や油種の中のでんぷん、蛋白、油、水を予測しようとした Norris, A. H. (1983) によって発展せられたものである。感応性データ (I) は装置によって、走査部位から受け取られたエネルギーと、標準1cmの厚さのテフロンの block から受け取られたエネルギーとの比として計算される。データはlog(1/T)としてプロットされた吸収スペクトルと同じになるようにlog (1/I) に変換され、農業用食物原料に他の物質との混合物の形で、特定の吸収物の濃度と線形に変化するように示されている。2つの異なった波長で測定されたlog (1/I) の2つの2次誘導関数比を使ってスペクトル分析が行われる。この数学的アプローチは温度と分子の大きさの効果を減少し、吸収帯の重なりの問題を解決し、また光散逸効果を除去する (Norris, A. H., 1985)。経験的には波長が916nmおよび1026nmがこの比の計算には選択されている。Conway, J. M. et al. (1984) は脂肪と水とは近赤外線の吸収度が異なり、930〜920nmの波長の間では脂肪と水がほぼ直線的に逆の傾向を示すことを用い、この波長帯を利用した近赤外線の吸収スペクトル測定によって脂肪量推定が可能であるとしている。体組成の推定のためにはコンピュータ化した spechtrophometer が、単一の高速走査 monochromator と繊維性の光学探針をもって利用される。装置は伝導モードで操作され、走査は波長700〜1000nmの中程度の範囲でなされる。探針は電磁的放射線を monochromator から選定部位まで発し、反射と散逸の組み合わせである感応性エネルギーを収集し、それを検出器まで導く。その信号は基底にある組織に深さ1cmまで到達する。そして組成は検査部位でのみ評定される (Lukaski, H. C., 1987)。

　超音波法と赤外線感応性アプローチの最も大きな欠点は全体の体脂肪を予測するために部分的な脂肪分布に依存していることである。こうしたアプローチは等質な標本では有効であるが、異質な標本にそれを一般化でき

るかどうかについては疑問である (Lohman, T. G., 1992)。

(3)DEXA法の理論と信頼性

DEXA (Dual Energy X-ray Absorptiometry) 法は[125]Iを使ったSingle Photon Absorptiometry (SPA)、[153]Gdを源泉としたDual Energy Radiography (DER) から発展したもので、本来は骨塩量の測定装置であるが、軟部組織の解析から再現性が良好であるとされており、全身及び部位別の脂肪量を測定することが可能である。

密度測定からの体組成推定値は軟部組織 (ST) の光子 (Photon) の相対的減弱から得られる (川上、1990)。

Lukaski, H. C. (1987) によると、DER測定値の精密度については、Mazess, R. B. et al. (1990) などのデータがあり、5日から7日間にわたる12人の被験者のそれぞれに10回 (1日2回の測定) の繰り返し測定を行い、全身のBMCやBMDについて変動係数を1.5%及び0.6%、軟部組織の非脂肪はCV1.6%であるとしている。軟部組織の%FATに関しては測定の精度 (SD) は1.2%であり、水中体重法、皮脂厚、BIAによる%FATの信頼性と同様であった。骨ミネラル量 (g) を非脂肪軟部組織量の%として表すと平均5.8%、精度 (CV=2.3%) 0.13%となっている。

DERとDPAの長期的精度についてはGluer, C. C. et al. (1990) が人体模型を使って検討し、DERの方がDPAよりも小さい変動 (CV 0.44 VS 1.4) を示すことを報告している。Lohman, T. G. (1992) によると、彼の研究室では104人の成人女子についてDERを使用した場合には最初のテストから7日ないし10日経過した時のすべての被験者の再テストでは1.4%のCVを全身のミネラル (g/cm²) に見いだしている。

(4)BIA法の理論と信頼性

生体電気インピーダンス法 (BIA) は、安全で安価な装置によって、脂肪量の測定が可能であり、またポータブルな器材も開発されているので、フィールド研究にも有効であると思われる。しかし、その構成原理を理解しないと、操作自体から混乱を招くことも考えられる。以下、簡便にではあるが、体組成研究におけるBIA法の測定原理について触れておく。この

項は酒本ほか (1990) の論文から筆者が整理し、まとめた引用がほとんどであるが、このうちの物理学的原理に関しては Baumgartner, R. N. et al. (1989) を参考にした。

人体を構成する約60兆の細胞は①２つのリン脂質の脂肪酸同士が向かい合った二重構造をなす細胞膜が、②0.9％の生理的食塩水と同質の電解液である細胞外液に浮遊した形態をとっており、③細胞膜内には細胞外液とほぼ同等の特性をもつ細胞内液がある。また④実際の組織は、その機能を果たすために同じような大きさや形状の細胞が独特の配列をもって形成されている。

細胞はこうした大きさや形状、配列の仕方、外液・内液の割合などの差異によって、その電気現象に次のような特性を示す。ここで電流が周波数に依存しない時の電気の通じ難さを抵抗R、その時の通じ易さをコンダクタンスYとする。また周波数に依存し複素数で表現される通じ難さをインピーダンスZ、その時の通じ易さをアドミタンスGとする。複素共役化して $R+(1/j\omega c)=Z=1/\{(1/R)+j\omega c\}=R/\{1+j\omega c\}=\{R(1+j\omega cR)\}/\{(1+\omega^2 c^2 R^2)\}$ となるので、$G_1=\{R(1)\}/\{(1+\omega^2 c^2 R^2)\}$ をコンダクタンス、また $G_2=\{R(j\omega cR)\}/\{(1+\omega^2 c^2 R^2)\}$ をサセプタンスとする。これは $G=G_1+G_2 i$ と考えられる。

⑤細胞膜は絶縁体と考えられるが、その厚さは約２nmから10nmと極めて薄いために約１$\mu F/cm^2$ の大きな電気容量をもつ。⑥電気抵抗率は摂氏25℃の場合、細胞内液で約36Ωm、外液で約１Ωm、血液（摂氏37℃）では1.4Ωmである。⑦電気抵抗率には方向性によっても差異がある（骨格筋では繊維方向４Ωm、直角方向10Ωm）。

生体に加えられた電流が低周波であれば、⑤の理由から細胞外液部分のみを流れる。約10kHzを閾値として、周波数の増加とともに細胞膜内に電流は流れ込む。すなわち細胞膜の電気容量をCm、電気抵抗率を内液に関してRi、外液に関してReとすると、組織中の電気的等回路は、(a)低周波の場合、Reのみに依存する直列回路、(b)中周波の場合、Cm＋RiとReの２要素からなる並列回路、(c)高周波ではRi、Reをそれぞれを要素とする並

列回路となる。

④の理由から、Re、Ri、Cmは、ある平均的な値を中心に、ほぼ正規分布と同じコール・コール (cole-cole) 分布を示す。

こうした組織の構造に関係する緩和現象的な電気特性はβ分散という。

β分散でのG1を横軸に、G2を縦軸にし、所与の周波数でのアドミタンス軌跡は円弧を示すことが知られている。この図の円弧の実軸との交点の一方は低周波数側の1／Reを示し、他方がReとRiの並列抵抗の逆数（高周波数）を示す。Ri、Reの増加は細胞内外液量の減少を意味し、Re、Riの減少は細胞内外液量の増加を示す。このことから、β分散周波数f_0（Ri、Cmの平均値の逆数で$f_0=(1／2)πRiCm$）よりも充分低周波領域での電気特性は、主に細胞外液量に関した情報を含み、β分散周波数f_0よりも充分高周波領域でのそれは細胞内外液双方の情報を含むことになる (Fig.-2-2；Baumgartner, R. N. et al., 1990、田中・中塘訳、1993)。

以上のような原理だけでなく使用上の留意点も極めて複雑である。この物理学的な原理そのものの複雑さがBIA法の信頼性そのものに影響していることが想定される。安価なものを含め市販の測定器が広く流布しているが、放射線使用とは異なってよく原理を理解しないで誰にでも使用できる容易さは測定値そのものの信頼性を損なうことは間違いない。また、Lukaski, H. C. et al. (1986) は水中体重法による脂肪量とBIAによって測定した$HT^2／R$と体重を用い、皮脂厚からの予測%FATの推定の標準誤差 (Standard Error of Estimate, SEE) は3.9%であり、そして、抵抗指数 ($HT^2／R$) と体重からの(体密度からの)%FATはSEE2.7%であるとしている。一方、Jackson, A. S., Pollock, M. L., Graves, E. and Mahar, M. T. (1988) はBMIに比較してBIAを使った%FATやFFBの予測には改善はないことを見いだし、BIA予測の精度の大きな決定因子は身長と体重であるとした。また、Baumgartner, R. N. et al. (1989) では抵抗を超えた感応抵抗の bioelectric impedance phase angle を使い、phase angle が全身でなく躯幹で測定された時にはBMIや皮脂厚よりも体密度からの%FATで高い相関があることが見いだされている。

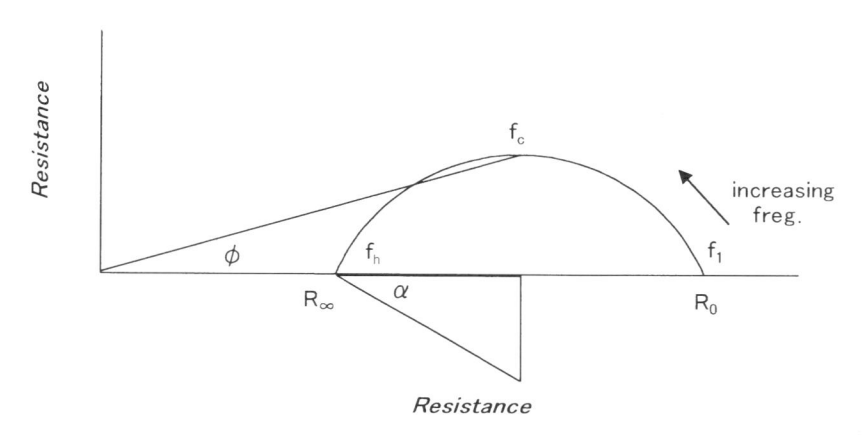

Fig.-2-2：Plot of impedance. (Baumgartner,R.N. et al., 1988.
　　　　　Baumgartner,R.N. et al., 1990, Exer.Sports Sci. Rev. 18：193-224)

　このBIA法の嚆矢はフランスの Thomasset, A. (1963) に遡ることができ、その後、Thomassetと彼の共同研究者たちによって、2針電極法を用いて体水分量（TBW）と細胞外液（ECF）を推定する目的でBIA法の適用が行われている。
　金井（1990）はBIA法の問題点として生体そのものが細胞レベル、組織レベルとも複雑であり、また生体構成成分は組織において不均質であるため、電気特性から構成成分を推定することの困難性をあげている。様々に議論があるのが現状である。中塘ほか（1994a）はBIA法から求めた連続3日間の測定値は高い一致度（r=0.949～0.969）を示したとし、内藤ほか（1994）はBIA法の再現性はインピーダンスでr=0.902であったとしている。
　しかし小野寺（1994）は(1)BIA法抵抗値が午前から午後にかけて低下し、翌朝に上昇する日間変動があり、(2)運動後には抵抗値が9ohmほど低下し、(3)体温上昇を能動的（＝運動）、あるいは受動的に実施した場合でも直腸温上昇がみられ、(4)直腸温と抵抗値とは逆相関を示したことを報告している。この温度の観点は金井（1990）も生体の電気特性が電解液の導電率に依存していることを温度高価への配慮点として述べている。

51

Baumgartner, R. N. et al. (1989) はインピーダンス測定は子供を対象にすると電極のずれなどのために極めて難しいことを示唆し、また成人でも四肢・躯幹とも1cmの片方の電極のずれがレジスタンスを2.1%減少、両方でのずれはレジスタンスを4.1%減少させると述べている。

第3節　体組成定量方法の妥当性の検討

　体組成の定量には測定の信頼性の他に「測定値が適切に体水分を表しているか」という妥当性に関わる問題点がある。ここでいう妥当性とは体組成の内容を適切に代表し得るものか否かの評価に関わる事項であり、①内容的妥当性といっておく。狭義の妥当性にはこの他に「他の指標とうまく合致しているか否か」に関する②構成概念的妥当性、および「目的のために有用であるか」に関する③基準関連妥当性がある。この項ではこれらの観点から、妥当性を論議する。特に②の範疇にある「他の指標との一致性」に力点をおき、総合的に判断したときの様々の測定法の有用性について絞り込みを行う。ただし最近に多く用いられるようになってきたX線、超音波、コンピュータ・トモグラフィなど電気工学的な技術や知識を援用した器材の導入に伴う測定技法の妥当性に関しては本論文では触れない。

1）体水分量定量値による体組成推定の妥当性

　Wedgwood, R. J. (1963) は非脂肪量が一定の密度を有し、非脂肪量中の水分の割合が一定であること、非脂肪量中の骨の割合が一定であること、細胞内の水分量は一定であることなどを仮定して、先行研究のデータを検討し、非脂肪量が多いほど密度が大きく、水分の体重に占める割合が高いことを報告している。つまり、非脂肪量は一定不変ではないが、その組成はほぼ一定していることが推測できる。したがって、水分量の相対的一定性を応用したのが体水分量法である。脂肪細胞すなわち、蓄積性の中性脂

肪には水が含まれておらず、また体水分が非脂肪量（FFM）の一定の分画（73.2％）を占めるという知見を仮定にして、換算体脂肪率を求めるために、総水分量（TBW）の定量を行うことが想定されてきている。

したがって、FFM に占める水分の割合が73.2％と決め得るか否かは体水分の測定の妥当性では重要になってくる。Pace, N. and Rathbun, E. N. (1945) はラット（3匹）、モルモット（2匹）、ウサギ（2匹）、イヌ（2匹）、ネコ・サル（各1匹）の死体乾燥法によって、FFM に占める水分の比率を求めている。また Widdowson, E. M. et al. (1951) は25歳男子、42歳女性のヒト死体から水分を定量し、FFM 比が72.5％、73.2％になったことを示している。

平均値すなわち$\Sigma(X_i - A)^2$を最小ならしめるような値、あるいは物理学の積率（moment）と考えられる定義に従えば、先にあげた Pace, N. and Rathbun, E .N. (1945) の動物11個体の FFM 比の平均は73.2090％、その標準誤差0.48％、標準偏差1.604796％、変動係数2.19％、中央値73.3％となる。こうした分散を示す統計量、SDにこだわれば、ほぼ95％信頼区間は71.6％～74.814％にとどまり、ヒトに関する Widdowson, E. M. et al. (1951) のデータを併合すると平均値は73.154％、SDが1.488％、変動係数2.04％となる。仮に体水分がFFMに占める割合を72.0％として、あるいは逆に75％として％FFMあるいは％FATを求めても、1～2％程度の差異が生ずるだけである。

一方、Going, S., Williams, D. and Lohman, T. G.(1995)は体水分(TBW)の加齢変化に関した研究を整理し、第一点として1）体重（WT）に占める割合は青年期の男子では60％、同女子では50％、壮年早期や中年では男子55％未満、同女子45％未満であり、この傾向は水分の変化よりも体脂肪の増加を反映したものであると述べている。また細胞外水分が比較的安定しているのに対し、細胞内水分は男女とも加齢によって減少していくという見解（Pierson, R. N. et al., 1991）、細胞内水分の多い骨の加齢による減少も指摘されている。一方、Steen, B. et al. (1988) は70歳以上の高齢者では細胞外水分の減少を認めている。こうした矛盾点は細胞外水分の測り難

さや栄養・生活形態によるものと推察されている (Going, S. et al., 1995)。

また Going, S. et al. (1995) は第二点として FFM に占める体水分を加齢変化に従って検討したいくつかの研究を整理し、25歳から63歳までの直前まで正常な生理作用を営んでいた死体では FFM あたりの水分量が73％ (±3％SD) になるとする報告 (Keys, A. et al., 1955など) をあげている。その他の研究を含めても加齢と TBW／FFM の間に一定した見解は見いだせないことも報告され、Norris, A. H. et al.(1963)、Young, C. M. et al.(1963)、あるいは Shock, N. R. et al. (1963) の antipyrine を使った研究、Cohn, S. H. et al. (1980)、Heymesfield, S. B. et al. (1989)、Baumgartner, R. N. et al. (1991)、Hewitt, M. J. et al. (1993) の ^3H_2O を使った研究を総合すると TBW／FFM は男子では67％から74％、女子では69％から78％の範囲を示していることも報告されている。Going, S. et al. (1995) がまとめたこれらの資料を概覧すると、相対的に女子には加齢による TBW／FFM 値の上昇傾向が観察される。

これらのうち、1980年代後半以降の研究 (Heymesfield, S. B. et al., 1989; Baumgartner, R. N. et al., 1991 ; Hewitt, M. J. et al., 1993) の各データ (年齢別平均値) をまとめると、72.325％±0.01323％となる。またこれらの研究では FFM の定量が種々の方法で行われており、基準変数自体が必ずしも明確ではないことも考え合わせると、TBW／FFM＝0.732と定性化するのはほぼ妥当であると考えられる。

したがって健康度の指標に水分の％FFM が選定されるときには、極めて狭い範囲内で健康度評定が可能になる。すなわち、この範囲でこれまでのデータ、実験結果が収束していることは、体水分量が73.2％ FFM とすることを必ずしも否定するものではないと考えられる。すなわち、重水希釈法によって求められた体水分量 (TBW、 l) を用いると、非脂肪量x(FFM、kg)＝TBW／0.732で得ることができ、したがって％FAT＝100－％TBW／0.732として知ることができると考えられよう。

また、この係数 ω (＝0.732) は、欧米人というヒトについては相当に検討されているが、日本人を始めとしたモンゴロイドに関しては、検討され

てはいないのが実状である。

2）総カリウム測定法による体組成推定の妥当性

　Forbes, G. B. et al. (1961) は少数の剖検体の化学的な分析により非脂肪量のうち2.66gが男子のカリウムであり、2.50gが女子のそれであることを示し、またLohman, T. G. (1992) によれば、これは68.1meqK／kgともなる。Boling, E. A. et al. (1962) はカリウムと水分との高い相関に基づき、体水分1リットルあたりカリウムは男子3.41g、女子3.16gであることを報告している。体水分の項で述べたように非脂肪量の一定部分 (73.2%) が水分であると仮定すると、これらの定数は非脂肪量1kgあたり男子ではカリウム2.5g、女子では2.31gであることになる。また、Behnke, A. R. and Wilmore, J. H. (1974) は体内総カリウムを非脂肪量に換算すると男子2.46g、女子2.28gであるとし、また、Lukaski, H. C. et al. (1985) は体水分測定と^{40}K絶対値計数法を使うことによって、非脂肪量あたり男子2.46g、女子2.50gであるとしている。

　したがって十分に被覆し適切に調整した計数システムによる身体の形状やγ線の自己吸収による計数補正の標準的な手続きを経てBi-214による影響雑音干渉をうまく制御すれば、TBKの絶対的な量を測定することができる。またTBKが決定されると、非脂肪量のカリウム量に従属する変数によって外挿的に除脂肪量や非脂肪量を推定することができる。

　しかしながら、装置や技術的なサポートを含めたこうした確定方法は高コストであり、フィールドでの研究には必ずしも適さない。

　また、もうひとつの問題点は測定値データの散布度・分散が相対的に高いことである。先に示したForbes, G. B. et al. (1961) によるLBM中のカリウム値（単位mEq/LBM・kg）は平均値±SDでヒト（男）＝68.1±3、ブタ＝69±4、ラット＝73±3 体水分がLBMに占める比率がヒトや各種の動物を総合しても、平均±SDが73.2±1.6048、変動係数2.19%であるのに対し、カリウムがLBMに占める割合の変動係数はヒトだけに限っても、

4.4%である。この変動係数の値は特別な事情があるほどの特殊な高さ、例えばSnedecor (pp.60-61) のいう15%を凌駕するほどのものではないが、相対的なデータの信頼度はかなり低いと考えざるを得ない。

　Forbes, G. B. and Bruining, G. J. (1976) はカリウム法によって定量した除脂肪量を24時間尿中のクレアチニンと相関させ、r＝0.9878の極めて高い関連性を指摘している。この場合、LBM ＝7.38＋0.02908×Ucrなる予測式も導かれており、これはForbes, G. B. et al. (1961) が総カリウム量として定量された全身のカリウム量と除脂肪量LBMとの間に示した定性的な一次モデル LBM(kg) ＝（総カリウム量）／68.1mEq/kgなる関係をまた確認することでもあったといえよう。また女子ではLBM(kg) ＝（総カリウム量）／68.1mEq/kgなる関係式が得られている。

　この他にもカリウム量そのものが体組成にもつ妥当性は指摘されているが、それぞれ該当する項において述べることにする。

3) 尿中クレアチニン法による体組成推定の妥当性

　小室と小宮 (1982) は肥満者を含めた日本人について尿中クレアチニンを採集し、統計量を得ているが、クレアチニン排泄量の変動係数は19.47%となってかなり高値を示す。また体重1kgあたりに変換した場合では10.7%となっている。また性別に約300名の男女について同様に検討した川崎ほか (1984b) からクレアチニンの変動係数を求めると男子25.6%、女子では22.3%の高値になる。いずれも同種の装置を用いて実施された結果であり、その信頼性については同等であるので、こうした定量値の不安定さは詰まるところ個体差に帰着する。

　FFMやLBM以外の筋肉量推定のための妥当な接近方法は少ないが、ひとつは筋肉量と血清のクレアチニンレベルの関係を使った筋肉量推定のための血清クレアチニンの発見であって、Talbot, N. B. (1938) は1gの尿中クレアチニンを17.9kgの骨格筋と等価とした報告から、血清クレアチニンを用い、その1mgは0.88kgの骨格筋相当であり、予測値と観察値の

差の平均が3.9%であることを示している。第二には示したアミノ酸 3-メチルヒスチジン（3MH）と筋肉量との密接な関係であり、Lukaski, H. C. and Mendez, J. (1980)は体密度法によるFFMと3MHの間にr＝0.90の相関性を報告している。ちなみに尿中クレアチニンとFFMはr＝0.67に過ぎない。

しかもこれらのクレアチニンの妥当性を検証しようとする知見はヒト死体や動物を対象にして得られたものであったり、少数の被験者に関した報告に過ぎなかったりする。ヒト以外の動物とヒトでは蛋白排泄に関与する系 (tract) が基本的に異なっていることも想定されているので、この点についても必ずしも3MHの妥当性が検証されている訳ではない。

また川崎ほか (1985) は20歳以上から80歳を超す高齢者までを対象に皮脂厚測定値から推定した除脂肪量（LBM）と尿中クレアチニンの相関係数を得ており、男子ではr＝0.633、女子ではr＝0.689となっている。また尿中クレアチニンを予測するため、独立変数として年齢の他に体表面積や身長、体重などを含む種々の方程式を作成したとき、LBMを含む方程式が最も重相関係数が高いことが報告されている。あるいはForbes, G. B. and Bruining, G. J. (1976) はカリウム法によって定量した除脂肪量を24時間尿中のクレアチニンと相関させ、r＝0.9878の極めて高い関連性を指摘している。

尿中クレアチニンを他の体組成推定値と関連させた研究としては、Lukaski, H. C. and Mendez, J. M. (1980) があり、体密度法によるFFMと尿中クレアチニンとはr＝0.67の相関性を示すに過ぎない。この他にも文献を検討したが、先述したFolin, S. M. (1905)、Talbot, N. B. (1938)、Cheek, D. B. (1968) などの見解に依拠して研究は進展していると考えられる。

また川崎ほか (1984a、1984b、1985) の一連の研究では24時間の累積尿と年齢や体格、血圧値との関係を検討し、年齢が最も強い負の相関係数を示し、2番目に強い相関係数は正で体表面積、3番目の変数は男子がBMI、女子が収縮期血圧であることを示し、尿中クレアチン排泄量を年齢、体格、

血圧値によって重回帰分析したところ、年齢、Na／K比、収縮期血圧が男女いずれも負の偏回帰係数を示したと述べている。この川崎ほか（1984b）の予測モデルの重相関係数は、男子R＝0.872、女子R＝0.727となっており、必ずしも高くはない。また川崎ほか（1985）は20歳以上から80歳を超す高齢者までを対象に皮脂厚測定値から推定した除脂肪量（LBM）と尿中クレアチニンの相関係数を得ており、男子ではr＝0.633、女子ではr＝0.689となっている。また尿中クレアチニンを予測するため、独立変数として年齢の他に体表面積や身長、体重などを含む種々の方程式を作成したとき、LBMを含む方程式が最も重相関係数が高いことが報告されている。

　以上から、クレアチニンによる体組成推定は、とりわけ尿を検体としたときにはその査定の簡便性においては極めて優れるが、必ずしも健康度に密接な関係を有しているとは考えられず、他の体組成指標との間に特徴のある関係が追求されているわけでもない。さらに定量の精度に影響する因子として年齢、身体運動強度、食事などが相当に大きいことが考えられる。クレアチニンは、カリウムとともにミネラル成分の1要素として考えて、体水分や脂肪量を含んだ多成分予測モデルの中で考察される必要があることが指摘できる。

4）体密度法による体組成推定の妥当性検討

　Fueller, N. J. et al.（1994）は体密度法、重水希釈による体水分法、カリウム法それぞれについて肥満の同一被験者の体脂肪率、非脂肪量を測定し、体密度法は体水分法よりも体脂肪率を1.2％過剰評価し、カリウム法より1.8％ほど過小評価すること、体密度法は体水分法よりも非脂肪量を1.2gほど過小評価し、カリウム法より1.4g過大評価することを見いだしている。また、清田ほか（1994）は体組成を皮脂厚法、超音波法と水中体重法によって検討し、体密度法と皮脂厚法の間ではr＝0.765の中庸の相関係数を得、皮脂厚法が水中体重よりも過剰推定する傾向があること、体密度法と超音波法の間では両者の推定値の相関はr＝0.594と低いが、過大推

定、過小推定傾向は少ないこと、また、体密度法とBIAの間では相関係数がr＝0.557とやや低く、BIAが過大に推定されることを指摘している。浅野（1994a）も水泳選手の体密度＝超音波法間の関係について報告し、％FAT推定の場合、腸骨稜や大腿四頭筋では0.6前後から0.8程度の相関係数を得、反面、上肢や躯幹上部ではr＝0.2以下あるいは負の相関係数しか得られないとしている。

一方、勝川ほか（1993）は338名の体脂肪を水中体重法と近赤外線法の2方法から得た結果、r＝0.79となり、肥満者では体密度法が近赤外線法より高値を示すことを報告している。また、中塘（1994a）は体密度とBIAの両方法による相関がr＝0.869から0.922であったことを述べ、個体値もほぼ同値であるとしている。中塘（1994b）は食事制限や運動による減量研究にこのBIA法、体密度法、皮脂厚を適用し、平均体脂肪量変化が体密度法では－5.1kg（C.V.＝41.1％）、BIA法では－4.1kg（C.V.＝117.0％）、皮脂厚法では－4.8kg（C.V.＝52.1％）となったことを報告している。

このように構成概念的な妥当性は体密度法の場合、必ずしも一定してはいない。これは体密度法そのものの妥当性の低さを意味しているのではなく、とりわけ、BIA法など発展途上段階にあって、研究室間で種々の器材を利用したり、試験的な少数例に関する報告が多いことに起因すると考えるべきであるといえよう。

5）皮脂厚法など身体計測法による体組成推定の妥当性

(1)皮下脂肪厚（キャリパー）法の妥当性検討

皮下脂肪組織の厚みを予測モデルの独立変数とすることは極めて一般的であるが、そこには(1)全身脂肪の一定の割合を反映したものであり、(2)測定のために選定された部位は皮下脂肪の平均的な厚みを表しているものであるという前提がある。しかしこの2つの仮定のいずれもが「真」であることは証明されていない。一般には皮下の脂肪が全身の脂肪の約半分を構成していると仮定して皮下脂肪厚計測を一般に行ってきているが、この記

述を支持するだけのデータはない (Lohman, T. G., 1992)。

　皮脂厚の総合指標化を意図した研究がいくつか行われ、測定部位が測り得る領域を検討している。4部位の皮脂厚を主成分分析した Garn, S. M. et al. (1988) によると第1主成分は一般的な脂肪因子となり、また Mueller, W. H and Wholleb, J. C. (1981) は第1主成分は一般因子、第2主成分は躯幹・四肢の脂肪であるとしている。Hattori, K. et al. (1987) は、思春期の肥満者と非肥満者の皮脂厚5部位を因子分析し、躯幹vs四肢の因子が全分散の60％、上肢と下肢の因子が全分散の20％を説明していると考えている。この研究では肥満者は全体的に躯幹や四肢に脂肪を多く有し、肥満男子は躯幹低部に、また肥満女子では躯幹上部に多くの皮下脂肪が観察されると述べている。さらに Baumgartner, R. N. et al. (1986) は全分散の1／3から1／2を躯幹・四肢の脂肪が説明し得るとし、Mueller, W. H. and Wholleb, J. C. (1981) では健康に関する危険因子と皮脂厚の関係を偏相関係数によって検討した場合、躯幹部と周辺部の脂肪では機能差がみられることを指摘している。また Enzi, G. et al. (1986) の結果では腹部皮脂厚と腹部内臓脂肪面積の相関は胸腔皮脂厚と腹部皮脂厚よりも小さいことを指摘している。つまり、外見的に類似する、あるいは隣接する部位間でも脂肪は関連していないことが示されている。

　詳細に集団の身体の脂肪分布について検討した情報は多くはないが、躯幹と四肢のそれぞれから1個ずつの測定部位を選定すれば全身の皮下脂肪厚の状態は検討可能であることをこれらの研究は示唆している。

　さらには予測モデルの妥当性に関しても、種々の配慮が行われている。Lohman, T. G. (1981)、あるいは Cisar, C. J. et al. (1989) では体組成の、さらには皮脂厚からの体脂肪率の予測方程式が多く提示され、また Lukaski, H. C. (1987) は成人コーカシアンにおける一般的な妥当性をもつ方程式としていくつかの方程式が推奨されるとしている。Durnin, J. V. G. A. and Womersley, J. (1974) は4部位の皮脂厚（上腕三頭筋部、上腕二頭筋部、肩甲骨下部、腸骨骨端）の合計値の対数変換、性、年齢を用いて体組成予測の回帰方程式を作成している。Jackson, A. S. and Pollock, M. L.

(1978) は男子の体密度を7部位の皮脂厚（胸、上腕部、へそ部、腹部、大腿、肩甲骨）の合計値の対数変換値や2乗値、年齢、手首と前腕の周囲値から予測している。女子については、Jackson, M. L. et al. (1980) が3部位の皮脂厚（上腕三頭筋部、大腿、へそ部）の2乗値、年齢、臀部の周囲値から体密度を予測する方程式を得ている。これらの研究から示唆されるようにDurnin, J. V. G. A. and Womersley, J. (1974) によると体密度は皮下の脂肪量と線形な関係はしていないので、皮脂厚の合計に数学的な変換（対数型、2乗値型）を行う必要があるとしている。また、性と年齢を含むことは交差妥当性確認の試行においては体脂肪率の予測誤差を減ずるものである (Jackson, A. S. and Pollock, M. L., 1978 ; Jackson, A. S. and Pollock, M. L., 1980) と考えている研究者もいる。ただし、こうした定性的変数を、他の定量的変数と並列的に独立変数とすることにはやはり疑問がある。重回帰分析では従属変数、独立変数とも分布が正規分布であることを前提としており、したがって観察変数の正規性検定がまた必要な事項である。

　体組成を予測するための皮脂厚方程式の妥当性は方程式を得た集団に限定すると考えた方が適切であろう。

(2)上腕の筋・脂肪面積に関わる妥当性

　欧米で、かつ成長期の者を対象にして上腕の筋／脂肪面積を算出して、体組成の指標にしている。Schumacher, L. B. and Kretchmer, N. (1988) では移民の子弟に関してこうした指標を報告している。

　これら腕面積や脂肪面積に関わる妥当性を考えるとき、基本的な以下のような仮定を検討しなければならない。(1)腕の中央部は円である、(2)上腕三頭筋部皮脂厚は平均した脂肪の縁の直径である、(3)腕中央部の筋肉区画は円である、(4)形態的な腕筋肉面積に含まれる骨は蛋白・熱量の栄養不良における筋の比率を低下させる。すなわちこの点が腕の周囲値モデルの妥当性になるが、Heymesfield, S. B. et al. (1979) はこれらの仮定を成人について確かめ、これらの近似のそれぞれはある程度の誤差にあるということを見いだし、また、成人においては腕面積の形態測定によって15〜25%の過剰推定になり、腕脂肪面積はCTによって測定された値と10%以内で

一致するということになる。さらに Heymsfield, S. B. et al. (1982) はその後の研究で、4つの仮定それぞれにおける誤差を考慮する性別の方程式を得ている。すなわち腕筋面積（cAMA）については、男子の場合、$(MAC - \pi S)^2/4\pi - 10$、女子では $(MAC - \pi S)^2/4\pi - 6.5$ と修正され、ここで MAC は腕の中央部周囲値、S は上腕三頭筋部の皮脂厚である。

さらに尿中クレアチニン排泄量から得られた筋肉量推定値（Cheek, D. B., 1968）を使うと、cAMA から全身筋肉量を予測するための方程式として、筋肉量(kg) =（身長、cm）×（0.0264 + 0.0029(cAMA)）が提示され、この予測誤差は5～9％の範囲にある。これらの方程式は腕筋面積では誤差を平均的に7～8％減少させると述べられている。

ここで紹介した方法は皮下脂肪厚と四肢の周囲値にも独立変数としての意義を見いだしているが、他にも運動や栄養の状態を反映し易い部位、たとえば大腿部に同じような仮定と意義があっても不思議ではない。全身から栄養状態を評定していないという点でその妥当性には問題があると考えねばならない。

皮下脂肪厚の外的（健康指標的）妥当性を検討したところ、以下のようになった。一般には腹部皮下脂肪厚よりも内臓脂肪の方が慢性疾患のリスクを高めると考えられている（Lohman, T. G., 1992）が、Despres, J. P. et al. (1990) では肥満を種々に分類した上で、循環器疾患との関連を文献的に検討し、以下のように示している。皮下脂肪・内臓脂肪双方において高水準である場合には危険度＝4、腹部で皮下脂肪は低いが、内臓脂肪の高い者が危険度＝3、皮下脂肪は大きいが、内臓脂肪は低水準である場合には危険度＝2、ヒップや臀部の皮下脂肪が高く躯幹、腹部の脂肪は低い者は危険度＝1と分類されている。また Despres, J. P. et al. (1990) は肥満女性でも腹部脂肪が余り多くない場合と2倍以上の腹部脂肪を有する場合とのリポ蛋白プロフィールが、全く異なっていることを指摘している。

また吉川 (1990) は Nagamine, S. and Suzuki, S. (1964) による皮脂厚を利用した体密度から体脂肪率を求め、血圧値とほとんど相関しないことを述べている。この点はアメリカ人のデータでも指摘されている。

これらの点からは皮脂厚は循環器系の疾患に対する妥当な指標でないことを示すのかも知れないが、「同じウエストでも腹腔内に脂肪が蓄積するタイプに高脂血症や糖代謝異常、高血圧の合併率が高い」としている。実際に、Terry, R. B. et al.(1989)は肩甲骨と上腕部の皮脂厚の比率、WH比、%FAT、BMIを多成分的、総合的に評価した場合には血中脂質やリポ蛋白プロフィールと、相関することを述べ、また肩甲骨／上腕の皮脂厚比（軀幹肥満）とWH比による腹部内肥満とは蛋白プロフィールは異なることを指摘している。

　以上の点から健康度の総合的な評価には部位限定的ではなく多面的な身体計測が行われるべきこと、また皮脂厚や周囲・直径値など単独領域的測定でなく、いくつかの要素の併合による評価モデルが必要であることが示される。

(3)超音波法の妥当性

　当初期の試行はヒトの脂肪組織の厚みを推定することを中心に行われ、このことによって超音波法の妥当性が定着せられた。上腕三頭筋部と肩甲骨下部でのキャリパー法による皮脂厚と超音波の測定値との間には0.80以上の相関係数が報告され、また超音波データは皮下の腹部脂肪組織についての電気伝導性値（Booth, R. A. D. et al., 1966）、腹部の脂肪の針刺し込み測定値、腸骨頂の軟部組織X線値と高い相関を示している（Lukaski, H. C., 1987）。

　Borkan, G. A. et al. (1982) は39人の男子について^{40}K計数法で測定された体脂肪を予測するために超音波法と皮脂厚法とを評定し、同部位で2つの方法でなされた測定値は、脂肪組織の厚さについては平均推定値を典型的に産出したが、それらの相関は高いものであり（r>0.80）、各々の方法の相対的なランク付けは類似したものであった。皮脂厚は超音波よりも脂肪体重と高い相関を示した（r=0.51 vs 0.39）。これらの報告は、体組成評定において特に費用面を考慮すれば皮脂厚法が超音波よりも、有効であることを示唆するものである。

　専門的技術者の介入は不可欠であるが、深部にまで客観的な評価ができ

るとした例がある。すなわち田中ほか (1994) は有酸素トレーニングを12週間実施し、水中体重法を併用した超音波法によって体内脂肪の変化を検討している。脂肪減少量は超音波法による深部脂肪が皮下脂肪の2倍となり、このことからも健康指標関連の妥当性を知ることができる。また浅野ほか (1994b) は超音波による皮脂厚測定は脂肪の単純な厚さを示し、皮脂厚法、近赤外線法、インピーダンス法とは測定している内容・実質に違いがあることが考えられるとしている。Fanelli, M. T. and Kuczmarski, R. J. (1984) は身体の7部位での脂肪組織の厚みを18～30歳の124人の男子についてキャリパーと超音波で測定し、また、体脂肪率は体密度法により3.5～32.7%として測定した。平均すると、体密度と皮脂厚の間で観察された相関係数が、超音波とのそれよりも、わずかに高く、キャリパー法に関して、上腕三頭筋部は単一では最良の体密度予測因である (r=0.75) と述べている。しかし、超音波は腰では最良の予測因であり (r=0.74)、体脂肪率の予測因として皮脂厚キャリパー法と同様に優れたものであることを示唆している。また多重回帰分析では皮脂厚値を使った最良の回帰方程式はr=0.779、SEE=0.0083g/ccであり、超音波を使うとr=0.809、SEE=0.0078g/ccであったことから、これらの方法には同等の予測可能性があることを示唆しているとも述べている。

6）電気工学援用法の妥当性

(1)近赤外線法の妥当性

一般に近赤外線法は体脂肪を過剰に推定することが知られている。また浅野 (1994a、1994d) は上腕三頭筋部、へそ部、腹部、肩甲骨下部、大腿前部、大腿後部の6部位の皮脂厚を超音波法、近赤外線法で測定し、水中体重による体密度、体脂肪率との関連を検討した結果、①超音波と近赤外線の相関は大腿皮脂厚のr=0.593、全体でもr=0.41と低く、②水中体重による体脂肪率との超音波皮脂厚の相関は大腿でr=0.72（右）、0.82（左）、肩甲骨下部でr=0.61、③体脂肪率との近赤外線皮脂厚の相関は右大腿でr=

0.76、左肩甲骨下部でr＝0.76、右上腕三頭筋部でr＝0.76、へそ部でr＝0.71（右）、0.65（左）であることを認めている。また、清田ほか (1994) は体密度による％FATと近赤外線法による値とはr＝0.79の相関を示すとしている。Conway, J. M. et al. (1984) は、このアプローチを重水希釈法によるTBW測定および上腕三頭筋部、上腕二頭筋部、肩甲骨下部、へそ部、大腿の皮脂厚と超音波、赤外線感応性測定を受けた53人の男女に用い、また体脂肪率を予測するための赤外線法の外部妥当性を評価するために36人の被験者のデータを他の17人の被験者でテストされたモデル作成に利用している。その結果、予測方程式は「916nmと1026nmの感応性2次導関数の比」と「重水空間によって推定された体脂肪率」と良い関係を示した（r＝0.91、SEE＝3.2％）と述べている。またLukaski, H. C. (1987) は、すべての被験者間で、近赤外線法によって得られた体脂肪率と重水希釈法、皮脂厚法、超音波法による体脂肪率との間に有意な相関係数が得られている（それぞれ0.94、0.90、0.89）。

すなわち特に高い予測可能性が考えられているわけではなく、近赤外線法で定量された値を1つの独立変数として扱う程の意義を認めることができる。

(2) BIA法の妥当性

BIA法の妥当性について、角田ほか (1992) はBIAのパラメータのひとつである健常児の体重によるtan θ ＝ reactance(Xc)／resistance(Rz)、すなわちphase angleの標準値を栄養障害児に当てはめると、相対的に低い値を示し、また浮腫による体重増加があった場合はphase angleの低下がみられたとしている。このことは体重が同等であっても栄養障害児ではbody cell massの占める割合が少ないことを示唆していると述べている。中塘ほか (1994c) はBIAによる抵抗値 (z) を独立変数にした体密度 (Db) 予測モデルDb＝1.1613－0.1038(WT／Z)／HT^{2}からの推定値は体脂肪率 (％FAT) と水中体重による推定値との間でr＝0.869、非脂肪量 (FFM) と水中体重による推定値との間でr＝0.922であったことを報告している。

また内藤ほか (1994) は血清コレステロール値について重回帰分析を実

施し、標準化偏回帰係数はBMI＝0.3465、impedance＝0.1868、皮下脂肪＝－0.762であることを述べている。その他、消化器術後患者の水分の出納が phase angle と関係しているので、BIAは水分評価にも有用であること、水分バランスがマイナスに傾くほど抵抗値の差も増大することなどが述べられている。

(3) 二重エネルギーX線法の妥当性

Mazess, R. B., Peppler, W. W. and Gibbons, M. (1984) は18人のDPAと水中体重を使って評価した全身体組成の結果について、2方法の％FAT推定値は高度に相関している（r＝0.87、SEE＝4.3％）ということを見いだし、方法間の差異はFFBの骨ミネラルに密接に関係しているということを述べている。

Heymesfield, S. B. et al. (1989) はDPAとDERの2方法間の比較を脂肪・筋肉（アルコールと水の混合物）の組成標準物すなわち粉砕されたビーフ標本を使って行い％FAT方程式は％FAT＝－499$_{st}$＋732.6、相関係数0.99を得ている。

また Heymesfield, S. B. and Wang, J. et al. (1989) は13人の被験者においては、体密度からの％FATはSEE3.2％のDPAによる％FATと0.92の相関を示している。4つの基準的な方法（体密度法による％FAT、体水分、カリウム、中性子活性分析）を使うと、相関は0.95まで上昇し、SEEは2.5％に等しいことも指摘されている。

また Lohman, T. G. (1992) は先行研究の公式を修正して(1)D_b＝FAT%(F_2)＋FFM%(FFM_2)、(2)D_{LBM}＝$\{D_t－0.9(F_{DPA})\}／\{(0.1－F_{DPA})\}$を得ている（ここで、脂肪の密度は0.9g/cc、$FFM_2$はFFMの未知の密度、$F_{DPA}$はDPAによる脂肪分画、$D_b$は密度法による体密度である。さらに、これを再度変換すると以下のようになる。(3)$1／D_b$＝$(f／d_f)＋\{(1－f)／d_{FFB}\}$）、(4)$d_{FFB}$＝$(1／D_B)－\{(1－F_{DPA})／f_{DPA}／0.9\}$。

Table-2-1: Assessment of method of body composition.

(Lukaski,H.C., 1987による)

方法	経費	技術上の難度	精度 FFM	%FAT
水分法				
重水	4	3	3	3
oxygen18	5	5	4	4
トリチウム	3	3	3	3
カリウム法	4	4	4	3
クレアチニン法	2	3	2	1
体密度法				
浸水法	3	4	5	5
体容積法	4	3	5	5
皮脂厚法	1	2	2	2
腕の周囲	1	3	2	2
中性子活性法	5	5	5	5
光子吸収法	4	4	4	4
3-メチルヒスチジン	2	3	3	?
電気的方法				
伝導法	5	1	4	4
インピーダンス法	2	1	4	4
CT法	5	5	?	?
近赤外線法	4	4	3	3
NMR法	5	5	?	?

Table-2-2: 簡易式体脂肪測定法の有用性の有無 (大野ほか、1994による)

	測定精度	客観性	簡便性	被験者への負担	経済性	総合
皮脂厚計測法	2	2	2	2	3	11
近赤外線法	2	3	3	3	2	13
インピーダンス法	2	3	2	2	1	10
超音波法	2	3	2	2	1	10

第4節　総合的な有用性の評価

　以上のように、各定量方法の理論的、あるいは査定に関わる信頼性、妥当性を検討した。詳細は触れ得ないが、それぞれの方法に使い易さや、経費などを含めた一長一短がある。Lukaski, H. C. (1987)は水分法（3）、カリウム法、尿中クレアチニン法、体密度法（2）、皮脂厚法、腕の周囲値法、中性子活性法、光子吸収法、3-メチルヒスチジン法、電気電導法、BIA法、CT法、超音波法、近赤外線法、MRIについて、それぞれの有効性の限界をまとめている（Table-2-1）。その観点は経費、技術的難易性、FFMと％FATに関する精度である。それぞれ5段階でLukaski, H. C.が評定したものを筆者で検討したところ、20点満点での総合的な有用性はBIA法（＝17点）が最も優れ、次に体密度の2方法（＝15点）、電気電導法（＝14点）、重水による体水分法と皮脂厚法（＝13点）と集約される。ただし、Lukaski, H. C.自身がBIA法の有力な推進者であることを差し引いて考えねばならないであろう。同様な試みは大野ほか（1994）もBIA法、近赤外線法、皮脂厚法、超音波法について、測定精度、客観性・再現性、簡便性、被験者の負担、経済性の観点から行っている（Table-2-2）。その結果は、近赤外線法が最も優れ13点（／15点満点）、皮脂厚法は11点、BIA法と超音波法は10点にしか過ぎなかったとされ、Lukaski, H. C.の指摘するところとは異なっている。ちなみに大野ほかは医科大学で放射線や近赤外線などを極めて利用しやすい立場にいる研究者である。

　これらをまとめると、精度にはそれら方法間の差はあっても有意な差ではなく、大野ほかがいう被験者への負担の評価も近赤外線法が特に優れているということもできないであろう。

　いずれにしてもこうした客観性の評価は相当大がかりな研究室、あるいは研究室相互間の協力と被験者の負担がないと不可能である。多くの個人研究者の立場では、方法間に信頼性の差がみられないならば、用意可能な

装置・器材を使用して定量、解析、診断を行うことしか可能ではない。

第5節 体組成予測モデルの研究系譜

　本節では(1)体組成という内部状態変数の定量値は客観的な介在変数・状態変数の測定を通して推定されるため、制御しきれない要素＝誤差と不可分であって、一般的な外部変数測定値から外挿する予測・推定方法を必要とし、統計的モデルに帰着する必然性を述べる。次に(2)体組成の予測・推定モデル作成の進捗について整理し、①研究開始当初の単回帰分析から重回帰分析へと方法自体が変容し、全身の体組成を評定するために体密度予測モデルにその多くの労力が注がれているが、②投入される独立変数の選択も「測定の容易さ」など恣意的な論点から強制投入される傾向があり、(3)③回帰分析の必須事項にあげられる残差分析や多重共線性などについて等閑視状態であり、④個別の変数を並列化したモデルから複数個の成分（例えば体水分とインピーダンスなど）をもった予測モデルの必要性が研究上の課題となっていることを明らかにする。

1) 体組成予測モデルへの帰着必然性

(1)体組成研究での統計的方法の必要性

　本研究での課題は(1)「科学基礎論的」に健康事象の考察を行い、(2)妥当な理論と方法を用い、(3)調査や測定あるいは実験に基づくデータの数量化・データ解析を行い、結論づけることである。すなわち、これまで見てきたように、「理論の設定」として体組成のうち非脂肪組織の73.2％が水分で占められること、水分は皮下脂肪厚とは相反する性質をもち、一方、筋肉には水分が多いことが想定可能であるので、これらの身体計測値から水分予測が可能であると仮説する。次に「実験によって体重の多い、すなわちBody Massの大きい者では水分が多いことが確認」された。最終的に「こ

れらの理論や仮説を用いて身体計測値から水分を予測する」モデルを作成することが本研究の研究枠組みである。

こうした現象解析のために設定された研究上の目的に対して、方法論は「適合して有用である」、「筋が通っている」ことが何よりも重要である。統計学ではこのことを指して広義に妥当性という。すなわち「的を得た、正鵠を得た」方法を妥当な方法として選択することになる。本研究で実施されると考えられる推定・予測・構造化・分類などの統計手続きについては個別の章・節で妥当な方法の選択は論じられるが、何故、この種の健康科学あるいは体力学的研究において統計的方法を採用するかを最初に述べておかねばならない。

19世紀後半に英国の物理学者Maxwellはわれわれの思考様式を「単一の事件をその原因や結果などについて取り扱う"歴史的な考え方"」、「特定の事件についてでなく、集団的現象すなわち同種の事実、観察の集まりについて取り扱い、全体としての特性を問題にする"統計的な考え方"」、「集団についての特性がその集団の個々の成因にも例外なく妥当しなければならない"機械的な考え方"」の3つに区分できると述べている。またWeaver, W. (1948、斉尾乾二郎編「予測」1986所載) は現象を科学するときの対象は①非常に単純な物である場合、②ランダムな複雑さを持っている場合、③有機的な複雑さを持っている場合の3種類に区分できるので、それぞれの種類にあった方法で検討されるべきであると述べている。猪口 (1986) はそれぞれの対象と科学的方法について以下のようにまとめている。①の例として古典力学をあげ、「そこに現れる変数は少なく、式の形も簡単である。いつ、誰が実験を行っても同じ結果となるので、その正しさが検証できる。このような単純な対象には分析的方法が有効であり、単純な式で対象のダイナミックスが確実に捉えられる」としている。また②の例に熱力学、統計力学をあげ、「その要素は複合して込み入っており、そのそれぞれの関係といえば規則性や有機的な関連に乏しい」ので、平均とか分散といった統計学的な属性を捉えて、対象のその後の動きをはっきり捉えることができる。すなわち統計的方法が有効であるとされる。さら

に③の「複雑怪奇ではあるが、はっきりとはわからずとも変数間の有機的な関連が窺えるような有機的な複雑さを持っている」場合には、社会科学の対象であり、一つの方法や視点で全てが単純明解に説明がつけられたり、割り切られたりすることはないとされる。

(2)予測の定義と操作的手続き

　本研究では「予測」を扱うものであるが、最初にこの「予測」という言葉の概念・定義を考えておかねばならない。「予測」とは辞書的な意味では「未来や将来についての判断」を指すことになる。特に経済学などでは景気診断のようにこれまでにわかっているGNP、GDPその他の数字によって、数カ月、数年先の経済動向を予測することが多い。すなわち時系列的なデータとして扱い、予測が時間的に把握される場合である。また考古学や歴史学では「過去に起こった事象が未知であることが多いが、その結果として存在する既知のことを手がかりに過去のことを推測しようとする」ような研究の立場をとることもある。法医学や考古学などの研究方法は「過去のことを推測する」立場であり、景気診断とは全く逆の時間ベクトルをとることになるが、既知の（現在にまで知られている）情報を利用するという意味では同じである。このような時間的にはすでに起こってしまっているが、まだはっきりわかっていないことを「横向きの予測」と呼ぶ場合もある（斉尾乾二郎編「予測」1986）。また一方では、相互依存関係にある2以上の変数の一つから他の要素を予測したり、あるいはこの結果に基づいて定式化されたモデルを別の集団に対して用いる場合もあり、こうした場合には言葉として推定という方が適切である。

　田辺（1978）は結果から原因を探る性質をこのような問題に見いだし「逆問題」と呼んでいる。つまり予測・推定とは（事実をもとに過去・現在あるいは未来に属してはいるが）経験的事実に基づいて、現在はわからないが、ある将来あるいは別の集団に観測できることについての判断をしようとしたり、観測可能な変数から観測が不可能あるいは観測が難しい変数を推定しようとすることと定義しておく。林（1974）は予測問題の解決について①予測すべき行動単位の決定、②科学的統計的に取り扱うことができ、かつ

妥当性をもつようにする、③仮説・作業仮説の設定、④実験などによる資料の獲得と表現、⑤分析・総合・推論の方法、⑥あてはまり度や妥当性など有効・有用性の検討といった方法論が必要であることを述べている。

(3)介在変数の設定の意義と統計モデル

　本研究の課題は「合併症として慢性退行性疾患を含む可能性が大きい」肥満度の生物学的実質を体内水分に定め、これを他の身体測定（計測）値から、一定以上に高い信頼度をもって推定しようとすることである。体水分については同位元素を希釈したものを経口投与し、尿中の同位元素を赤外分光光度計によって測定し、定量した。また、非脂肪量の73.2%を水分が占めるという動物実験の知見に従って定量された水分から逆算すれば、非脂肪量を求め得ることになる。ここまでは明らかに上記の「科学的対象」の①に該当する。

　次に行おうとするのは、定量された体水分を別に測定した皮下脂肪測定値、周囲値、幅に関する測定値から予測・推定することができる線形一次式を作成することである。素朴な意味で「アブラと水との関係」、「非脂肪量の殆どを占める筋肉や骨に対する水の関係」は首肯されるが、皮下脂肪や内臓脂肪などを生体から定量したものではなく、あるいは筋肉や骨の大きさや量も限定的な情報しか提供しない。それが一定以上の信頼度をもって利用され、客観的な評価に役立つためにはこの測定値から得られた推定値と定量値の乖離性を埋め合わせるための予測モデルが必要である。つまり操作的に測定や定量がし難い体組成＝体水分を測定や定量が可能である身体計測値から推定しようという仮説にたって、データ解析を進めていくためには統計的予測モデルにいたるのは必然である。

　ところで科学の中で統計的手法をみると英国の農場技師Fisherが植物の成長を確認するために長期の実験を積み重ねながら「実験計画法」を定立させたのが19世紀後半である。すでに使用した「測定」という用語は、Campbell, N. R.（1938、岩原、1989からの間接引用）によれば「一定の法則に従って数字を対象または事件にあてがう」ことと解釈される。そして「測定される対象が数学における論理体系（の一部）と対応するような特性を

有する」性質＝同型写像的対応が不可欠となる（岩原、1989）。データが得られる手続きが「実験」「調査」「準実験」であっても、数値をもって例えば「健康度」を検討することは必ず発生する。「検討」とした理由は直接に「ある事象」が観察される場合と間接に「介入変数」を通して観察される場合とが存在するからである。

こうした観察変数と介在変数を健康事象に対応させた時の考え方は南雲（1978）によれば以下のようになる。一般に健康態であっても、あるいは臨床医学の対象となる病態であっても、健康科学ではヒトの内部状態は時々刻々に変化していく。これは患者の内部に備わっている複雑な内部機構に支配されながら変化していく過程であると考えられる。健康態もしくは病態など内部状態を一種の仮説構成体として考え、その内部状態を様々な状態を表す一群の状態変量を想定することができる。日進月歩である医学の分野でも健康態そのものの概念は無論のこと、病態そのものについてどのような変量が想定され得るのかも不明であることが多い。例えば慢性退行性疾患を代表する動脈硬化症など循環器疾患、糖尿病、緊張症などに関わる内部因子は極めて多様であり、生理的・解剖学的因子のみならず、心理的因子など膨大な変量によって支配されているということができる。

体組成も一種の内部状態変量であり、その全体を直接に観察することはできない。幸いに診断技術の進歩があり、また、体組成の内容自体が明確化されてきているので、少なくとも体内水分という実質の定量は可能になってきた。しかし、この体水分定量をフィールド研究のすべてにわたって実施することは時間や経費のほか、装置や技術面で不可能である。そのために水分という状態変量に密接に関係する筋肉の大きさ、骨の大きさ、あるいは皮下脂肪厚などの介在変数を通して、その測定値から推定しようとすることは可能である。つまり水分とこれらの計測値との同型写像的対応をはかることが、研究方法に求められることになる。

ところでこれらの状態を表す変量は医学的な手段によってのみでは直接観測することは不可能であり、したがって一つのブラックボックス（暗箱）の内部にある変量と考えるのが妥当である。さらに、ある時点における状

態変量の値がすべてわかると、次の時点におけるすべての状態変量の値が定まるものとすれば、時間軸を設定することの意義も自ずと明らかになる。

体密度や体水分量などの定量値を外的基準として、種々の身体計測値から外挿的に推定する時、$y = \beta_0 + \Sigma \beta_p x_p + \varepsilon$ なる重回帰モデルが意図される。この右辺の誤差（撹乱）項 ε は平均 $\mu = 0$、分散 σ^2 の等しい、かつ独立した確率的変数であるが、観測や離散化に起因し制御しきれない性格をもっている。

実験科学では対象に対する漠然としたレベルから明確で限定的なレベルの間にある「不完全な知識に基づいて」有限のデータから解＝真の値の構造に帰納していく過程を繰り返す（田辺、1978）。身体計測値という介在変数からの（出力）信号によって内部状態、例えば体水分量という入力信号を探る外挿的方法をとることは、実は、真の解や誤差に関する事前情報を用いて真の解が属する範囲を限定することを意味している。入力信号を探るために出力信号を検討する、いわば「結果から原因を探る」この種の問題を逆問題と呼べば、これを適切化するためには広い意味でのモデルが必要となる。体組成という研究対象は複合して込み入っており、それぞれの関係といえば規則性や有機的な関連に乏しく、十全に観測できなかったり、あるいは個体差の故にその解が一義的に定まらない。このような場合、その問題解決には統計的なモデルが想定されることは必然となる。ここに統計モデルが導入され、その解に接近する手法に重回帰分析が利用されるのは自然である。体組成研究の先駆者 Siri, W. E. (1956, 1961)、あるいは国際的な体組成研究プロジェクト指導者 Lohman, T. G. (1992)、Heymesfield, S. B. (1989) などの体脂肪予測モデルでは体密度以外に水分量、ミネラル量を独立変数として含む多成分モデルが注目されている。つまり全身の体組成評価は体密度、水分、骨ミネラルなど多くの要素の一次的な関係によって、より精緻な推定が可能となることが重視されてきている。Lukaski, H. C. (1989) や大野、池田、川上 (1994) による皮脂厚計測の有効性など査定方法総合評価を待つまでもなく、客観的な体組成予測モデルを定立するには複合的な成分を可能な限り高い精度で推定するための基礎資料蓄積も重

要な課題である。

2）体組成予測モデルの研究系譜

これまでに述べた問題所在から、次には(1)体比重、(2)体脂肪率、(3)体密度、(4)体脂肪量、(5)体水分量、(6)カリウム量、(7)クレアチニン量、(8)非脂肪量、(9)部位の体組成、(10)電気伝導法などに関する予測・推定モデルを文献的に解題し、体組成の統計的予測モデルの課題と今後指向されるべき方向を概覧した。ここでは提示されたモデルを各領域ごとに数個ずつ示し、その対象集団や回帰モデルの統計的属性（重相関係数、SEEなど）をあげる。

ただし、ここで区分した(1)から(9)の領域の変数は従属変数とされる場合のみでなく、他領域の予測のために独立変数として扱われる場合も多い。とりわけ(10)は体組成の領域を表すのではなく、手段・技法としての位置づけが必要である。あるいは体密度や体水分量などは、脂肪量や非脂肪量の予測のための独立変数としての意義の方が強調され、逆に脂肪量や非脂肪量は従属変数としての意味あいが高い。したがってここでは予測対象としての領域に関するモデルを提示しつつも、独立変数としての検討も含んで検討する。

また、得られている予測モデルの独立変数は以下のように略号化して示している。総合的形態や体組成指標についてはHT＝身長、WT＝体重、BSA＝体表面積、 BD＝体密度、FFM＝非脂肪量、LBM＝除脂肪量、FAT＝脂肪量、K＝カリウム量のようにし、測定の単位としては、Length＝長さ、D. (diameter)＝直径/幅、C.,Cr. (circumference)/G. (girth)＝周囲、SF＝皮脂厚などとした。部位についてはChest / Thorax＝胸部、Rib＝胸郭、Upper（Lower） Arm＝上（前）腕、Tricep＝上腕背部、Wrist＝手首、Waist＝腰、Hip/Buttock＝臀部、Thigh＝大腿、Calf＝下腿、Scap＝肩甲骨、Knee＝膝、Abdom＝腹部、Biiliac＝腸骨骨頭、IC＝腸骨骨端、Suprailiac＝臍、Biacrom＝肩峰などである。

(1) 体比重に関する予測モデル

　研究史の上で最も古くから予測式を定立させようと試みられたのは体比重に関した報告であり、身長や体重を利用し指数回帰化したもの、2、3の皮下脂肪厚を利用したものなどがある。ただしこれらにはその材料となった集団の性別・年齢の記載は見あたらない。

　Cowgill, G. R. (1957) は身長（HT）と体重（WT）をそれぞれ指数化し、比重（specific gravity, SG）をSG＝$0.22 \times \{HT^{0.725} / (WT^{0.3})\} + 0.75$、あるいはSG＝$0.8 \times \{HT^{0.242} / (WT^{0.1})\} + 0.162$として示し得ると述べている。また、その後に Young, C. M. (1962) は比重を個人の体重の標準体重に対する比率及び腹部皮下脂肪厚との線形関係によって表すモデルをSG＝$1.0884 - 0.00043 \times (\text{Abdom SF}) - 0.00034 \times (\%\text{Standard WT})$として示している。また Best, W. R. (1953、この文献については Haisman, M. F., 1970の間接引用) のモデルSG＝$1.1012 - 0.00177 \times (\text{Subscap SF})$、SG＝$1.1034 - 0.00231 \times (\text{Triceps SF})$は、前者2研究が対象者を明確にしていないのに比べ、兵士対象であることに特徴がある。

　以上のように体比重は基本的に身長と体重に対する適切な指数をもって定義されることから始まり、次第に皮脂厚なども考慮されるようになってきた傾向がうかがわれる。あるいは Rathbun, E. N. and Pace, N. (1945) のように体脂肪率予測の独立変数に体比重を用いる例もある。

　また Womersley, J. and Durnin, J. V. G. A. (1977) は身長（HT）と体重（WT）の比率を様々に設定した値と体密度法から推定した体脂肪率の相関を求め、それらの相互相関係数が（WT／HT＝男子0.55：女子0.76；Quetlet指数＝WT/HT^2＝0.55：0.80；WT/HT^3＝0.51：0.79；Sheldon指数＝$WT^{.33}/HT$＝0.51：0.79；$HT/WT^{0.33}$＝-0.51：-0.79；4部位の皮下脂肪厚の対数＝0.78：0.82）の様になったことを報告している。

　さらに、全身の肥痩度を表す指標として比重を考えることもできるが、BMIは古くから肥満度評価の指標になっており、これらの間には似て非なる関係を認めることもできる。これらは広くいえば肥痩度を表す指標と考えることもできるが、現在でもよく使用される指標として以下のようなも

のがある。

　　比体重＝Quetlet指数＝WT／HT×100
　　比胸囲＝Chest G.／HT×100
　　Rohrer指数＝WT,kg／HT^3, cm×10^7
　　Kaup-Davenport指数＝WT, kg／HT^2,cm×10^3
　　Bornhardt指数＝(HT×Chest G.)／WT
　　Pignet指数＝｛(WT＋Chest G.)×HT｝
　　Vervaeck指数＝｛(WT＋Chest G.×100)／HT｝
　　Pfaundler指数＝WT／HT$^{2.5}$×100
　　Pirquet指数＝(WT,g×10)$^{1/3}$／(Sitting Height,cm)×100

　これらは算出方法にしろ、図表上の観察にしろ簡便であるが、ほとんどが主に成長期の栄養状態・発育状態に関して形態との関係から種々の算出方法を考えたものであり、また、手元で得られる資料からはその当てはまりの良さや予測誤差に関した記述は知ることができない。また、その対象が乳幼児や兵士など、若い青年層に限定されていることも特徴である。

(2)体脂肪率の予測モデル

　Rathbun, E. N. and Pace, N. (1945)はモルモットを検体にし、その化学的分析を行い、非脂肪量中の水分あるいは窒素の割合が性の影響を受けずに一定であり、またこれはヒトにも適用できることを提言している。これから％FAT＝(5.548／SG－5.044)×100、％FAT＝(100－％TBW／0.732)が得られている。また様々な人種や年齢層に対する個別の方程式を作成してきている例にはFlint, M. M. et al. (1977)を中心とした研究があるが、ごく少数の標本から得られたものである。

　一般には、体密度を求めた上で、予測式％FAT＝｛(4.95／BD)－4.50｝×100 ── (Siri, W. E., 1961)や％FAT＝｛(4.570／BD)－4.142｝×100 ── (Brozek,J. et al., 1963)に代入して体脂肪率を推定する方法が得られており、今日までの間接的体脂肪率推定に多大の影響を及ぼしている。1980年代の研究が少ないのは体脂肪率が体密度から二次的に予測される二次的変数であるためと考えられる。すなわち体組成の研究動向が、すでに提示されて

いる Brozek や Siri, W. E. の体脂肪推定モデルを Gold Standard として進行しており、そのための独立変数となるべき体密度や体水分の予測式作成に努力が傾注されていること、体組成として一次的に定量されるべき成分なり、変量なりの予測が必要であるという視点で体組成研究は出発するべきであることが示唆される。

　in vivo にこうした研究方法がとられるようになったのは、20世紀半ばのアメリカにおける Behnke, A. R. and Welham, W. C. (1942) による仕事からである。彼らはそれまで用いられていた年齢・身長・体重のノモグラムでは兵士やフットボール選手達が過重体重として評定されることに疑問を持ち、体比重の測定を行い、アルキメデスの原理から体容積＝空気中の体重－(肺残気量を考慮した)最大呼気後の水中体重となると考えた。この結果、彼らは体比重が1.021から1.097の範囲、すなわち個体差を示す理由が体脂肪量の差にあることを指摘し、体脂肪率％FAT＝[5.548／比重－5.044]×100なる推定式を得ている。また同時に脂肪組織の比重が0.94であり、体重から必須脂肪でないものを除いたものが LBM (Lean Body Mass) であるとした。このことから、Wilmore, J. H. and Behnke, A. R. (1969) のように％FAT＝(100－100×LBM／WT)として可逆的にそれぞれを算出する算術式に至るのは自然である。また、Keys, A. et al. (1955) は体密度を用いた体脂肪率予測に用い、％FAT＝(4.201／BD－3.813)×100を導いている。また Chin, K. S. K. and Allen, T. H. (1960, Haisman, M. F., 1970より間接引用) は $\{SF＝2$部位の皮脂厚；WT＝kg；HT＝身長＝cm；A＝年齢$\}$として脂肪量を予測するモデルFAT＝[$\sqrt{0.00285\text{平均SF}}$)－0.061]×WT＋1.1×HT^3＋0.234×Age－6.4を得ている。また Flint, M. M. et al. (1977) は女子被験者の年齢段階をおって以下のような体脂肪率予測モデルを提示している。初潮前％FAT＝1.282×(Knee SF)－0.717×(Chest D.)＋0.811×(Biiliac D.)－0.549 (R＝0.97、SEE＝1.99)、若年成人％FAT＝0.7307×(lower Ribs SF)＋0.375×(inner Thigh SF)＋7.495 (R＝0.91、SEE＝2.14)、中年％FAT＝0.637×(Buttock G.)－4.107×(bi－Iliac D.)＋4.014×(Chest D.)＋8.249×(Wrist D.)－30.132 (R＝0.96、SEE＝2.00)、閉

経後%FAT＝0.712×(supra-Iliac SF)−7.543×(Wrist D.)＋0.551×(Knee G.)＋26.247（R＝0.85、SEE＝3.14）。これらの予測式ではいずれも優れて高い重相関係数が得られているが、そのグループ別集団は十数名程度の少数になっていることに留意せねばならない。

一方、Siri, W. E. (1956, 1961) はMulti Componentモデルの概念を提示し、%FAT＝{(2.118／BD)−(0.78×TBW)−1.354}×100をあげている。また、Lohman, T. G. を中心にした共同研究では、Siriのモデルを利用し%FAT＝{(2.747／BD)−(0.714×TBW)＋(1.146×Bone Mineral)−2.053}×100％、あるいは%FAT＝{(6.386／BD)＋(3.961×Body Mineral)−6.090}×100なるモデルを示し、体密度のみの場合よりも予測誤差が約半分の2％に低下することになるとしている。

(3)体密度に関するモデル

体組成研究に関連する文献の中で最も多いのは水中体重を測定し、陸上体重との比からアルキメデスの原理によって体密度を求める水中体重法、水槽に全身を浸した時に排除された水量から求める水置換法を用いた体密度法である。したがって体組成研究者といえば、体密度測定の誤差をいかに減少させ、精度の高い体密度を定量する装置や化学的手法に精通していることにあるという見方もできよう。

さて定量した体密度を外挿的に推定するために、身体計測値を独立変数とするモデルが多く報告されており、これをSiri, W. E. (1961)、Brozek, J. et al. (1963) の体脂肪率推定式に代入して二次的に体脂肪率を推定するための基礎作業となってきている。これらの予測式のデータは欧米、特に合衆国でとられたものが多く、大規模な標本数に関するものでは1970年代のJackson, A. S. and Pollock, M. L. を中心にした300人以上の被験者についての研究、1980年代のThorland, W. G. et al. (1984) の274人の被験者についての研究、1990年代になってからの田原ほか (1995) の512人の体密度測定に基づくモデル、Visser, M. E. et al. (1994) の60歳以上の集団を対象とした研究、あるいはColinsk, A. E. et al. (1992) の研究は様々な人種や年齢層に対するpopulation-specificな個別方程式を作成してきてい

る。

　独立変数として多く使用されているのは第一に皮下脂肪厚であり、上腕三頭筋、肩甲骨下部、腋下中部、腸骨上部、大腿、胸部などの順で上半身に多く、また皮下脂肪厚の単純総和や総和の対数 {log(Biceps＋Triceps＋Scaplar＋supra－iliac)}、あるいは名義尺度である性について男子＝1、女子＝0 (Visser,M. et al., 1994) として個別独立変数とし扱っている場合もあること、第二に躯幹や四肢の周囲値として biiliac（腸骨骨頭）、biacrominal（肩峰）などが測定されていること、第三に上腕長、腸骨の高さ、大腿長など骨長も有効な変数として考えられていることが明らかになった。また Durnin, J. V. G. A. and Womersley, J. (1974)、Jackson, A. S. and Pollock, M. L. (1978)、Harsha, D. W. et al. (1978a)、および、Svendevsen, O. L. et al. (1993)、Visser, M. E. et al. (1994) などのように観測値の正規性を保証するために対数変換を施したりする報告も散見できる。特に性や年齢要因を考慮する方法として性・年齢を独立変数に加えるような試みも行われている (Lohman, T. G., 1992；田原ほか、1995)。しかし一般的には名義変数としての性別を独立変数とするのは適切でないかもしれない。たとえば石居 (1975) などでは回帰的手法の使途について相当厳格な立場をとっている。

　また体組成予測モデルの妥当性（精度）に関わる重相関係数 (R) を概覧したところ、報告された年次や対象者の年齢幅によって変異があることがわかった。たとえば Steinkamp, R. C. et al. (1965) のように25歳から45歳までの年齢で約100人規模の被験者について0.9以上の相当に高いRを得ており、Colinsk, A. E. et al. (1992) でも少年期について同様に高いRを得ている。

　全体として研究の草創期には高いRが得られていても、推定の標準誤差SEEについての報告が無い場合が多く、年次が最近になるにつれて重相関係数Rを特に重要視せず、詳しい回帰式の検討が行われるようになってきている。体密度の定量・予測式の作成は可逆的に除脂肪量や非脂肪量、体脂肪量を予測するモデルの定立とも連動するため、これらの予測モデルも

併せて提示する研究も多い (Mayhew, J. L. et al., 1981：Lewis, S. et al., 1975b など)。この体密度定量には Weltman, A. and Katch, V. L. (1978) のような体容積測定や水中体重測定の技術的信頼性の高さ・厳密さが前提になるはずである。Akers, R. and Buskirk, E. R. (1969) は体密度変動の最も大きな素因は残気量であるとしており、現在でも、Hansen, N. J. et al. (1993) のような努力が継続されている。

　主として皮下脂肪厚から体密度を予測したものには Behnke, A. R. and Wilmore, J. H (1974) による BD＝1.08543－0.00086×Abdom SF－0.00040×Thigh SF (R＝0.64、SEE＝0.0076)、Forsythe, H. L. and Sinning, W. E. (1973) の BD＝1.10647－0.00162×(Scapular SF)－0.00144×Abdominal SF－0.00077×Tricpes SF＋0.00071×Mid-Axillary SF (R＝0.71、SEE＝0.0060)、Katch, F. I. and McArdle, W. D. (1973) による BD＝1.09665－0.00103×Triceps SF－0.00056×Scapular SF－0.00054×Abdom SF (R＝0.74、SEE＝0.0072)、Pollock, M. L. et al. (1976) による BD＝1.09716－0.00065×(Chest SF)－0.00055×(Abdom SF)－0.00080×(Thigh SF) (R＝0.67、SEE＝0.0080) のように四肢や躯幹の皮脂厚値粗データを用いたもの、Durnin, J. V. G. A. and Womersley, J. (1974) による BD＝1.1360－0.00700×log(Scapular SF) (R＝0.64、SEE＝0.0081)、BD＝1.1575－0.0617×logΣ(SF(Triceps＋Scapular＋Supra-Iliac) (R＝0.64、SEE＝0.0085) といった皮脂厚測定値を対数変換したもの、Jackson, A. S. and Pollock, M. L. (1978) の BD＝1.112－0.00043499(SF_7 of Triceps＋Scapular＋Mid-Axil＋Chest＋Supra-Iliac＋Abdom.＋Thigh)＋0.00000055(SF_7)^2－0.00028826×AGE (R＝0.81、SEE＝0.0078)、BD＝1.10938－0.0008267×(SF_3 of Chest＋Abdom＋Thigh)＋0.0000016×(SF_3)^2－0.0002574×Age (R＝0.82、SEE＝0.0077)、Lohman, T. G. (1981) による BD＝1.0982－0.000815×(SF_3 of Tric.＋Scapul.＋Abdom.)＋0.00000084×(SF_3)^2 (R＝0.85、SEE＝0.0071) などのようにいくつかの皮脂厚測定値の合計値を独立変数としたものなどに大別できる。

　また皮下脂肪厚のほかに躯幹、四肢の周囲値、直径値を独立変数とした

Behnke, A. R. and Wilmore, J. H. (1974) によるBD＝1.05721－0.00052×Abdom. SF＋0.00168×Bi-Iliac D.＋0.00114×Neck C.＋0.00048×Chest C.－0.00145×Abdom. C. (R＝0.76、SEE＝0.0064)、Katch, F. I. and McArdle, W. D. (1973)によるBD＝1.10986－0.00083×(Triceps SF)－0.00087×(Sucapular SF)－0.0098×(Abdom. C.)＋0.0021×(Forearm C.) (R＝0.79、SEE＝0.0066)、Mayhew, J. L. et al. (1981) によるBD＝1.1078－0.00071×(Abdom SF)－0.00112×(Calf SF)＋0.00057×(Neck C.)－0.00124×(Biiliac D.) (R＝0.64、SEE＝0.0064)、Michael, E. D. and Katch, F. I.(1968)のBD＝1.08697－0.001123×(Supra-Illiac SF)－0.001698×(Chest SF)＋0.000472×(Thigh SF) (R＝0.79、SEE＝0.0084)、あるいは皮脂厚合計値と躯幹の周囲値を用いた Jackson, A. S. and Pollock, M. L. (1977)のBD＝1.17615－0.02394×(log (SF$_7$))－0.00022×AGE－0.000070×(Abdom$_2$ C.)＋0.0002120×(Forearm C.) (R＝0.84、SEE＝0.0073)、BD＝1.099075－0.0008209×(SF$_3$)＋0.0000026(SF$_3$)^2－0.0002017×AGE－0.00005675×(Abdom$_2$ C.)＋0.00018586×(Forearm C.) (R＝0.84、SEE＝0.0072) {#……F$_3$＝Σ (Chest＋Abdominal＋Thigh)}などがある。また、これらの計測値の他に年齢を含めた Jackson, A. S. and Pollock, M. L. (1978)のBD＝1.101－0.00041150×(SF$_7$)＋0.00000069×(SF$_7$)^2－0.00022631×（AGE）－0.000059239×Abdom. C.＋0.000190632×Forearm C. (R＝0.85、SEE＝0.0073)、{#……F$_7$＝Σ (Skinfolds of Triceps＋Scapular＋Mid-Axil.＋Chest＋Supra-Illiac＋Abdom＋Thigh)、あるいは最近の日本人について定立された田原ほか (1995) によるBD＝1.07931－0.00059×(Triceps＋Subscapular＋Abdom SF)－0.00015×AGE (R＝0.77、SEE＝0.0089) も皮脂厚と年齢とを独立変数にしている。

　特徴的なのは皮脂厚値を個別に扱う場合と合計値を用いる場合、あるいは raw data を用いたり、対数変換値を用いたりする場合など多様であることがあげられる。また本来の体密度と身体計測値の関係では皮脂厚は負の係数値を示すのが自然で、四肢の周囲値では正の係数値を示すのが一般的であるにも関わらず、モデルによってはこの見解にそぐわない係数値を

持つ場合もある。特に二次項に該当する場合にはこれが特徴的である。

　年齢に関する留意はその対象集団に関して考慮されるべきであろうが、日本人に関する Nagamine, S. and Suzuki, S. の1960年代の仕事のように年齢段階に沿ってモデル定立を行う場合と年齢を独立変数としている場合とが存在している。Visser, M. E. et al. (1994)は60〜87歳までの被験者(95〜204名)を対象に、BD＝1.0704＋0.023×AGE－0.026×BMI (R=0.68)、BD＝1.0517＋0.026×AGE－0.0018×BMI (R=0.66)、BD＝1.0605＋0.026×AGE－0.022×BMI (R=0.67) という予測モデルを得ている。

　全般的に体密度の予測モデルは推定の標準誤差に関する記述はあるが、残差の振る舞いに関して検討されているものは皆無であるといっても過言ではない。また3ないし4個の独立変数によって構成されており、予測モデルの妥当性を重相関係数によって検討すると、R＝0.6〜0.8前後に相当する程度のものが多く、必ずしも妥当性が高いとはいい難い。

⑷体脂肪量に関するモデル

　脂肪量に関しては回帰式による重相関係数を報告していない場合も多く、1970年代後半から1980年代にかけての時期からこれが留意されるようになってきている。41歳から76歳までの男子についての Borkan, G. A. et al. (1982) の研究、35歳から65歳までの男性に関する Lewis, S. (1975a) の研究があり、いずれも数十人を被験者として皮下脂肪厚や周囲値が独立変数となっている。Steinkamp, R. C. et al. (1965)は25歳から44歳までの白人男女、黒人男子に関する体脂肪量予測モデルを作成している。すなわちトリチウムの経口投与による体水分量定量値、ヘリウム希釈法による体密度測定値を用いて、Siri, W. E. (1956) の方法から体脂肪量 (FAT) を求め、これを身体計測値から予測するモデルを示している。各属性(民族、性×年齢)によるグループ別に予測式が得られている。ここでICC.とは腸骨骨端の周囲値を示す。重相関係数の高いモデルをあげると、白人男子25〜44歳ではFAT＝0.350×Waist C.＋0.444×ICC.－50.560 (R=0.909)、FAT＝0.367×Waist C.＋0.351×ICC.＋0.287×Arm SF－46.791 (R=0.926)、FAT＝0.352×Waist C.＋0.395×ICC.＋0.253×Arm SF－0.353×Arm L.

（R=0.930）、黒人男子25〜44歳ではFAT=0.372×ICC.+0.386×Abdom SF−20.462 （R=0.910）、FAT=0.342×ICC.+0.289×Abdom SF+0.242×Thorax SF−19.377 （R=0.914）、あるいはFAT=0.333×ICC.+0.212×Abdom. SF+0.358×Thorax SF+0.515×Thigh L.−39.408 （R=0.920）、白人女子25〜44歳ではFAT=0.337×Wt−3.294×Wrist C.+24.859 （R=0.946）、FAT=0.363×Wt−2.710×Wrist C.−1.050×Biacrominal D+49.864 （R=0.977）、FAT=0.307×Wt−2.239×Wrist C.−0.868×Biacrominal D+0.185×Arm SF+39.358 （R=0.980）、また全被験者132名を対象にした場合、BD=0.592×ICC.+0.360×Thigh C.−53.107 （R=0.905）、BD=0.571×ICC.+0.471×Thigh C.+0.472×Arm L.−39.560 （R=0.913）、BD=0.489×ICC.+0.439×Thigh C.−0.384×Arm L.+Thorax SF.×0.187−36.156 （R=0.918）なるモデルになっている。

　また、Lewis, S. et al. (1975a) は35〜67歳男子のモデルとしてFAT=−13.362+0.387×Mid. Axil. SF+0.398×Chest SF−0.699×Neck Cr.+0.344×Abdom Cr.+1.544×Knee Dm. （R=0.88）、Borkan, G. A. et al. (1982) は41〜76歳男子についてFAT=−79.192+0.87×HT+1.786×Hip Cr.+1.741×Chest DP.−0.361×Arm Span （R=0.78）を提示している。

　とりわけ、数十人から約100人の被験者を対象とした1960年代のSteinkampの研究は、従属変数の定量あるいはステップワイズ方式による独立変数の選択手順などをみれば、1960年代の研究環境としては極めて優れた緻密な研究成果を得ているといえよう。

(5)体水分量に関する予測モデル

　体水分に関する予測は　Cheek, D. B. et al. (1966) の40人ずつの男女の子供に関するものが体重と身長を独立変数として提示され、またMellits, E. D. and Cheek, D. B. (1970) が105人の男子白人について身長と体重から予測したモデル、Butte, N. F. et al. (1992) の乳幼児に関し、身長と体重の指数回帰で予測するもの （R>0.97）、小室と小宮 (1982) のように尿中クレアチニンから体水分を予測するモデル、最近では少年や少女を対象にしたBattistini, N. et al. (1992) のBIAと身長、あるいは体表面積

の組み合わせから予測するモデルなどが提示され、また米国の黒人男子172名のTBWを身長や体重から予測するモデルを作成した Schutte, J. E. (1980a) などにおいて行われている。最近では Sergi, G. et al. (1993) のように体水分量を従属変数として扱うのみではなく、定量されたTBWの値を FFM×0.732＝TBWと仮定し、中性子吸収法による体脂肪量とともに、非脂肪量（FFM）の推定に利用している場合もある。すなわちTBWは複眼的・多成分的に体組成にアプローチする要素として取りあげられてきつつある。

　ちなみに古典的な研究で Osserman, E. F. et al. (1950) はアンチピリンを用いて成人81人のTBWを定量し、TBW＝FFM×0.718±2.9（％）であることを報告している。また、最近の研究で Mazariegos, M. et al. (1994) は、TBW／FFM＝0.73kg/kgおよび体密度＝1.100g/ccなる仮定は若年者と高齢者で差がなく、他方、TBK／FFM＝64.2mmolに関しては高齢者が有意に小さい値を示したことを報告している。同様に、Sergi, G. et al. (1993) は高齢者でFFMに占める水分は平均71.9（SD＝±4.9）％、range＝63.6〜80.4％であって、TBWから得たFFMはDPA法によるFFMと有意差がなく、高齢者でも成人と同様にTBW＝0.732×FFMは有効であるとしている。ただし、Siri, W. E. (1961)、あるいは Bakker, H. K. and Struinkenkamp, R. S. (1977) ではTBWの2％の変動が2.7％の体脂肪率誤差を生じることを報告している。

　最近では Butte, N. F. et al. (1992) が新生児40名から身長(HT)、体重(WT)あるいはそれらの組み合わせからなるモデルを、TBW＝(0.264×WT$^{0.791}$×HT$^{0.325}$)、TBW＝(0.851×WT$^{0.881}$)、TBW＝(0.389×WT×0.549×HT×0.306)、TBW＝(1.132×WT×0.650)のように提示し、これらの重相関係数は0.909から0.957の範囲にある。また、幼児を対象にしたものとして Cheek, D. B. et al. (1966) が男子のTBW＝1.244＋0.6111×WT、女子TBW＝1.244＋0.551×WT、同男子TBW＝−2.778＋0.067×HT＋0.397×WT、女子TBW＝−4.476＋0.136×HT＋0.024×WTなるモデル（いずれも0.95以上）を示し、また、Battistini, N. et al. (1992) は身長(HT)、体重(WT)、

体表面積（Body Surface Area, BSA）と身体抵抗指数（Body Impedance, BI）の比を独立変数として、思春期男女に関するモデルTBW＝1.156×BSA／BIA－2.36、TBW＝0.67×(HT^2／BIA)＋0.03／WT＋0.13（R＝0.93～0.96）を示している。同じようなBIA測定値と身長の関係から Davies, P. S. W. et al. (1988) は青年期の者についてTBW＝0.6×(HT^2／BIA)－0.5なる予測モデルを提示し、また小室と小宮（1982）は青年期男女について尿中クレアチニン（UrCr）から体水分量を求めるモデルTBW＝0.0165×UrCr＋17.773（R＝0.874）を提示している。

体水分予測モデルで特徴的なもう一点は、重相関係数によるあてはまり度がR＞0.88と高く、SEEがそれほど高くない、つまり妥当なモデルが多く提示されているということが指摘できる。しかし独立変数が身長と体重に依存しがちであるという変数選択の問題、指数回帰などの試みが図られているのにも関わらず、残差の検討などが明らかでないなどの問題、独立変数間の関連度が高くなり過ぎる多重共線性の問題が残されている。

(6)体内カリウム量に関するモデル

体内カリウム量に関してはこれが脂肪組織には存在せず、活性組織にのみ一定量（2.66g/kg）で含まれていること、天然カリウムの中にはγ線放射能をもつカリウム^{40}Kがカリウム中の一定量（0.012%）を占めていることが知られている。これらの性質を利用して①全身から発する放射能を測定装置（ヒューマンカウンター）の中に被験者を一定時間入れて放射線カリウム量を測定し、②その放射線カリウム測定値を0.012で除すことにより、③体内にある全カリウム量を計算することで活性組織量が計算できる。また④体重と活性組織の差を脂肪量とすることができる。

Forbes, G. B. et al. (1961) はLBMとカリウム量がよく一致することから、LBM＝全身カリウム量／68.1mEq/kgとして算出できるとしている。しかしTBK／FFM＝64.2mmolに関しては高齢者が有意に小さい値を示したとの報告もあり、とりわけ骨密度が低下することが確認されている女子ではこうした定性的関係に疑問が生ずることになろう。

カリウム量の予測に関してはMoore, W. M. et al. (1963) による体重を

用いた男女別、年齢別（31〜60歳、16〜30歳）の予測式があり、男子の31歳から60歳までにはTBK＝1385＋26.23×WT、女子の同年齢にはTBK＝1176＋16.93×WTが得られている。また Anzai, I. (1981) は12〜14歳男子についてTBK＝1385＋26.23×WTで得られるとしている。

(7)クレアチニン量に関するモデル

内因性クレアチニンは肝臓や腎臓のクレアチン先駆体合成にまで遡るが、多くの組織がクレアチンを吸収し、クレアチン燐酸として骨格筋中にある。Folin, S. M. (1905) は尿中クレアチニンが活性組織との間に線形関係を有することを示唆し、小室と小宮 (1982) はこれを確認している。また Schutte, J. E. et al. (1981) は血清クレアチニンが筋肉量推定に有効であることを見いだし、Talbot, N. B. (1938) は24時間で 1 gのクレアチニン排泄は17.9kgのFFMに相当するとしている。体組成を尿中クレアチニンから推定しようとする試みの方がむしろ多く、この安価で被験者への負担も軽微である方法はLBMやFFM推定の独立変数として扱われている。ただし尿中クレアチニンは個人間変動が大きく男女別の子供についてCheek, D. B. et al. (1966) の報告があり、身長137.22cmを境として身長に関した線形式からクレアチニンを予測しようとしている。また、Borsook, H. and Dubnoff, J. W. (1947) の「尿中クレアチニンが骨格筋クレアチニンに由来」し、「総体クレアチニンの98％が骨格筋中に占められる」という知見に従い、小室と小宮 (1982) は定量された体水分量を尿中クレアチニンから予測するモデルを提示している。

しかし Forbes, G. B. (1976) の見解では「FFMとクレアチニンの比はクレアチニン排泄量増加にともなって双曲線状に低下」することになり、また Boileau, R. B. et al. (1972) はJaffe反応を用いても尿中クレアチニンによるFFMの推定には 3 kg程度の誤差が予想されるという。また Stewart, S. P. et al. (1993) はクレアチニンから予測したMuscle MassはDEXA法による非脂肪量FFMと$r＝0.75$の相関しか示さなかったことを報告している。また、川崎ほか (1985) は男子青壮年の場合、UCR＝－12.63×AGE＋15.12×WT＋7.39×HT＋79.90 (R＝0.872)、女子青壮年では

UCR＝－4.72×AGE＋8.58×WT＋5.09×HT＋74.95（R＝0.727）なる予測式をそれぞれ得ている。

(8)非脂肪量に関するモデル

　非脂肪量は一般には体重と脂肪量の差として定義できるので、従来の水中体重法による体密度の定量値、さらには体脂肪率の計算値から求め得る。研究者によっては、非脂肪量（FFM）の具体的な重さを非脂肪体重（Fat Free Weight, FFW）として呼称している場合もあるが、本質的にはLBMとLBWの関係と同様である。Wilmore, J. H. and Behnke, A. R. (1969)は大学生を被験者とし、Lewis, S. (1975a)は35歳から67歳までの被験者を扱った報告を行い、その他の研究も含め、比較的少数の観察数から得られている。また、Forbes, G. B. et al. (1961)は体内のカリウムを計数し、LBW,kg＝K量／68.1となること、及びBody Weight－LBW＝Fat Wt.から脂肪量も導き得ることを示している。つまりLBW＝TBW／0.732やLBW,kg＝K量／68.1などの定性的関係は非脂肪量や脂肪量、クレアチニン、カリウム、あるいは体水分量などを可逆的に推定し得る可能性を示唆することになる。最近では種々の先端技術を応用した体組成研究が盛んになっているが、Stewart, S. P. et al. (1993)は二重X線吸光法（DEXA）を用いてFFMを推定するモデルを提示しており、皮下脂肪厚法との相関をr＝0.76〜0.95の範囲で認めている。また、FFWを皮下脂肪厚から予測しようとしたものに、Behnke, A. R. and Wilmore, J. H. (1974)によるFFW＝10.260＋0.7927×WT－0.3676×Abdom. SF（R＝0.87、SEE＝2.98）、Mayhew, J. L. et al. (1981)によるFFW＝7.52＋0.8719×WT－0.2529×Suprailiac SF（R＝0.96、SEE＝2.15）などがあり、皮下脂肪厚以外に、四肢や躯幹の周囲値、直径値を複合させたモデルにはBehnke, A. R. and Wilmore, J. H. (1974)によるFFW＝10.138＋0.9259×WT－0.1881×Thigh SF＋0.6370×Biiliac DM.＋0.4888×Neck C.－0.5951×Abdom. C.（R＝0.92、SEE＝2.36）、Penrose, R. N. et al.によるFFW＝17.298＋0.89946×WT－0.2783×AGE＋0.002617×AGE^2＋0.17819×HT－0.6798×(Abdom. C.－Wrist C.)－0.2692×Thigh SF（R＝0.85、SEE＝3.27）、

第2章 研究の理論的枠組み

Hechter, H. (1959) の LBM $=519\times10^{-5}\times$ Chest DM.$^{0.75}\times$ Wrist DM.$^{0.43}$ $\times$ HT$^{1.18}$、Forbes, G. B. (1961) による LBM $=$ Total K eq./68.1、あるいは Stewart, S. P. et al. (1993) によるインピーダンス法を用いて20歳から60歳、男子10人、女子18人を対象とした研究では男子の FFM (DEXA) $=-4.06+0.93$ (HT^2/z)、女子の FFM (DEXA) $=10.13+0.63$ (HT^2/z)、男女こみの場合の FFM (DEXA) $=-2.95+0.90$ (HT^2/z)、男子 FFM (DEXA) $=15.59+3.27$(Larm^2/Zarm)、女子 FFM (DEXA) $=20.31+0.93$ (Larm^2/Zarm)、男子 FFM (DEXA) $=40.83+0.56$ (Lleg^2/Zleg)、女子 FFM (DEXA) $=23.62+1.21$(Lleg^2/Zleg) ｛ここでz＝impedance；Larm＝腕の長さ、Lleg＝脚の長さ｝がある。これらを概覧すると、概ね重相関係数を高くする一方で、SEEも高くなる傾向がある。たとえば、1969年の Wilmore, J. H. and Behnke, A. R.の研究では、Rの高い予測式が同時に高いSEEを示し、Guo, S. et al. (1989) の最近の研究では高いR (＝0.98) を得る一方で2.31kgのSEEを示している。

(9) 部位の体組成予測モデル

　以上に述べた方法が全身体組成の予測モデルであるが、躯幹や四肢の脂肪量や非脂肪量を予測するモデルも提示されている。X線を脂肪層の撮影に利用することは1930年代に開始されているが、皮下脂肪厚用キャリパーとの相関を検討する程度に留まっていた。これら最近の電気工学的な手法の体組成への応用はその放射線被爆量の大きさから全身よりも部分的体組成の評定に用いられている。超音波法も有効な方法であり、四肢の脂肪率を検討した上で、予測に用いた例として Sjostrom, L. and Kvist, H. (1988) は臓器脂肪量 (リットル) を computer tomography で定量した値を予測するのに腸骨レベルの脂肪面積をCTで測定した値 (x1) とWT,kg／HT, m (＝x2) を利用して男子 y＝0.0238×x1＋0.115×x2－4.04 (R＝0.978)、女子 y＝0.0220×x1＋0.410×x2－1.03なるモデル (R＝0.988) を示している。また、Schumacher, L. B. and Kretchmer, N. (1988) は、上腕の筋肉面積(AMA、mm^2)、脂肪面積 (AFA、mm^2) を推定するのにAMA＝｛(上腕囲mm－π×上腕皮下脂肪厚mm)^2／4π)｝、AFA＝｛(上腕囲mm)^2／π｝－AMAを提

示している。

　内臓脂肪のうち、腹部脂肪の片寄り、すなわち上体肥満が種々の疾患と関係あることは最近認められてきている。すなわちWasit/Hip Ratioである。

(10)電気伝導法・中性子吸収法による予測モデル

　以上述べてきたものは体組成の内容領域ごとに関連するモデルである。最近になって発展してきたComputer Tomography (CT) 法、Single Photon Absorptiometry (SPA)、Dual Photon Absorptiometry (DPA)、Dual Energy Radiography (DER)、Dual Energy X-ray Absorptiometry (DEXA) など先端的技術が体組成研究に広く応用されるようになってきている。こうした技法は体組成の内容を示すものではなく、あくまで手段としての価値しかない。しかし、(1)から(9)までに示した内容とこの技法とは不可分な関係にあって、体脂肪量や体水分の予測に大きな影響を及ぼしているのは異論のないところである。こうした意味から、これらの先端的技術が全身の体組成予測の独立変数として広範に適用され、体組成の各領域に関する予測モデルとして定立した成果を検討する。

　一定の成果をあげているのはBIA (Bioelectrical Impedance Analysis) 法であり、体組成予測に特に体脂肪率予測モデルを作成するのに利用されている。これらの多くの方程式は身長と体重の比率、たとえばHT^2／抵抗オームを有効なパラメータとしている。利用当初ではBIA法では体脂肪率で5％以上の誤差があったが、最近では改良が進み体密度測定法による推定体脂肪率と同程度であるといわれている (Baumgartner, R. N. et al., 1988)。Guo, S. et al. (1989) は7歳から25歳の男子140名、女子110名の非脂肪量FFMについて変数選択をCp統計量など統計的アルゴリズムにしたがって実施し、最終的に選ばれた予測変数として男子（決定係数＝0.98、平均平方誤差の平方根rmse＝2.3kg）では体重、ひ腹筋外側の皮脂厚、HT^2／抵抗オーム、midaxillaryの皮脂厚、腕の筋肉の周囲径、女子（決定係数＝0.95）では体重、ひ腹筋外側の皮脂厚、HT^2／抵抗オーム、上腕三頭筋の皮脂厚、肩甲骨下部の皮脂厚があるとしている。この研究はBIAの測定値の他に複数の独立

変数を扱って予測が行われた唯一といっていい研究である。しかしBIA法だけに限定しても独立変数には体重とHT²／抵抗オームのみしか利用されていないのが実状である。ちなみに Jackson, A. S., Pollock, L. M., Graves, E. and Mahar, M. T.(1988) は体脂肪率、体脂肪量の予測に関し、BIAはBMIに比較しても改良はないとしている。また、小野寺（1994）は青年期男子について60分の運動後には抵抗値が9ohm低下すること、抵抗値が電解液の導電率に依存して大きな温度係数をもっているため、直腸温の低下によって抵抗値が上昇することなど、測定値の信頼性に疑問があることを述べている。

　以上のように提示されている膨大な予測モデルについては、その限界点を考慮した上で、本研究の独自な課題を提示することが必要であり、また、実際の教育・研究の場で、その実用が試みられ、また、そのために一定以上の応用可能性（adaptability）が検討されておかねばならない。

3）予測モデルの互換性と相補性

　第三に検討したのは、予測モデルの互換性と相補性である。すなわち、FFMと脂肪量の関係のように、一方が定量されることで、他方も自ずと決定されるのが、体組成の要素の特性として考えられる。

　これまでに述べた体組成の各領域は個体の健康に関連させると究極には内臓脂肪蓄積、すなわち脂肪量や体脂肪率に還元されていく必要がある。そのとき、たとえば体密度は体脂肪率推定の重要な独立変数となり、あるいは体水分量はBIA法のインピーダンスを求めるのに欠かせない情報を提供する。Lohman, T. G.(1992, p.22)は体組成の予測モデルの動向に体密度、体水分量など複合的な要素が含まれる必要性を指摘している。すなわちmulti-component modelの提唱が行われていることに留意せねばならない。したがって体密度、体水分量、カリウム量、クレアチニン量は前処理的な価値だけではない重要な意義をもっている。体組成研究の先駆者 Siri, W. E.(1956)、あるいは国際的な体組成研究プロジェクト指導者 Lohman,

T. G. (1992, p.22)、Heymesfield, S. B. (1989) などの体脂肪予測モデルでは体密度以外に水分量、ミネラル量を独立変数として含む多成分モデルが注目されている。つまり全身の体組成評価は体密度、水分量、骨ミネラルなど多くの要素の一次的な関係によって、より精緻な推定が可能となることが重視されてきている。

客観的にモデルが利用されるとすれば、そのモデルに含まれる独立変数の個数、独立変数の測定上の質（正規性、験者間差異）、モデル自体の妥当性や信頼性の高さなどが検討されていなければならない。

4）独立変数採択からみた体組成予測モデルの限界

これまでに述べた体組成の各領域は個体の健康に関連させると究極には内臓脂肪蓄積、すなわち脂肪量や体脂肪率に還元されていく必要がある。Martin, A. D. and Drinkwater, D. T. (1991) は身体組成の推定方法が(1)直接法としての死体剖検、(2)体密度法、カリウム法、体水分法などの間接法、(3)超音波法、インピーダンス法、近赤外線法や皮下脂肪厚測定法の3水準に区分できるとしている。現在では、この(3)で得られた値を(2)の体密度・体水分との関係式によって推定することが基本となっている。

このうち、X線技術を用いたDEXA法、DPA法などはその被爆量から被験者への侵襲度に相当の注意が必要となるし、本質的に部位の体組成の定量の趣旨が強い。したがって体密度、体水分、カリウム量、クレアチニン量は前処理的な価値だけではなく、依然として黄金基準としての重要な意義を持っている。また最近に急速な技術的発展と広範な応用が認められるBIA法などもその前提には、より緻密な体組成、とりわけ細胞外液の定量が存在する必要がある。

BIA法による体組成推定式は1980年代後半からモデルとして提示されるようになっており、Kushner, R. F. and Schoeller, D. A. (1986) は男子についてTBW＝$0.396 \times HT^2/R + 0.143 \times WT - 8.4$ (SEE＝1.7)、女子TBW＝$0.386 \times HT^2/R + 0.105 \times WT$ (SEE＝0.9) なるモデルを示し、Davies, P. S.

W. et al.(1990)はTBW＝0.380×HT^2／R＋0.180×WT＋4.7(SEE＝1.5)を示している。また、Lohman, T. G. et al.(1992)は男女各153名の被験者のデータからダミー変数である性別値(男子＝＋1、女子＝－1)をも独立変数として
(1)FFB＝0.34×(HT^2／R)＋0.41×WT＋2.4×SEX＋8.2(R^2＝0.947、SEE＝2.5)、
(2)FFB＝0.50×(HT^2／R)＋0.28×WT＋1.7×SEX＋7.1(R^2＝0.933、SEE＝2.6)、
(3)FFB＝0.44×(HT^2／R)＋0.31×WT＋2.1×SEX＋8.9(R^2＝0.964、SEE＝2.3)、
(4)FFB＝0.61×(HT^2／R)＋0.25×WT＋1.2×SEX＋2.7(R^2＝0.967、SEE＝2.4)、
(5)FFB＝0.40×(HT^2／R)＋0.37×WT＋2.1×SEX＋7.1(R^2＝0.957、SEE＝2.7)、
(6)FFB＝0.60×(HT^2／R)＋0.25×WT＋0.8×SEX＋3.4(R^2＝0.968、SEE＝2.3)
などを提示している。

　Lohman, T. G. (1992)は体組成の予測モデルの動向に体密度、体水分など複合的な要素が含まれる必要性を指摘している。すなわちmulti-component modelの提唱が行われていることに留意せねばならない。

　独立変数の選定は皮下脂肪厚の場合、上肢や躯幹から選定されている報告が多く、また研究当初の体比重予測モデルあるいは体水分量のモデル、最近のBIA値を利用した体密度推定モデルでも身長や体重など総体的なBody Sizeを表す指標が多く扱われている。こうしたBody Sizeのみを独立変数として提言されているモデルはその標本誤差を大きくする可能性があり、また一般には独立変数間の関連性の高い場合には得られた回帰係数の誤差が過分になる多重共線性に帰着する危険性がある。皮脂厚測定は簡便な方法であって、日本での実用的体組成推定法として広範に利用されているNagamine, S. and Suzuki, S.(1964)は児童期(〜12歳)、思春期前期(〜15歳)、思春期後期(〜18歳)、青年期(19歳〜)の各世代を対象とした性・年齢段階別の体密度推定モデルがある。小宮(1991)はこの手続きの問題点について①測定部位のズレ、つまみ方、計測器のあて方などによって皮脂厚測定値に疑問があり、客観性が欠け、10名の測定者の変動係数は10％から22％程度になること、②肩甲骨下部と上腕三頭筋背部の皮脂厚が等しい3人の被験者に14部位の皮脂厚測定結果では、皮下脂肪g＝{(14の皮脂厚値の平均／2－1.1mm)×BSA,cm^2}から求めると組織外脂肪推定値で3.1

〜4.3kg、組織内で9.6〜11.6kgの違いがあり、重水希釈法で推定した％FATも22.4％から24.7％まで異なる値を示すことを指摘し、それ故に上腕三頭筋と肩甲骨下部が至適変量であるとは限らないとしている。また③トレーニングを行った後の体組成変化を皮脂厚法や重水法で検討すると14部位の皮脂厚合計値は減少し、重水法でも同様であるが、上腕三頭筋と肩甲骨下部の皮脂厚から推定した脂肪量は変化がないと考えられるという矛盾点も指摘している。つまりトレーニングなどを通して変化することが少ないものであり、この身体計測値から変化量を考察することの問題点はWilmore, J. H. et al. (1970) でも指摘されている。小宮（1991）は皮脂厚法からの％FATに代わり得るものとしてBIA法やBIA-TBW法を提示しているが、皮脂厚法とBIA-TBW法とは相関は高い(r=0.842)ものの、双方の％FAT間の差が平均でも10％前後に昇ることを示している。したがって皮下脂肪厚や四肢・躯幹の周囲値や直径値・幅・厚みにも独立変数としての意義を見いだすことを考慮せねばならない。

5）標本の属性からみた予測モデルの限界

⑴民族要因の考慮

　予測モデルの独立変数にみられるように体組成は、体重や身長など体格(Body Size)によって、かなり異質なものとなってくる。つまり、遺伝的な形質差によって生じる体格の大きさに違いがあれば、おそらくその実質たる体組成モデルにも差異があるものと考えられる。一方、肥満やその合併症が問題となったのは欧米先進諸国が先行していた。最近のものではHannan, W. J. et al. (1993) があるように体組成に関する研究は、米国や西欧において行われたものが圧倒的に多い。とりわけ、アメリカ人を対象にした文献は質量ともに抜きん出て豊富であり、研究を行っている大学や団体独自のモデルを実用的に利用している。その中で、Parizkova, J. et al. (1970, 1973) はチェコスロバキア人を対象に体脂肪率予測モデルを示し、また、Sosa, S. C. et al. (1991) は、メキシコ人について体密度予測式を

発表している。

　一方で、日本では、1964年に提示されたNagamine-Suzukiのモデルが、殆ど独占的といっていいほど広範に利用されている。しかしNagamine-Suzukiが方程式を得た1964年と現在では日本人の体格も20歳の男子でも身長＝167.2cmから171.3cm、体重＝58.0kgから63.6kg、女子でも身長＝155.3cmから158.4cm、体重＝50.9kgから50.3kgと変化しているので、当時の方程式をそのまま適用することが難しくなっている。通常、回帰分析では集団の属性に依拠して「得られたXの範囲内で」外挿することが原則であるが、すでに異なったpopulationとして新しい予測モデルが必要であるともいえる。

(2)適用年齢範囲の問題

　日本人を対象とした予測モデルは、Nagamine, S. and Suzuki, S. (1964)の後にも多くの研究者によって構築されてきているが、その対象年齢範囲が児童・大学生・成年などの年齢層で細分化されているのが一般的であり、とりわけ成年期以降壮年、高齢者などについてのモデル定立は少ない。Nagamine, S. and Suzuki, S. (1964)では適用年齢範囲を28歳までとされているにもかかわらず、日本人対象のモデルの嚆矢となったが故に、壮年期や高齢期の者にも適用されている。田原ほか (1995)は年齢を独立変数の一つに上げることにより青年期から壮年期までの女子の体密度推定を皮脂厚計測値および年齢から行うモデルを提示している。年齢が考慮された一本の回帰式であることも考慮すれば、田原ほか (1995)のモデルはおそらくNagamine, S. and Suzuki, S. (1964)に替わり得るモデルかもしれないが、その予測制度は寄与率が59％程度で必ずしも高くはなく、また残差の振る舞いについても論議が尽くされているとはいい難い。

(3)その他の属性素因の検討

　通常、体組成分は性・年齢・民族など生物学的な変動を受け、また運動習慣や食事内容などによっても体組成は変動する。体組成研究の草創期から今日まで、資料を提供する立場にあったのは、若い成人やスポーツマンであり (Zuti, W. B. and Golding, L. A., 1973)、高齢者にそうした機会が与えら

れたのは、比較的最近であると考えられる(Chumlea, W. C. and Baumgartner, R. N., 1989)。

　Lohman, T. G. (1992) は Ross Laboratories (1985) のデータを紹介し、体組成のうち、無機質に影響する素因について集団内と集団間で検討している。この場合、集団間の変動を6.8%とすると男子はこれがさらに「活動的か否か」で検討される必要があるとする。さらに活動的な男子では「活動し易い体か否か」で検討される必要があり、活動的でない男子では「年齢が若いか否か」で検討する必要のあることを指摘している。

6） モデルの妥当性・信頼性の限界

　解題した文献に共通した傾向として文献内に予測値と観測値の相関係数（重相関係数）が示されていない研究も1960年頃までのものには散見できる。また当てはまり度のみを強調し、その信頼性確認のための残差分析については最近の研究でも触れられることが少ない。一度定立したモデルを属性のほぼ等しい集団に適用しようとする時にはその信頼性確認を行うことも避けて通ることはできない。

　一方、当てはまりの良さのみを追求する時に重相関係数を上昇させることに意が注がれるが、観察数（被験者数）と独立変数との関連で重相関係数は変動するため、重相関係数のみでは客観的なモデル指標とはなり得ない。最近の数理統計学ではこの対処について様々な知見を導出し、比較的少数の独立変数で、所与の被験者の変動を説明できるような最適なモデル選択への工夫も体組成研究には不可欠である。

　以上の文献解題から、1．これまでに定立されてきた多くの体組成予測モデルが性、民族、年齢などに特有なモデルを指向していること、2．体比重、体密度、体水分、総カリウム量、クレアチニン量などを一次変数と考えると、これらは二次的な体脂肪量、除脂肪量、非脂肪量との関数関係が確認されていること、3．したがって一次変数の精度の高い予測モデル

の定立が優先して体密度推定に関連する研究が多いことなどが確認された。その一方で、4．重相関係数や推定の標準誤差など予測モデルの妥当性（当てはまりの良さ）のみが強調され、個別の残差の振る舞いなど広義の信頼性が総じて等閑視されていること、5．独立変数が体格（Body Size）を表す身長や体重、あるいは上肢や躯幹の一部の皮下脂肪厚や計測値に偏する傾向があり、多重共線性が危惧されるモデルとなっている可能性が考えられること、6．欧米人や若い学生の世代を対象としたモデルが多く、日本人でも幅広い年齢層を対象としたものが少ないことが問題点として導出された。また7．多くの野外調査で行われる健康診断では定量値に外挿的可逆性をもたせる期待があるが、介在的な変数として身体計測値を利用する時にはその正規性が検討されていなければならないと考えられるが、必ずしもそうした配慮が行われてはいない。つまり重回帰モデルでは変数の正規性が確認されていなければならないとする研究者のいる一方で、少数の標本値を対数変換する場合もあるが、殆どこの点には考慮がなされていないとみるのが妥当なところである。

第6節　体水分モデルの意義

　本節では体組成のうち、体水分量に関する予測モデルを定立する意義を、これまでまとめてきた先行研究に関する理論的枠組みから導出する。
　体組成は分画化すれば脂肪と非脂肪分、さらにはミネラル類、水分のようになることが明らかにされている。このうちで体水分を取り上げ、これを定量、あるいはそのモデル化を意図することの意義は以下の3点からも明らかである。1）脂肪（アブラ）と対比できる関係にあって、ほぼ動物の種類間でも非脂肪量に占める体水分比率が73.2％前後で一定しているとの知見が、一般的には首肯されていること、2）Siri, W. E. (1956)の水分―密度モデルの提示以来、さしたる根拠もないまま、1要素のみに依拠したモデルが乱立していること、3）体組成研究では電気工学的な方法などへ

の指向性が急速に高まっており、特にBIA法では微弱電流を電導させた時のインピーダンスから体水分を推定し、体脂肪量を推定していることなどである。

1） 多成分的モデルでの必要性

　Lohman, T. G. を指導者とする University of Arizona の体組成研究グループは以下のような多成分からなるモデルを提示している。たとえば％FAT＝{(2.747／BD)－(0.714×TBW)＋(1.146×Bone Mineral)－2.053}×100％、あるいは％FAT＝{(6.386／BD)＋(3.961×Body Mineral)－6.090}×100なるモデルである。

　Lohman, T. G. (1992) によれば、こうした Multi Component モデルの嚆矢は、Siri, W. E. (1956, 1961) にあり、％FAT＝{(2.118／BD)－(0.78×TBW)－1.354}×100に依拠すれば、体密度のみの場合よりも予測誤差が約半分の２％に低下することになる。同様に、予測誤差減少が多重成分モデルによって認められることは、Houtkooper, L. B. and Lohman, T. G. et al. (1989)、Slaughter, M. H. (1988) による密度、水分＝密度方程式の比較による仕事で確認されている。体密度推定方法は長く体組成研究でのGold Standard (Loman,T.G., 1992) として研究者の注目を集め、その技術的精度といい、予測モデルの豊富さといい、すでに極致に達したということもできるが、体水分に関しては予測モデルの質量自体も十分ではない。本研究で対象とする体組成のうち水分を定量することは、完璧といえるほど十分ではないが、FFM に占める水分量比を間接的に推定できる可能性があり、体組成研究の一つの潮流である多成分モデルに有効な情報を提供することを示唆されている。多成分モデルとは単に複雑化を意味するのではなく、得られる情報の高さ、精度の上昇を意図して試みられるものである。たとえば、体内のミネラル量を推定するにあたってDPA法、水分法、中性子活性法を使って多成分的に検討するといった複眼的な視点の必要性が示唆されることになる。

また皮下脂肪や周径値など人体計測値から推定する上では、体水分法とともに体密度法もカリウム推定方法やクレアチニン推定方法よりも信頼度が高いことになるが、従来に提示されている予測モデルは推定の標準誤差や重相関係数の検討、押しなべていえば不十分であると指摘できる。つまり体組成研究全般に該当して当初の文献中にはSEEなど重回帰分析に基本となる統計量が明記されていない場合も多いし、残差分析など統計モデルの信頼性検討は等閑視状態であるといえる。

したがって本研究で行おうとする精度の高い体水分の予測モデルは単なる定量化や対象集団への適用範囲拡大に留まらずに、多成分化に指向する体組成研究の潮流にあっては必要不可欠な事柄であるといえる。

2）電気抵抗的方法への応用可能性

BIA（Bioelectrical Impedance Analysis）法は体水分と電流の抵抗性に比例関係があることを前提にして、身体に微弱電流を電導させたときのインピーダンスを測定することから、二次的に体水分量を推定し、他の体組成分をも推定する。すなわち細胞膜が大きな電気容量をもった絶縁体であるため、数kHz以下の低周波電流は血液など細胞外液に沿って流れ、10kHz以上では周波数増加とともに細胞内に流れ込む。除脂肪体重には電解質を含む水分があり、そのために伝導性に優れ、逆に脂肪組織は伝導性において劣っている。

水分量の定量もしくは高い精度での予測が可能であるならば、BIA法の妥当基準としての役割をも有すると考えられる。通常の運動処方では肥満度は査定者でも処方対象者でも最も関心をもつ点である。しかし市販のBIA測定器はその安価性とportablilityからフィールドでも広く行きわたっているが、水分推定は体格（Body Size）のみを独立変数として行われており、深部脂肪という健康評定上最も目標化されるべき対象の評価は行われないことになる。

同様にDEXA法など最近の電導工学的研究の進展も体水分量の定量が高

い精度で行われていれば、実質的にその妥当性確認も可能になる。

3) 関数式での係数確認の意義

　Hamwi, G. J. and Urbach, S. (1953) は体重が水・脂肪・非脂肪量（FFM）およびFFMに含まれる細胞内固形物質（Cell Solids, S）や無機物（Mineral Mass）で構成されていることを明らかにし、相互の関係を%FFM＝%TBW／0.732、%S＝%FFM－（%TBW＋%M）、また、%M＝0.07×TBW／0.732のように記述している。こうした一次的もしくは定性的な関係が証明されておれば、体重の実質すなわち体組成に関する評定が、より精緻に進展できることになる。体水分についてSergi, G. et al. (1993) は以下のような結果と見解を示している。「非脂肪量は体内の総カリウム（体の細胞量に関係するTBK）や体内総水分量TBWを評定する方法によって間接的に定量される。TBWはトリチウムや重水、標識化された水による同位元素希釈法によって、あるいは最近ではBIA法によって定量される。TBW測定値からFFMを得るためにはFFMの水分値が73.2%であると仮定する。さらにこうした値が生理学的、病理学的な広い条件下で一定であることを仮定する。しかしながら、Sheng, H. P. and Huggins, R. A. (1979) によるヒト成人の剖検体に関して得られた研究ではFFMの水分は69.4%から82.0%までの範囲にあることが示されている。加齢過程の組織水分に関しては十分知られてはいない。TBWや組織の体組成の変動はSchoeller, D. A. (1989) などが報告し、彼らは「TBW：FFM比が0.732で一定であることを仮定することによってFFMが計算された時に、実質的な誤差が導入される」ことを示唆している。したがって、FFM水分（TBW／FFM）を研究するときにはDPA（二重光子吸収測定法）によって推定されたFFMやTBW（^3H_2O注入法）の直接的で独立した測定を得ることによってこの組織の処置をすることにより、DPAおよび体内総水分によってFFMを比較することができる」。すなわちSergi, G. et al. (1993) は27人の健康な高齢者（76歳±7歳）のFFMをDPA法、^3H_2OによるTBW法によって測定し、DPA

法はFFMの正確で直接的な測定値を得ることが可能であることを見いだしている。すなわち化学的分析に対する推定の標準誤差SEEは1～2%であるが、同位元素によるTBW推定では水素の不等価性交換に関係して誤差が導かれ、またFFMの水分が一定であるとされることによる別の誤差が導かれる。FFM水分は71.9±4.9（変動係数5.9%、範囲63.6～80.4）であり、Sheng, H. P. and Huggins, R. A. (1979)が成人の直接的な化学分析によって報告した範囲（69.4～82.0）よりも大きかったが、これらの被験者で測ったFFM水分は健康な成人の最近の値73.2とは差異がなかった。TBWから得られたFFMはDPAによって測定されたFFMとは有意な差がなかった。すなわちSergi, G. et al.の研究で採用された2つの方法は高齢者のFFMを推定するには統計的意味においては、適用可能であると考えられることになり、特に成人のFFMを得るのにFFM水分に割り当てられた0.732の値は高齢者の体組成研究においても利用され得ると考えられる。

また最近、Going, S. et al. (1995) は、1960年代前半から1993年までの体水分を定量してFFMに対する比率（TBW／FFM）を報告している研究をまとめ、TBW／FFM（以下、ωとする）の値が0.707から0.853になることを報告している。ここで報告された研究例のうち、^2H_2O、D^2Oや^3H_2Oを用いた1989年から1993年までの研究（Heymesfield, S. B. et al., 1989；Baumgartner, R. N. et al., 1991；Hewitt, M. J. et al., 1993）は年齢群別にその値を求めており、その年齢群別ω（＝TBW／FFM）平均値をみると、平均72.325%、SD0.013226となる。したがって変動係数は1.83%となり、比較的安定した値が得られている。また、Going, S. et al. (1995) には総計8研究の結果が網羅されているが、手元で求めた年齢と年齢群別TBW／FFM平均値のSpearman順位相関係数は、女子（17データ）ではr＝0.445、男子ではr＝0.112となっている。

この係数ω≒0.732はそもそも動物個体の実験値から平均値として求められたものであり、実際には動物個体間の差はSheng, H. P. and Huggins, R. A. (1979) の剖検体でも0.6台から0.8前後までかなり広範囲に及んでいる。また先に筆者が求めたような方法、つまりレビュー研究の

データを、繰り返し的に平均化し、再検討すること自体が真値に近づくことではなく、また個体値そのものを意味するわけではない。むしろ範囲63.6〜80.4を得た Sergi, G. et al. (1993) のように必ずしも安定した数値にはならずに、大きな個体差が存在していると考えた方が良いと考えられる。また、使用された同位元素にも差異があったり、先の Sergi, G. et al. (1993) のように欧州系の民族を対象とするものの他は、アメリカ人についてのデータであるという特徴もある。TBW／FFM＝73.2％という数値は動物実験での成果から出発した知見であることも考え合わせ、必ずしも安定した値として0.732なる係数を容認できるかどうかはわからない。特に日本人についてこれを確認した例は見あたらない。

したがって、この係数 $\omega \fallingdotseq 0.732$ なる定理確認のためにも本研究は意義をもっているということができる。

第7節　重回帰分析に関する最近の課題

1）資料の分析手法の選択

すでに述べたように生体の内部状態を表現する状態変量そのものは直接観測することが不可能である。しかしこれらの状態変量が、生体内部において医学的・健康科学的あるいは体力学的に観測可能で、数量化されているとすればそれら計測可能な変量全体を病態に対しては症候群、健康態については健康度と呼ぶ。本研究の目的に即していえば、体組成が脂肪組織、非脂肪組織、水分、電解質から構成されていることが明らかになっており、かつ、水分が非脂肪組織に占める比率が同定されていて、同位元素の使用など計測技術の進歩によって体水分が定量化されていることは、研究対象そのものが直接に観測され得ることを意味している。この直接観測可能変数 (directive observable status 0, DOS0) を、即時的あるいは頻回に定量することが困難である場合には、これに間接的に関係すると考えられ、研究目

的に即して捨象し残った変数群 (indirective variables, IDV) の測定値を利用した推定モデルmodel1を作成し、ここでの予測値をもってDOS0の代替となる変数値とすることが必要である。つまり症候群・健康度が知られればそれから患者の内部状態や健康度の水準が推定される操作が"診断"ということになる。すなわち観測・数量化・計測が可能な症候、健康水準の値をもとにして、直接計測することができない状態変量の値が推定される。また生体の内部状態はその内部機構に支配されつつ、ある一定の法則に従って変化することが知られているのだから、適当な期間にわたる症候の経過を観測するならば、それをもとにしてある時点における内部状態も推定・診断することができる。換言すれば出力変数としてのyがあり、体内の状態をブラックボックスとして、入力変数としてのx_1、x_2があるとすればy＝f（x_1, x_2）なる数式モデルに表現される。数式モデルとして線形、非線形などすでに提示されている方式のいずれを選択するかが次の課題となる。

　繰り返し述べるように体組成の実質を真値として求める鍵は体水分と身体計測値の関係をいかに適切にモデル上に表現するかに依存している。体水分（y）を皮下脂肪厚x_1、大腿周径値x_2の２つの独立変数との線形結合によって説明するモデルを考えると、$\hat{y} = \beta_0 + \beta_1 x_1 + \beta_2 x_2 + \varepsilon$なる式が成立する。ここで$\varepsilon$は偶然誤差に相当し、その平均はゼロで、これは真値とも無相関であり、他の偶然誤差（ε'）であると仮定する。極大値あるいは極小値にいたる点では$\hat{y}$とyの差は急速に拡大していく。言い替えると誤差εが逆問題の解に壊滅的に作用して元の解とは全く異なる様相を示すものとなったり、さらには解が全く存在しなくなり得る。これを田辺 (1978) は不適切問題と呼び、「結果から原因を探る」逆問題の多くが不適切問題に帰着するとしている。林知己夫 (1974) は、①過去の資料が過去、現在、未来のランダムサンプルと考えられなかったり、その適用が誤っている場合、また、②何らかの意味の恒常性が保持されなくなったなどの場合に誤差の処理が不可能になってくるとしている。本研究でもでき得る限り、意味ある解を求めたいが、計測に起因して制御不可能な性格が誤差εにある

とすれば誤差に関する事前情報を用いて、解の属する範囲を限定したい。そうした問題への対処のためには統計モデルの導入は極めて自然であって、体組成予測の問題はまさしく統計モデルの選択・導入問題なのである。

実験的帰納法ではyと$\hat{y}$との差を最小にするように繰り返し改良を試みて最良の解を得ようとする。帰納的に最良な解を求める方法には逐次改良を繰り返す方法、試行錯誤的に行う方法、シミュレーション法がある。

われわれが健康事象を扱うときには、「臨床的に」疾患を含めた健康状態を治療したり、健康度を高めようとする場合と、病態を一義的には決定できないでとりあえず「症名診断」を行いたい場合に大別できる。

後者についての説明から始める。糖尿病、高血圧症など現代病＝習慣病＝複合病変というシェーマは単一の変数によっての説明は不可能である故に、多くの介在変数・観察変数の総合化された指標から、診断を下し、その症状名や症状の総合的な状態を指標化することも希ではない。いろいろな測定（調査項目）に対する反応や回答を集団について多次元的に表現した「パターン」としてのみ診断が可能な場合も存在する。こうした症候群の推定・数量化は病態の程度や健康度の水準化だけでなく、全般的な状態の定量化は多変量解析手法は「従属変数（目的・被説明変数）をもたない」場合の多変量解析法が該当する。態度や嗜好など教育学や心理学で頻繁に使用される手続きが該当するが、「従属変数をもたない多変量解析」がこれに相当する。

一方、本研究で扱おうとする体組成予測は、すでに定量された体水分を他の身体計測値から予測できるモデルを定式化しようとすることであるので、前者として第一に定義した場合に相当する。すなわち「治療モデル」系に属する問題として取り扱われる。たとえば、「アブラと水の関係」、あるいは「非脂肪量の大半は筋肉や骨である」とした事前情報から、支下脂肪厚にはマイナスのウエイト、筋肉量にはプラスのウエイトが付されるとして線形モデルを求めることが該当する。あるいは習慣病が喫煙や運動不足などの生活習慣によって大きく説明できるのであれば、「生活習慣の是正（チューニング）モデル」を提示することが可能となる。すなわち健康度

もしくは疾病度の水準に対して「投薬の水準」を変化させたり、生活習慣のある要素を変化させたりすることで、健康度の維持増進、疾病の治療・予防の仮説設定が可能となる。こうした初期変数の定量化は、健康水準や病態がどの程度の様相にあるのか、疾患とどの程度、関係しているのかという「目的変量」との関係を検討する、医療行為に限定すれば診断という言葉が該当する行為が想定される。すなわち単なる構造把握だけではなく、対象となる疾患や健康水準を数量化されたモデルがあれば、独立（説明）変量から「推定・予測」する手段が、原因を究明したり、疾患を制御したりすることも可能であろう。すなわち、治療手段を考案したり、原因因子を究明したりすることが可能であろう。これが「従属変量をもつ多変量解析法」である。肥満事象を例にとれば、その合併症としての糖尿病、循環器疾患などの制御・治療が想定されるが、いずれの運動器が最も体組成と構造的関連が深いのかが明らかになれば、即応的に運動処方上の示唆が得られることになる。

　以上のように統計的モデル作成においては①先験情報と推測目的からモデルの族を構成し、②最適なモデルをその族の中から選択し、③そのモデルの中から推定値を得るという段階が必要であるし、さらに①′得られたモデルは「優れた研究者の心理的活動を通じて実験された統計的情報処理の経験の客観的記述」、すなわち実用経験という社会的検証を得て再び、②′③′のプロセスが経験されることになる。すなわち閉回路ループを構成するこの過程は「真の解」、「誤差に関する何らかの事前情報」にしたがってモデルを導入し、選択・推定の要素を考慮しながら問題を適切化していこうとする「不適切」問題を解く過程でもある。

　本研究では体組成を体水分に限定し、これを身体計測値から予測する最適な統計モデルを探索する。予測を目的とする以上、選択された統計モデルはあてはまりが高いこと、誤差が小さく精度が高いことのほか、できるだけ簡便なモデルとして定式化されることも重要である。つまり相当に複雑な現実の事象を簡単化し、理想化したものであることも条件である。

　佐和（1979）は回帰モデルをとりあげ、「説明変数を逐次的に追加してゆ

くとき、自由度（標本のサイズと説明変数個数の差）の低減を代償に重相関係数をいくらでも高くできるが、自由度が低減するということは推定や予測の結果の信頼度が低下することを意味するわけで」あり、それ自体としては好ましくない。つまり自由度が小さいと式のあてはまりは見かけの上では良好だけれども、区間推定や区間予測の幅はほとんど用を成さないほど広くなる。すなわち推定値や予測値は低くなる。

2）重回帰分析の定義

回帰分析は従属変数（目的変数、被説明変数）yの値を、p′個の未知パラメータを含む独立変数（説明変数）x_1, x_2, ……, $x_{r'}$の関数f（x_1, x_2, ……, x_r；$β_0$, $β_1$, ……, $β_{p'}$）で説明しようという手法である。測定誤差のようにyの値のうち、関数fで説明できない部分を誤差項といい、$ε$で表す。この時想定される関係はy＝f（x_1, x_2, ……, x_r；$β_0$, $β_1$, ……, $β_{p'}$）＋$ε$となり、これを回帰分析のモデル式と呼ぶ。特に関数 f が未知パラメータに関して線形（1次式）であるときに線形回帰分析といい、1次式でないときに非線形回帰分析という。

n個の観測値（y_k, x_{1k}, x_{2k}, ……, x_{pk}）（k＝1, 2, ……, n）が与えられたとき、モデル式によれば$y_k = β_0 + β_1 x_{1k} + β_2 x_{2k} + …… + β_p x_{pk} + ε_k$（k＝1, 2, ……, n）という関係があることになる。パラメータ$β_i$の推定値$β̂_i$はy_kとその予測値$ŷ = β_0 + β_1 x_{1k} + β_2 x_{2k} + …… + β_p x_{pk} + ε_k$との2乗誤差の和$Σ(y-ŷ)^2$を最小にするという最小2乗法で求めることができる。この平面あてはめの問題は$β_0$, $β_1$, ……, $β_p$を未知数とする連立1次方程式に帰着する。回帰分析では真のモデル式fが未知のため、与えられたモデル式の妥当性のチェックが重要な問題となる。この検定のためには誤差項$ε$に分布を仮定することが必要となる。このためには通常$ε_1$, $ε_2$, ……, $ε_n$が互いに独立に正規分布N（0, $σ_2$）に従うと仮定することが多い。こうした残差分析には様々な方法が考えられている。

3）最良回帰式の選定と統計的基準

説明変数（独立変数）の候補が多数あるとき、目的変数（従属変数）を最もよく説明する（予測する）変数の組合せを探す手法についてここでは検討する。

変数選択問題とこれを呼ぶが、次のような問題が含まれることを最初に考えておく。

①よい回帰式とは何か。

②よい回帰式を探すにはどうしたらよいか。つまり最良の式が見つかるアルゴリズムの検討がこれにあたる。

重回帰式に含まれる説明変数の数を固定してその中で順位を付けるとすれば、単純には残差平方和RSSが小さい（またはR^2が大きい）ものが良いと考えることができる。説明変数の数を増せば、残差平方和RSSは減少し、R^2は増加するが、有効でない変数を含んでいる場合もある。

古典的な方法としては

(1)自由度調整すみのR^2（R^{*2}）を用いる場合

$$R^{*2} = 1 - \{(n-1)RSS / (n-p-1)ST\}$$

ここでSTは全体の回帰平方和、nは標本数、pはパラメータ数である。

(2)自由度二重調整すみのR^2（R^{**2}）を用いる場合

$$R^{**2} = 1 - \{(n+p+1)V_e / (n+1)V_T\}$$

R^{*2}はR^2とは異なって単調増加ではないので、R^{*2}の最大値を探すことにより、より情報節約型の回帰式を選ぶことができる。しかしR^{*2}最大の基準ではまだ変数が過大にとりいれられる傾向があるので、さらに自由度調整を大きくした自由度二重調整すみ重相関係数R^{**2}を使うこともある。

回帰分析は変数が追加されることで重相関係数は上昇していくが、「どういう変数によって従属変数の説明をなすべきか」というモデル定式化についてはモデル作成以前に明解に決まっていることなどはきわめて少ない。いくつかの候補変数が与えられ、試行錯誤の後に最良なモデルに到達

する。もちろん統計的情報だけでなく主観的判断や経験的知識などもまじえながら試行錯誤が繰り返されるわけである。

　主観的判断と客観的ルールをきちんと定式化しておくことが「最良な方程式」の定立にはきわめて重要である。

　佐和 (1979) は「先験情報の活用」について述べているもののそのよりどころとなっているのはいくつかの段階に区分して考えることができる。つまり「予め知っている効果的な変数」について「絶対に外せない」ものなどは現象の「振舞い」から研究者に知られているはずのものであるため、相当な節約があることになる。

　こうしたきわめて初期的なレベルから「回帰分析で得られたなんらかの基準統計量を参考に「最も説明力の高い変数」から順次「追加的説明力」を求めていったり（変数増加法）、逆に全変数を含む式から出発して「説明力の低いものから順次削減していく」方法（変数減少法）など多少「レベル」の高いものまでのレベルがある。

4）情報量規準の導入

　変数選択の基本統計量となるのは残差平方和とその変換である重相関係数であって、残差平方和が小さいほど、また重相関係数が1に近いほど回帰式のあてはまりは良好となる。重回帰分析においては変数が増加するにしたがい、重相関係数は増昇し予測の精度が高まるといえる。一方で、推定値の標準誤差も増大する。回帰モデルの説明変数を逐次追加していけば標本サイズと説明変数の差、すなわち自由度を低減させさえすれば重相関はいくらでも高まり「あてはまり」度の増加はあるが、自由度の低減はほとんど予測値の信頼度を無意味化することがわかる。そうした点から変数の追加・除去の問題は「推定または予測の偏りと分散とのトレードオフ」への対処への問題ということになる。このトレードオフを加味してより良いモデル選択を行おうとした基準として先にあげた「自由度調整すみ重相関係数」や「自由度二重調整すみのR^2（R^{**2}）」がよく知られている。

一方で、最近の統計学の進展は、特に1970年代後半から以下に示すような変数選択に寄与する統計的規準を得てきている。

①赤池の情報量基準（Akaike's Information Criteria)

重相関係数は確率密度関数として捉えると、その真の確率分布 g（y）と得られたモデル (y／θ) との距離を Kullback-Leibler の情報量の使用によって最小化できるθで測定するという考え方から導かれたものである。

$I(f:g) = \min \int g(y) \log\{f(y|\theta)/g(y)\}dy$ が小さければ小さいほど真の確率分布との距離（かい離度）が小さくなり、そうしたモデルが望ましいことになる。

具体的にはAIC＝－2logL(θ｜y)＋2pと定義され、特に重回帰分析では最大尤度（θ｜y）を残差平方和におく。このうち右辺第1項は尤度関数に最尤推定値を代入した尤度の最大値に－2を掛けたものでモデルの適合度の高低を測定する量である。また第2項はパラメータの増加に対するペナルティーである。つまりパラメータが増加した際のペナルティーを第2項として直接的に含んでおり、従来の尤度検定の方法が検定統計量の自由度によってパラメータ数の影響を割引いてきたのとは明らかに異なる（森棟、1985)。この結果「なるべく重相関係数が高く（逆にいえば残差平方和が小さく）なおかつ母数節約的であるモデルの選定が可能」ということになる。この情報量は因子分析の因子数の推定、多次元分散分析モデルの次元数の決定など種々の統計的問題に対し、モデルの尤度関数が一定である限り適用され得ることが特徴的であり、赤池氏自らこの情報量をケチの原理の実現（priciple of parsimony) あるいはオッカムのカミソリの実現であると述べている。つまり従来の統計的検定が5％水準の信仰に過ぎず、上記のような多次元分散分析モデルの次元数の決定などある意味で絶対的な選択基準となり得ることが示唆されている。一方でこの情報量は1）常にモデルの分布型を特定化しないといけないこと、2）有意性検定を通常われわれが慣れ親しんでいる5％点としたときにはかなりの程度放漫になるとの指摘もある。

森棟（1985）はAIC基準の意味する有意水準を様々な自由度について求

めており、含まれる変数差が1個のときなど棄却域に16%もとっており、5％有意性検定ともなるとモデル間のパラメータ数に7個も差があるときに使用すべきだという批判的見解を述べている。

p1−p2	1	2	3	4	5	7	16	∞
%	16	14	11	9	8	5	1	0

坂元、石黒、北川 (1983) はAICの利用に関し、以下のような留意点をあげている。

(1)データにあてはめるモデルの自由パラメータ数はデータ数をnとして通常nの平方根の2倍、高々n／2までとする。これはモデルの自由パラメータ数が大きすぎると最尤推定量の漸近正規性が成立しなくなることなどを理由とする。

(2)AICの値そのものでなく、AICの値の差に意味がある。これはAIC (k)によって推定できるのがモデルの期待平均対数尤度であって、K-L情報量 $I(g(\cdot);f(\cdot|\theta k)$ ではないことによる。MODEL (j) とMODEL (k) のAIC値の差が1から2程度以上ならAICの値の差は有意と考えられる。すなわち $|AIC(j)-AIC(k)| \ll 1$ ならどちらを採択してもよいことになる。ただしAICが双方のモデルで等しくても、分布型が大幅に違っていれば両方とも悪いと考えるべきである。

(3)MAICEが得られてもその自由パラメータ数が異常に大きいときには他にもっとよいモデルがある可能性がある。

(4)AICは真の自由パラメータを推定するための基準ではない。しかし所与のデータ範囲でできるだけ正確に真の分布を推定しようとするとき、真の自由パラメータ数という概念は無意味である。

②Schwarzの基準

Stone, M. (1979) は、Bayes的な視点から作成されたAICによく似た情

報量基準 Schwarz の基準（SIC）を示している。

その定義はT・log(1+λ₁)+(logT)(K₁+G₁)となる。

森棟(1985)は Schwarz 基準の有意水準を検討した結果を示しているが、これによれば5％水準は高々2個のパラメータ差に相当し、かなり小モデルに偏りすぎた比較基準と考えられる。

③平均2乗残差（residual mean square, RMS)

p個のパラメータからなる回帰式のRMSは、とくに外挿を目的とすればRMSが小さい方が好ましいと考えられる。

$(RMS)_p=(SSE)_p / (n-p)$と定義される。ここで$(SSE)_p$はp個からなる回帰式の残差平方和である。すでに述べた重相関係数やその自由度調整すみのものとの関係では以下の点が成立する。

$R_p{}^2 = 1 - (n-p)\{(RMS)_p / (SST)\}$

$R_p{}^{*2} = 1 - (n-1)\{(RMS)_p / (SST)\}$

ただし$SST = \Sigma (y_i - \hat{y})^2$

④MallowsのCp基準

チャタージとプライス（1977、佐和と加納による邦訳、1981）では「変数の部分集合に基づく回帰式から得られる予測値は一般に偏りがあり、そのため式の適否を判断するには予測値の分散よりもむしろその平均2乗誤差を考えるべきである」とし、以下の統計量Jpを定義している。

$Jp = (1/\sigma^2) \Sigma MSE(y_i)$

ここで$MSE(y_i)$はp項からなる回帰式から得られたi番目の予測値の平均2乗誤差であり、σ^2は残差の分散を表すが、MSEは(1)推定の結果生じる予測の分散、(2)変数削除から生じる偏りから成立っている（Mallows,C.L., 1964）。

Mallows, C. L. (1964)は、Jpの推定値として以下のようなCp統計量を定義している。

$Cp = \{(SSE)_p / \sigma^2\} + (2p-n)$

ここでσ^2は通常では全変数を用いた線形モデルから計算される。もしp個の変数を用いた適合式が偏りのないものならばCpの期待値はpに等しく

なるので、回帰式を構成するに当たっては直線Cp＝pに近い点に対応する変数の集合が望ましいことになる。また片寄りの平方和がゼロに近いとき、Cp－p＝(n－p){σ_p^2／σ^2－1)、 σ^2＝SEE$_p$／(N－P－1)となり、したがってランダムなばらつきが大きいと、σ_p^2／σ^2＜1、つまりＣｐ＜pとなる。いいかえれば直線の下側はランダムな変動の大きさを示す。

これら選択基準の多くは推定（予測）平均平方誤差の関数として与えられ、偏りの平方和と分散のトレードオフとなっていることに気づく。一般にはCp基準はAICに比べより母数節約的であることが実証されている。同様な点は井上（1982）も指摘している。

以上、最適な重回帰分析を実施するにあたって研究上のよりどころとなる基準統計量について検討してきたが、海外を含めて幅広く推奨されているものといえば赤池氏による情報量基準ということになる。

またコンピュータの発展と相まって汎用機のためのシステマティックな統計プログラム・パッケージが広く浸透してきた。それらのうち三大パッケージといわれるSPSSX（Statistical Program Package for Social Sciences X）、BMDP（Biomedical Computer Programs P‐series）、SAS（Statistical Analysis System）でも種々の重回帰分析プログラムが用意され広範な利用が進んでいる。

旧来のSPSSでは重回帰分析は「REGRESSION」で実行されていたが、変数選択についてユーザーの要求にそぐわない点が多く（例えば投入基準F値しか基準統計量として用意されていないなど）、SPSSXの中で「REGRESSION」として大幅な改訂が実施されている。

BMDPには重回帰分析に相当するものは基本プログラムから逐次選択法、全変数の組合せについて検討可能なもの、層別に行うもの、リッジ回帰・主成分回帰を行うもの、非線形重回帰分析、ロジスティック回帰分析など多彩に用意されている。特に全変数の組合せについて検討するプログラムではC$_p$統計量の算出ももくろまれている。

SASではGLM、RSQUARE、STEPWISE、LOGISTなどのプロシジャが用意され会話型でそれらの実行が可能となっている。RSQUAREではCp

統計量の算出も行われている。

5）多重共線性への対処

　年齢研究で扱われる独立変数は多くの場合、相互に高い相関を有するものが含まれることが一般的である。つまり線形方程式$y=a_1x_1+a_2x_2+……+a_px_p$が成立すればこれらの$a_i=0$が成立することは有り得ない。このことを共線性と呼ぶ。説明の便宜上、$p=2$の場合を考えるが、このとき$x_1=ax_2$が成り立っているとしよう。このとき$y=b_1x_1+b_2x_2+\varepsilon$と$y=(ab_1+b_2)x_2+\varepsilon$とは見かけ上、同等であり、所与のデータにもとづいて一方を他方から識別することは不可能となる。つまりx_1が変動すればそれに比例してx_2も変動するのでyの変動を規定する要因が2変数であっても、x_2だけだと考えた場合でも見かけ上は同じことになる。x_1とx_2のそれぞれがyの変動をどの程度「説明するか」に関心があっても如何ともしがたい。実験が不可能なあるいは観測が能動的な場合には不可避な問題であるということができよう（佐和、1979）。

　厳密な共線性など現実には存在し得ないが、近似的にも共線性が存在すれば以下に述べるような問題点の派生がある。1）データ数が数個増えたなどの小さな変化が推定値に大きな変化を引き起こす（推定値の不安定）2）推定値が大きな標準誤差をもつ。推定値がゼロと有意差があることを示すのが困難となる（分散増大）。

　チャタジーとプライス（1981）は多重共線性が問題とされるのはモデルの設定がうまくいった後でのことであるとし、3）係数推定値の符号が予想に反する場合や4）変数を加えたり、除いたりして行ったときの係数推定値に大きな変化がみられることなどもあげている。共線性のあるデータの重回帰分析では「個々の説明変数のt値が小さくなること」を示しており、これは2）に相当する。多重共線性を見つけ出す方法として以下のような方法が提唱されている。杉山（1983）は①それぞれの説明変数を目的変数に他のすべての変数で考えられる組合せに対して重回帰分析を行うこ

と、②p個の説明変数に主成分分析を実施しその固有値が最も小さい主成分が非常に小さい場合をあげている。同様にチャタジーとプライス（1981）もこのことに言及し、独立変数の相関行列の固有根に0.01より小さいものがあったり、すべての固有根の逆数の総和が説明変数の数の5倍以上となったりという場合を想定している。

では共線性が存在しモデルの中の変数パラメータをうまく推定できない疑いのあるときには如何になすべきかについて以下にまとめる。佐和（1979）は共線性の問題を「与えられたデータにたまたま認められた場合」と「もっと本質的な構造的理由による場合」とに区分できるとし、前者の場合は観測数の増加や観測のやり直しによって回避でき、「共線性関係にある変数の一部を除去する」ことによりこの問題は処理されているのが実状であるとしている。

スポール, J. P.（1981、新村による邦訳、1986）では1）データを追加する、2）少ないパラメータで重回帰分析を行うことがまずあげられている。さらにこれらが不可能なときには3）主観的なバイアスを加え、ベイズ法を用いる、4）相関のある変数を合成変数とする、5）リッジ回帰分析を用いて、共線性を引き起こす変数と関連する増大した分散をゼロに近づけるようなバイアスを加え、収縮する、6）より少ないパラメータで推定することがあげられている。

6）残差分析

制御・予測・構造分析など重回帰モデルに対して要求される事項は幅広いが、モデル自体の信頼度が十分に検討されていないと、こうした要求に応えられるものは少なくなる。予測値$\hat{y}$と実測値yとの差を残差といい、$\hat{y} = a_0 + a_1x_1 + a_2x_2 + \cdots\cdots + a_px_p + \varepsilon_{ij}$なる回帰モデルのうち最後の項$\varepsilon_{ij} = z_i$が残差に相当する。この値には(1)平均ゼロの仮定、(2)等分散、(3)独立性、無作為性が要求され、したがって残差をこうした角度から検討するのはモデルの信頼性分析のために必要なことである。回帰モデルの重相関係数や

その回帰分析を「モデルの適切さに対する全体的尺度」とすればモデルの特定の側面の適切性の検討は残差分析によって行われ得る（三宅、1978）。

　残差の平均＝ゼロが成立するのは言わずもがなである。つまり、$(1/n)\Sigma z_i = 1/n \Sigma (y_i - \hat{y}) = \bar{y} - \bar{y} = 0$ となることから検討は要さない。等分散や独立性の検討のためにはn個の観測値と予測値 $(y_i, \hat{y}_i)$ を平面上にプロットした方法が一般的である。すなわち(1)時系列データで観測時点tを横軸、残差を縦軸にとって検討する、(2)推計値$\hat{y}$を横軸、残差を縦軸にとる、(3)説明変数x_iを横軸に、縦軸に残差をとる、(4)残差を正規確率紙にプロットする、(5)残差の基本統計量を検討するなどの方法が考えられる（三宅、1978）。

　(1). 等分散の検討は残差図をいくつかのブロックに分割して行い、その時、各ブロックで直線$y = \pm 2SD$の内外での点（個体）の数の比率が一様になれば等分散であると考えて良い。しかし、縦軸の残差が、横軸の予測値に対して正負双方向に拡散する時には、yの対数変換などを行って後、再度、重回帰分析を実施することが必要になってくる。また、残差の振る舞いが放物線を描くような場合には、xの多項式回帰（$y = \beta_{11}x + \beta_{12}\beta x^2 + \cdots\cdots + \beta_{mp}x^p$）を試みたり、xを対数変換してから重回帰分析をやり直すことが必要である。さらに、周期性の変化を示す時には時系列の問題があるので、ダービン・ワトソン比（Durbin-Watson ratio, DW比）など系列相関を検討した後、変数の追加や削除などのデータコントロールを行うことが課題となる。

　(2). 独立性の検討には次のような諸方法が考えられる。本来、残差独立性の検討の方法は残差z_iの連、つまり同じ符号の連なりの数や長さの異常についての検定であり、隣あったz_iが互いに関連していれば同符号が続いて連の数が減ったり、長い連が生じたりする。このことについて奥野ほか(1971、1976)では観測値に対する比率で連が連続する時に「特別の要因が働く」と考えられるとしている。すなわちc＝分子＝連内で連続する観測個数、m＝分母＝連続する観測値として見ると、c／m＝10／11, 12／14, 14／17, 16／20などとなる。あるいは別の方法として「正しい回帰モ

デルならば連の数は極端に多くなったり、少なくなったりしない。正にしろ負にしろ少ない方の符号について連の個数が以下の数字より多ければ有意（p＜0.05）とはならない」、つまり正しいモデルとみなす考え方がある。{n＝10→R＝1；n＝20→R＝5；n＝30→R＝9；n＝40→R＝13；n＝50→R＝17；n＝60→R＝21；n＝70→R＝26；n＝80→R＝30；n＝90→R＝35}。またn＞90ならば$(n-1)/2-\{0.98(n+1)^{1/2}\}$を用いる。

(3). 系列相関の検討方法としてDW比（ダービンワトソン比）がある。これは特に時系列データに関した場合であるが、このような重回帰分析を行うと、残差の経時的変化に、ある傾向が生じることがある。何らかの傾向があるということは残差z_iと1時期前のz_{i-1}との系列相関を見ることによって把握できる。これを公式化したのがDW比であって、DW＝$\Sigma(z_i-z_i)^2/\Sigma z_i^2$と定義されている。これが2前後の時には残差はランダムであって、この値から離れると、ランダム性がなくなることが経験的に知られている。

第 3 章 研究主題ならびに仮定の設定

　第 2 章までに提示された健康事象における体組成研究の課題と体組成の操作的定義に立脚し、本章では、研究全般に関わる主題ならびに研究仮説の設定と研究方法の開示を行う。

第 1 節 作業課題と仮定

　ここで、再度にわたり、非脂肪量（FFM）と除脂肪量（Lean Body Mass, LBM）の関係を定義しておく。*in vivo* な体組成の研究方法が本格的にヒトに対して採択されるようになったのは20世紀中盤のアメリカ、Behnke, A. R. et al.（1942）による体比重差＝体脂肪量の差とした指摘に緒があり、彼らは体脂肪率％FAT＝［(5.548／比重)－5.044］×100なる推定式を作成している。また脂肪組織の比重は0.94であって、体重から必須脂肪でない脂肪を除いたものがFFMであるとした。また、非脂肪量FFMのほかに、除脂肪量（LBM）という用語がある。Lohman, T. G.（1992, p.2）はこれを定義し、必須脂肪が男子 2 ％、女子 8 ％含まれるものをLBMに当てるとしている。本研究では、これらの知見に準じてFFMを原則的に使用するが、論文等の引用にあたっては、執筆者の示すとおりに従うことにする。

　さて、これまでの体組成に関する理論的な枠組みの検討により、次のような課題を導出できると考えられる。

　体組成予測モデルに関する研究は、(1)一度定量された非脂肪量や体水分を外挿的に高い精度で、推定できる予測式成立を急務としており、(2)同時に体組成予測モデルは非脂肪量―体水分―体脂肪率のように多成分的な方向に向かいつつあること、また狭い年齢区分によって提示される予測モデ

ルが多く、広範囲な年齢に関する予測モデルが少なく、また(3)日本人を対象に四肢の周囲値・幅あるいは皮下脂肪厚などを独立変数とした体水分予測モデルはみられず、population-specific な予測モデルが必要であること、(4)最終的な体脂肪率（％FAT）の算出にあたり、体重（WT）は％FAT＝｛(WT－FFM)／WT×100｝の関係からみれば、交絡（confound）現象を生じるので必須な独立変数として考えずとも良いことが明らかとなった。さらに従来の体組成予測モデル作成においては、(5)変数選択アルゴリズムや残差など二次的に獲得された統計的情報量への関心が低いままであること、(6)観測値の正規分布が必ずしも考慮されていないことが課題となった。

また、保健体育科の教育課程においても、慢性退行性疾患への学齢期からの対応がすでに実定法としての学習指導要領に包含されている。すなわち、肥満羸痩に関する教育内容や方法に関しての努力の傾注は、旧来の「身長に対する体重」なる肥満羸痩度評定の皮相性を看破しようとしている。同時に、その教育課程に関わっての主要な教材＝スポーツ・表現活動は、大筋活動であり、疾患の予防以上の意義を体組成に求めるのは、自然である。しかし、現実的には有効なわかりやすい肥満羸痩の指標がないままに、指導書や教科書などに現れる簡便な肥満羸痩算出式を巡る論議に収斂し、依然として身体の実質そのものは暗箱化している。

以上のような一般課題を踏まえ、以下のような作業課題を仮定する。

1 ）日本人を対象に比較的広範な年齢を覆い得る予測モデルを設定する。

2 ）この時、体重が予測モデルにもたらす交絡現象を踏まえて独立変数に体重を持つモデル、並びに、体重を独立変数に加えない予測モデルの設定が必要である。

3 ）予測式を線形重回帰分析によって行う場合に観察値の正規性が確認され、かつ多重共線性回避の手段が講じられ、残差分析から信頼度が確認されていること。

こうした課題に関わる仮定の上で、本研究では個体の肥満度を中心にした身体的状態、あるいは水準を適切に評定するために身体組成の評価モデ

ル作成を最近の数理統計学の知見を援用しながら試論的に展開する。

具体的な作業課題として、体組成予測モデルにおいて独立変数として利用される頻度が高い皮下脂肪厚、四肢の周囲値など客観性の高い身体計測値を用い、またその分布正規性の検討を行いながら１）日本人青壮年期の者について、体組成の中、体水分量を身体計測値から予測する統計モデルの作成を、統計情報量やリッジ回帰分析など最近の数理統計学の成果を踏まえて行う。この場合２）独立変数自体に顕著な性差があるので、母集団特異的に男女それぞれの予測モデルを作成する。また３）スポーツや身体活動能力と直接に関係する四肢や躯幹の周囲値や関節の大きさなどが主要な独立変数に含まれるようなモデル、あるいは再現性に疑義のある皮下脂肪厚以外の身体計測値による予測モデルを定立する。

これらの課題を検討することによって外挿的な推定方法をより客観化できる。

研究素材、従属変数としては、体密度も有効であるが、その予測モデル自体の精度は、全般的に高くはない。カリウム法、クレアチニン法は、食事など生活管理において、はなはだ、被験者自身に負担を強いることもある。

体水分はほぼ非脂肪量の73.2％を占めることが動物を主とした実験では、確認されている。ただしヒトに関する最近の報告では、これに近似する程度の値しか得られていないが、ほぼ非脂肪量に占める体水分比率は普遍であって、定性的な関係にあると考えられる。

また、体水分は体内カリウムやクレアチニンに比して動物種間の変動が少ないことについても動物実験を通して確認されているので、体水分の定量によって、すでに確認されたり、定式化されている非脂肪量、さらには体脂肪率の予測が可能となる。

こうした安定性を持つ体水分定量値からの体組成予測ができれば、可逆的に非脂肪量あるいは脂肪量の推定も可能となることが考えられ、あるいは少なくとも個体水分量の変動を健康度指標に設定することが可能である。

とりわけ、インピーダンス法などのように、最近の体組成評定は電気工学的技術の援用に負うところが大きく、そうした技術は、体水分量の定量を前提としていることもある。

体水分は体組成の一分画に過ぎないが、このような体組成研究に内在する重要な価値を包含しており、体水分を身体の大きさ、四肢・躯幹の周囲値や幅などから予測するモデルが存在し、かつその変動や消長が確認できることは、成人に限らず、教育現場に携わる教師あるいは児童・生徒にとっても、意義深いものがあると考えられる。

このことによって運動不足や肥満あるいは羸痩という閉塞的な健康阻害状況に対する処方を、個人的＝内的に揺動的・制御的に行うinterventionのための基礎資料を得ることが可能である。

第2節　被験者

多くの体組成の統計的予測研究が対象としているのは欧米人において圧倒的である。また筋組織の成長途上にある青年あるいは少年を対象とした場合が比較的に多いことも特徴的である。これら母集団特異的な予測式は一般に予測式の適用できる範囲は独立変数X_iの示すところに依存し、また予測モデル定立の対象集団以外には希にしか適用できないことも知られている(Haisman, M .F., 1970 ; Lewis, S. et al., 1975b ; Weltman, A. and Katch, V. L., 1978 ; Schutte, J. E. et al., 1981)。したがって、健康処方の対象として特に重要視される青壮年、とりわけ特別な運動習慣を持たず、また著明な疾病傾向にない健常者の場合には相応の考慮が必要になる。こうした問題所在から本研究では以下のような被験者に関する体水分の統計予測モデルを作成しようとする。

(1)女子被験者

特別な身体運動経験がない大学生（18歳から20歳まで）および家事に従事している40歳程度までの主婦を対象とする。比較的若い世代の成人を対象

にしたのは、女子の場合、閉経とともに骨量の減少が著明になり、したがってミネラル量や体水分にもかなりの影響が生じていると推察できることと関連している。たとえば Flint, M. M. et al. (1977) は女性の予測式を閉経前後で明確に区分して作成しており、閉経後の集団は別の対象として扱われる必要がある。

(2)男子被験者

特別な身体運動経験を過去にも現在にも有していない一般企業の就労者や自営業を営む青年期から壮年期（〜60歳）の男子や大学生を対象にした。この男子被験者の場合、女子に比較すれば相対的に広い年齢層を示すことになる。これまでBMIからの体脂肪率予測のSEEを検討した研究の中、年齢幅の大小の比較を行った研究では男女とも狭い年齢幅の場合のSEEは小さく、Wormsley, J. and Durnin, J. V. G. A. (1977) では0.8％FAT、Lohman, T. G. (1992) も年齢幅の狭い場合が低いSEEを示すが、1％FAT未満であることを指摘している。

(3)被験者の選定

これらの被験者は、男子大学生の場合、筆者や共同研究者が担当する大学の体育実技に積極的に参加していた者であり、女子大学生は、大学で栄養食物学を専攻している者である。聞き取り調査の結果では、いずれも栄養や健康についての関心が高く、しかし、いわゆるダイエットや運動のための減量、痩身法のたぐいに関わったことは無い者である。

家庭婦人は、主として家事が主な仕事であり、パート職に時折、出かける程度の者が多少含まれていた。彼女らには、高校生以降に特別、強度のスポーツ活動を経験した者は含まれておらず、われわれからの呼びかけに対して、興味を持ち、また研究の趣旨を十分理解して参加した者である。

男子の就労者は、自治体と共同で実施された九州大学の健康科学的調査研究に対して、興味を持って参加した者であり、特別な身体運動を学生時代に経験した者も多少含まれている。しかし、いずれも優秀なスポーツ選手であったわけではなく、現在を含めて、趣味活動的な範囲を出ない程度の身体活動経験しか持たない者ばかりである。

学生を含めて、現在は大都市あるいはその近隣都市に在住、就学就労している者に限定されている。

　以上のように、いずれの被験者も、スポーツや栄養への関心、興味、あるいはスポーツ経験などから総合的に判断すると、高度経済成長化にある都市住民であるということができる。すなわち、「現代の日本人の一般的・代表的な生活形態をもつ」被験者であるといえよう。

　しかし、被験者に協力を依頼した過程までを考えれば、作為的に選定された被験者であり、必然的に、一般的な統計モデルの依拠する標本の無作為性が保証されているわけではない。

第3節　研究の実施

(1)研究趣旨のインフォームド・コンセント

　研究に先立ち、被験者に対して研究の目的、研究の計画や計測・分析方法を文書ならびに口頭によって説明し、理解を求めた。この結果で辞退するものはおらず、全員が以下のような身体計測と重水の経口投与と尿採取を受容した。

(2)重水投与と水分量の定量化

　体重1kgあたり1gの割合の重水を1000分の1に蒸留水によって希釈し、これを経口投与した。重水の投与後、1時間ごとに計3回にわたって被験者の尿を全量採取した。この尿サンプル中の重水を個体別に赤外分光高度計を用いて分析し、体内総水分量を定量した。

　これを詳しく述べると以下のようになる。

　重水を1000分の1に蒸留水によって希釈したものを体重1kgにつき1gの割合で投与（gD_2O given）し、発汗の影響を避けるため、比較的な安静の保持、飲食や飲水の禁止を行わせた。その後、1時間おきに3回採取した尿を熱蒸留し、10mlのサンプルを採取した。このサンプルを赤外分光光度計用の固定セルに注入し、先行研究に準じて赤外分光光度計によって

重水濃度を測定した。重水濃度の測定機器による精度については赤外分光光度計とガスクロマトグラフィーとの間に差はないことがMendez, J. et al. (1970) によって明らかにされているので、これに従った。

最終的に、体内で希釈され平衡状態に達した重水濃度（%D_2O）によって、重水投与量（gD_2O given）を除したものが、個体の体水分量（liter）となる。この定量方法の信頼度、再現性についてはKomiya, S., Komuro, T. and Tateda, A. (1981a) が①投与後2時間から7、8時間の平衡時間があり、②ほぼ9日間で半減期に達すること、③回収率の平均が101.2%であること、④同一標本を分割しての繰り返し測定による誤差が0.0011%と極めて小さいことなどを詳細に報告している。ただし、重水投与前の飲食物などのコントロールは行っていない。

(3) 身体計測の方法

重水投与に先立ち、男女それぞれに四肢や軀幹の周囲、幅、および皮脂厚に関する身体計測を実施した。この計測に当たっては、この種の身体計測に十分熟練した大学保健体育教員男女各1名、計2名が一貫して担当した。重水の投与と身体計測は、春季に同時進行的に行われたものであり、時間も午前中に設定され、大学の研究室あるいは公共施設において実施された。

(4) 基本統計量の算出と重回帰分析の実施

得られたデータは九州大学大型計算機センターの大型コンピュータシステムを用い、データの入力、データの編集、ならびに基本統計量の算出を行った。さらに相関係数の検討の後、ステップワイズ重回帰分析を実施した。比較的少数のパラメータで、適度なあてはまりが認められる統計モデルを作成することが、重回帰分析を始めとした統計分析の基本である。このケチの原理あるいはオッカムのカミソリと表される課題を達成するためにステップワイズ方式で得られた重回帰方程式を赤池の情報量基準（AIC）、MallowsのCp基準、Schwarzの基準（SIC）、あるいは自由度調整後の重相関係数など複数の統計的知見に従ってそれぞれ評価し、最適な重回帰式を選定した。

(5)重回帰式の妥当性と信頼性の検討

　得られた重回帰式の妥当性を検討するため、偏回帰係数の大きさや符号の検討を実施した。もし一般的な生物学上の知見と反するような偏回帰係数をもったり、符号のある変数が含まれる場合にはこれを除外したり、変数変換を行うなどのdata controlを必要とすることになる。

　重回帰式の信頼性は残差分析による。残差には平均がゼロとなる仮定のほか、等分散の仮定、独立性の仮定がある。等分散の検討方法には観測値yや予測値ŷと標準化残差Seとを平面上にプロットして視覚的に検討する方法などを利用した。独立性の検討にはダービンワトソン比を用いる場合のほか、残差符号の連の数や長さについての検定を所定の方法によって実施した。

　また重回帰分析に固有な問題の一つに独立変数間の相互関連が強過ぎて係数値に大きな誤差が生じることが指摘されている。これに対処するために本研究ではステップワイズ方式による重回帰分析を行うが、固有な多重共線性への対処方法として知られるリッジ回帰分析をも試みた。

第4節　研究の限界

　こうした仮定によって進められる研究の上でも到達し得ない限界がある。すなわち、1）被験者に関し、研究への協力容易性と測定負担の軽減を考慮して、無作為に選んだものではないこと、および2）比較的少数例の被験者についての多変量解析になっていること、3）体水分定量にあたって重水を使った同位元素希釈法による方法のみに依存し、体密度法、カリウム法など他の方法との交差妥当性をすべて検証しているわけではないこと、4）副次的に換算される体脂肪率推定において、TBW＝FFM×0.732と仮定されている関数関係によっていること、5）重水濃度の精度については赤外分光光度計とガスクロマトグラフィーとの間に差はないとされてはいるが、このことを含めてアイソトープエフェクトに関する検討

は必ずしも十分とはいえないこと、6）重水投与前には発汗に至るような身体運動は回避させたが、飲食物などのコントロールは行っていないことなどがあげられる。

第4章　青年期から壮年期までの体内総水分量予測式の作成

　本章では青壮年期の女性を対象にした体水分予測モデルを作成する。女性は人口統計的にみれば、勤労する率が上昇してきつつあるとはいえ、そのライフステージにおいて、出産、育児などを経験し、家事に専念している比率も、男性に比べれば圧倒的に多い。こうした場合がすべてではないが、特に筋肉労働をする機会も少なく、家事の電機・電子化もあいまって、比較的、非活動的に過ごさざるを得ないことを考えれば、体組成にも相応の好ましくない状況が生じ得るであろう。

　適切な栄養摂取と運動を勧告する時の基礎資料たり得る体組成評定のモデル作成をねらいとした。

第1節　重回帰式での変数選択と予測モデル最適化の必要性

　まずもって、本研究のすべてに関連する「重回帰分析での変数選択に関わる、ある情報量」を定義しておく。*in vivo* に体組成を検討しようとするとき、体密度法で身体の比重・密度を求めたり、K40量を指標として体脂肪率を求めたりする間接法の手続きが採用されることが多いが、被験者に苦痛を与えたり、装置・器具が相当に精緻であり、時間と費用が膨大となることなどの制約条件がある。そのため、(1)代表的な集団に対して、精密な方法で定量された体密度や非脂肪質量 (Fat Free Mass, FFM) などの定量を行い、(2)同時に、体密度や体脂肪と関係のある身体徴標について測定し、(3)その定量・計測値をもって体組成のパラメータを予測する回帰方程式の作成さえ終了しておれば、(4)その後には、身体計測というほとんど被験者に負担を与えずに、体組成の推定が可能になる。

これらは独立変数選択の手順、残差分析など回帰方程式の妥当性の検討については十分な論議がつくされているとはいい難い。すなわち、あてはまりの良さの指標となる重相関係数の記述は、ほとんどすべての予測式において行われているものの、残差に関する統計量に関しては、推定の標準誤差（Standard Error of Estimate, SEE）の記述程度に限定されていること、少数の標本値に対して相当数の独立変数を設定した重回帰分析が行われていることも稀ではないことなどがあげられる。

重回帰式の意図するところは、「技術的、経費的あるいは被験者への負担度などから繰り返すことが困難な」従属変数を、簡便で客観的な測定値によって推定・予測することが可能なモデルを作成することにあり、そのためには一定以上の当てはまりの良さが求められる。重相関係数の上昇は、間違いなく、その当てはまり度を向上させることである。しかし、信頼区間の精度をそのまま意味するとは限らない。残差平方和（Residuals of Sum of Squares, RSS）に関しても同様である。$\{x_1, x_2, \ldots, x_n\}$、$\{y_1, y_2, \ldots, y_n\}$のようなデータに一般の回帰モデル$\hat{y} = a_0 + b_0 x + \varepsilon$を仮定して、$\hat{y} = a + bx$なる推定モデルがあれば、$z_i = a + bx_i$のようにおく。このとき、$e_i = y_i - z_i$は、観測された点から推定した回帰直線へ下ろした垂直線の足の長さを表す。点が回帰直線の下にあるときは$e_i < 0$、すなわち負値となる。したがってこの残差の平方の和$\Sigma e_i^2 = \Sigma (y_i - z_i)^2$なる値はデータが回帰直線の回りに集中しているようなときは小さな値、データが回帰直線から離れて分布していれば大きな値を示すことになる。この統計量が文字通りに残差平方和であり、こうした手順が最小自乗法である。

いま、単純化した例として、推定すべき真のモデルを$\hat{y} = 0.5 \times X + \varepsilon$を考え、さらに誤差項の分布を$\varepsilon = 0.5$の確率$1/4$、$\varepsilon = 0$の確率$2/4$、$\varepsilon = -0.5$の確率$1/4$のような3点の分布で考える。また、観測すべきXの値としてX=1、X=2の2点に限定してX=1のときのyの値をy_1、X=2のときのyの値をy_2とする。εのとり得る値は3通りなので、(y_1, y_2)の組み合わせは$3 \times 3 = 9$通りとなり、またそれぞれの結果を生じる確率も得られる。モデルの傾きが0.5とは、知らされていないのでb_0として、2点の

観測値（1, y_1）、（2, y_2）からb_0の値を推定する。これらの2点と$y=b_0 \times X$という直線のズレはy_1-b_0、y_2-b_0となる。したがって残差平方和は$\Sigma e_i^2 = \Sigma (y_i-z_i)^2 = (y-b_0)^2+(y-2b_0)^2=5\{b_0-(y_1+2y_2)/5\}^2+\{(2 \times y_1-y_2)^2\}/5$となる。この値を最小にする$b=(y_1+2y_2)/5$がそれぞれに求め得るが、真の値＝0.5を的中するのは、9通りのうち、1通りに過ぎず、また、4／16＝1／4である。つまり、最小自乗直線とは与えられたデータに最も近い「直線」を推定しているだけで、それがそのまま真の直線に近いと判断することはできなくなる（鈴木、1991、pp.151-154）。

また、重回帰モデル$y=a_0+b_0x+c_0u+e$に関し、$y_1, y_2, \ldots, y_n$；$x_1, x_2, \ldots, x_n$；$u_1, u_2, \ldots, u_n$のようなデータから推定した$y=a+bx+cu$なるモデルを用いて$z_i=a+bx_i+cu_i$、$e_i=y_i-z_i$（i=1, 2, ……, n）とおく。さらに$M(y)=1／n \Sigma y_i$、$M(z)=1／n \Sigma z_i$、$V(y)=1／n \Sigma \{y_i-M(y)\}^2$、$V(z)=1／n \Sigma \{z_i-M(z)\}^2$、$V(e)=\Sigma \{e_i-M(e)\}^2$とおけば、$V(y)=V(z)+V(e)$となる。この式の左辺はyの分散、右辺第1項は回帰式による予測値の分散、第2項が残差分散になる。そして残差平方和RSSは$\Sigma \{y_i-(a+bx_i+cu_i)\}^2$で算出される。残差分散の推定値を$V_{se}=(1／(n-p-1))\Sigma \{e_i-M(e)\}^2$とおいたときには$V_r／V_{se}$は自由度（p, n-p-1）のF分布を示すことが知られており、$V_r／V_{se}$が大きくなるほど、回帰モデルの説明力が高いことになる（鈴木、1991、pp.156-157）。

また個別変数のもつ予測への有効度は、回帰係数値＝bと回帰係数推定値の標準偏差の比によって与えられる。ここでσは残差平方和を自由度（n-p-1）で除した値であり、すなわち$t_0=b／\sigma \sqrt{\{1／(\Sigma(x_i-\bar{x}))\}}$が個別変数の有効性を判断する尺度となる。

しかし、これらの関係式から明らかなように、残差分散の推定値は標本数が一定であるとすれば、独立変数の個数（p）の増加とともに小さくなっていく、すなわちあてはまりがよくなる。換言すれば残差がゼロに近くなる。この例は2点を通る直線が一義的に決まり、3点を通る平面が同様に決まることからも理解できる。自由度（標本サイズと説明変数の差）の低減を代償に残差分散は小さくなり、重相関係数は高くなることに行き着く。す

なわち、重相関係数や残差平方和のみに依存したモデル選択が、そのままあてはまりがよいとして受容できるわけではない。そのために、ここでは先に定義したAICをもって最良な重回帰モデルを選択した。

すでに述べたように、動物の体総水分量（Total Body Water, TBW）とFFMの関係について、Pace, N. and Rathbun, E. N. (1945) がFFM (kg) ＝TBW (liter)／0.732という一次的関係の成立することを報告し、この点は少数ではあるが、ヒトの剖検体に関しても確認されている（小宮ほか、1988）。この応用はCheek, D. B. et al. (1966)、Komiya, S. and Kikkawa, K. (1978) にみることができる。

(1)の関係式は可逆的にFFM、LBMの間接的な測定の可能性を示唆する。すなわちTBWの定量がLBM測定と共通するものであり、したがってTBWを身体の諸計測値から予測することも十分可能といえることになる。

本章では、女性を対象に、重水希釈法により定量されたTBWをいくつかの身体計測値から予測する重回帰方程式の作成を試み、有意な説明力をもつ変数を探索しようとするものである。

第2節　資料と方法

1) 被験者の選定

被験者は福岡市内に在住する女子大学生と家庭婦人合計27名であり、その平均年齢は27.6歳（範囲20〜39歳）であり、大学からの研究趣旨の説明を理解して、自発的に参加した者である。彼女らは特に治療中の疾患などはなく、また主婦の場合には家事以外の身体活動はなく、女子学生の場合にも体育実技を大学で受講する以外には、特定の身体運動実施をしてはいない被験者のみである。

女性の場合、男性よりも骨量自体が小さく、特に閉経以降はカルシウム代謝に関係するエストロゲンの減少が顕著になることが知られている。し

たがって、男子とはミネラル量に違いがあることは十分推察し得るし、骨の幅、直径などを反映した身体計測値に明かな差異があることは、その証左でもある。

敢えて有経女性のみを被験者に限定したのは、このような理由による。

2）体水分の定量方法

技術的にはTBWの定量は重水（D_2O）希釈法によるものであり、重水の経口投与後1時間毎、3回にわたって採取された尿サンプル中のD_2O濃度を測定することによって体内総水分量を定量する。この定量の技術的な面に関しては小宮ほか(1981a、1981b)が報告している。重水希釈法、皮脂厚法、クレアチニン法による%Fatの推定について、①クレアチニン法による%Fatは重水希釈法による%Fatと近似していたが、皮脂厚によるものよりも大きく、②重水希釈法で%TBWが同一の場合は、%Fatも同一であるが、皮脂厚法によると%TBWが同一であっても%Fatにかなりのバラツキがみられ、③皮脂厚法の%Fat推定傾向線は%Fatを約10%過少推定することなどが明らかにされている。

またKomiya, S. et al.(1981a)はTBWの定量方法の精度について、①検量線が直線となり、再現性が高く、②6サンプルのくり返し測定による誤差の平均が、0.0011%（重水濃度）と低く、③D_2O回収率が濃度0.1～0.3%の場合では94.3%から109.0%、平均101.2%とすぐれていることを報告している。本研究のTBW定量もこれらの基礎実験に依拠しているが、0.1%に希釈された重水を用い、定量値の有効桁はSchutte, J. E.(1980b)にみられるように0.11桁までとする。

3）身体計測の手続き

また重水投与に先立って身長、体重、肘関節幅、膝関節幅、上腕囲、下腿囲、皮下脂肪厚（上腕背部、肩甲骨下部、臍部、腹部）計10項目（Table-4-1

参照)について一験者が測定を行った。

4) 統計解析の理論的枠組み

得られたTBWの定量値、身体計測値は平均値をはじめとした基本統計量の算出、相関行列の検討、およびTBWを従属変数、身体計測値10項目を独立変数として、重回帰分析を実施した。

回帰分析法として現在に行われている方法について簡単に述べる。

(1)逐次前進選択法(ステップワイズ変数増加法)

まず変数を1つも含まない、定数項から始まり、従属変数との単相関が最も高い変数を中にとりいれる。この変数(x_1)の回帰係数がゼロでなければそれは式の中に残し、第2の変数を探す。第2の変数は残余の変数すべてについて、それぞれとx_1との2変数を説明変数とする重回帰式を作成し(総計p-1本)、yに対する寄与率の最大のものをx_2としてとりいれる。以下、同様に第mステップではp-m個の重回帰式をそれぞれ検討する。

(2)逐次後退消去法(ステップワイズ変数減少法)

p個の独立変数全部が投入された重回帰分析を行い、そこで偏回帰係数のt値(絶対値)が最小のものをx_1として除去する。第2段階ではx_1を除いた残りのp-1個の独立変数に対する回帰式を求め、残差平方和の増大が最大のもの、寄与率の減少が最大のものを評価する。さらに回帰式の各偏回帰係数に対するtの絶対値が最小のものを次の除去変数として重回帰式から除く。以下、同様に第mステップではp-m個の回帰式を求め、それぞれのtの絶対値の小なる変数から除去していく。

以上の2方法はいずれも変数投入もしくは変数除去の打ち切り基準が明確であることが前提である。一般には$t^2=F=2.0$が妥当な打ち切り基準となるであろう。打ち切り基準についてはForsythe, A. B. et al. (1973)に詳述されている。

(3)変数増減法および減増法

データから計算された重回帰式を$y = b_{(0)} + b_{(1)} x_{(1)} + \cdots\cdots + b_{(q)} x_{(q)}$

とする。もし大きいならばx(i)は残すが、x(i)の係数b(i)が小さいならばx(i)はyを説明する変数として役立っていないとして除去する。変数の偏回帰係数b(i)の大小はF＝b(i)²／(b(i)の分散)の値による。これは自由度 (1,N－q－1) のF分布にしたがう。

追加変数を決定するときにも同様であるが、F＝b(q)²／(b(q)の分散)の値を未投入の変数について計算し、これが大きいならば説明に役立つとして追加する。このことを投入変数ゼロの状態から逐次行っていくのが変数増減法であり、全変数投入の状態からF値の計算を進め、除去／投入を繰り返す手順が変数減増法である。Spall, J. P. (1981、新村による邦訳、1986) においては「驚くべき例」としてSTEPWISE プロシジャ、RSQUARE プロシジャが導き出した例を取り上げている。しかしわれわれの取り扱った研究の観測データは逐次選択法において差がみられたりすることは現在のところ皆無である。

次に基準F値の設定とAICの関連について簡単に述べる。

さきに最も広範に応用されしたがって実証的な意味でも、またその提唱の背景、理論的構築の意味からいっても赤池氏の情報量基準が妥当であることは述べた。赤池氏自らは「奥野忠一の著書『多変量解析法』にある変数増減法の打ち切り基準F＝2.0は牛沢賢治氏の指摘によりMAICE達成と同等である」と述べている。その点は杉山 (1983) が明確に説明している。すなわち「いまx(q)を追加したときの残差平方和をSe*²と書くとSe²＝Se*²＋b_q²／s^qqから、このq個の説明変数による情報量基準AIC*はAIC*＝Nlog(Se²－(b_q²／s^qq))／N)＋2q＝AIC＋Nlog(1－(1／(N－q－2)・(bq²／s^qqVe²))である。

ここでs^qqは説明変数x(1), x(2), ……, x(q)の平方和行列の逆行列の (q, q) 要素であり、Ve²＝S_e²／(N－q－2)である。Nが大きいときには対数の中の第2項は小さな値を取る。小さいtに対してlog (1+t) はほぼtになるので上式はAIC*＝AIC－{b_q²／s^qqVe²)－2＝AIC－(F－2)となる。また、F＝b_q²／s^qqVe²は仮説β_q＝0の統計量であり、F＞2ならばAIC*＜AICとなり、x (q) を追加したときの情報量基準AIC*の方が小さくなる。このと

きx（q）はyの推定にプラスする情報を（マイナスする雑音に比べ）より多く持ち込むと判断し、追加した変数x（q）を取り入れることになる。F分布にしたがう検定統計量Fが2より大きいかどうかによって、その変数を追加するか否かを決めることになる。……またある変数を1つ除去した時の情報量基準をAIC**とし、除する前をAICと表すとAIC**＝AIC−＋(F′−2)となる。F′＜2ならばF′−2＜0であり、AIC**＜AICになる」と説明されている。

われわれが行った医学・体力検査値から暦年齢を推定しようとした試みでは、「AIC最小化はF＝2.0と同等である」として、重回帰分析を行ってきている（吉川ほか、1991；Kikkawa, 1990）。本研究は、これらを総合的に判断し、F＝1.8前後に設定した重回帰分析を実施し、体水分量の最適な予測モデル作成を試みた。

先に検討した相関行列では独立変数間の多くに高い相関係数も観察されているので重回帰方程式の作成には単純な変数増加方式、減少方式よりも増減法、減増法の適用がふさわしいと考えられる。

ここでは適用例も多いことを考慮し、変数増減法を採用した。

第3節　研究結果

1）基本統計量の算出

大学生、家庭婦人それぞれのサブセット内、および両者を併合した場合の基本統計量はTable-4-1のようになる。日本人の標準的な値（東京都立大学、1975）との比較はすでに報告（小宮ほか、1981）しているので、詳細は割愛するが、一般的な体格は身長・体重で標準値より大きく、皮脂厚については大学生で大きく、家庭婦人で標準的となる。

TBWの平均値と標準偏差は大学生で25.4 literと3.3 liter（20.0〜33.3 liter）、家庭婦人では平均25.2 literと標準偏差2.1 liter（21.8〜29.7 liter）、

Table-4-1 : Descriptive statistics of TBW and anthropomtric measurements on female students (SF)／house-wives and combined both groups.

(combined)

			MEAN	SD	MIN	MAX	MEAN	SD
	TBW	(FS)	25.4	3.29	20.0	33.3	25.3	2.78
		(HW)	25.2	2.12	21.8	29.7		
①	HT	(FS)	158.9	5.54	150.2	168.4	157.9	5.30
		(HW)	156.8	4.98	148.9	165.4		
②	WT	(FS)	54.5	10.7	41.1	82.0	53.0	8.53
		(HW)	51.3	4.55	42.2	57.4		
③	S1	(FS)	18.4	6.76	9.1	33.1	16.8	5.51
		(HW)	15.9	3.32	10.7	21.1		
④	S2	(FS)	20.2	7.51	9.0	40.0	18.1	6.46
		(HW)	16.4	4.27	8.8	22.2		
⑤	S3	(FS)	24.3	8.92	11.2	44.5	21.4	8.10
		(HW)	18.7	5.94	9.0	40.0		
⑥	S4	(FS)	24.3	8.31	12.8	45.0	24.2	7.49
		(HW)	24.0	6.68	12.5	32.5		
⑦	B1	(FS)	5.75	0.41	5.3	6.76	5.7	0.35
		(HW)	5.69	0.27	5.3	6.34		
⑧	B2	(FS)	8.78	0.61	8.1	10.8	8.8	0.55
		(HW)	8.91	0.46	8.2	9.6		
⑨	G1	(FS)	24.6	2.68	20.2	30.4	24.3	2.28
		(HW)	23.8	1.64	21.5	26.2		
⑩	G2	(FS)	34.9	3.05	29.6	41.5	34.2	2.69
		(HW)	33.3	1.96	30.5	36.5		

Note : HT＝Standing Height, cm；WT＝Body Weight, kg；S1＝Triceps SF. (Skinfold) mm；S2 ＝ Subscapular SF, mm；S3 ＝ Suprailiac SF., mm；S4＝Abdomen SF., mm；B1＝Humerus Breadth cm；B2＝Femur Breadth, cm；G1＝Upperarm Girth, cm；G2＝Calf Girth, cm.

両者を併合した場合では25.3 literの平均、2.8 literの標準偏差が示された。大学生と家庭婦人間の平均値について分散を比較後、t-テストにより有意差を検定したが有意なものではなかった。この点に依拠し、以後は併合した27名のデータについて分析を行う。

Table-4-2 : Descriptive statistics and correlarion coefficients among dependent variables and TBW (female, N=27).

		MEAN	SD	TBW	①	②	③	④	⑤	⑥	⑦	⑧	⑨	⑩
	TBW	25.3	2.78	1.0	.602	.866	.602	.701	.458	.585	.782	.808	.749	.765
①	HT	157.9	5.30		1.0	.595	.353	.269	.177	.259	.471	.494	.459	.459
②	WT	53.0	8.53			1.0	.767	.798	.622	.767	.815	.814	.878	.901
③	S1	16.8	5.51				1.0	.753	.773	.855	.655	.682	.760	.742
④	S2	18.1	6.46					1.0	.818	.787	.670	.623	.787	.782
⑤	S3	21.4	8.10						1.0	.812	.483	.500	.613	.655
⑥	S4	24.2	7.49							1.0	.629	.683	.716	.711
⑦	B1	5.7	0.35								1.0	.663	.735	.646
⑧	B2	8.8	0.55									1.0	.782	.796
⑨	G1	24.3	2.28										1.0	.911
⑩	G2	34.2	2.69											1.0

Note：HT=Standing Height, cm；WT=Body Weight, kg；S1=Triceps SF.(Skinfold) mm；S2 = Subscapular SF, mm；S3 = Suprailiac SF., mm；S4=Abdomen SF., mm；B1=Humerus Breadth cm；B2=Femur Breadth, cm；G1=Upperarm Girth, cm；G2=Calf Girth, cm.

2）相関係数行列の検討

身体計測値、TBW総計11変数間の相関係数はTable-4-2のようになる。独立変数間の相関が高い場合には回帰分析で多重共線性の発生が示唆されることになるが、小林（1972）は変数増減法でこれに対処できるとする。

ほとんどの相関係数が1％水準で有意となり、多重共線性については検討の余地を残す。ただし、ここではパラメータの推定を第一義に考えており、また独立変数（10個）間の相関行列の固有値は$\lambda_1=7.094$、$\lambda_2=1.116$、$\lambda_3=0.539$、$\lambda_4=0.397$、$\lambda_5=0.328$、$\lambda_6=0.198$、$\lambda_7=0.135$、$\lambda_8=0.108$、$\lambda_9=0.047$、$\lambda_{10}=0.038$となり、チャタジーとプライス（1981）が例示した数値に照合すれば一応問題はないことになる。TBWと独立変数間の相関

係数は体重で最も高く（r=0.866）、以下膝関節幅、肘関節幅、上腕囲などの順で高い数値を示している。つまり、体格（Body Size）や筋肉量、骨の大きさなどがTBWと関係が深いことが概観される。

3）重回帰分析の実際

回帰式の用途としてMallows, C. L.（1964）は「純粋の記述」、「予測と推定」、「外挿」、「パラメータの推定」、「制御」、「モデル構築」を考えている。つまり回帰式には相当の実用性が必要なことが強調されている。また、奥野ほか（1971）は「重回帰式における偏回帰係数b_iの値は共存する変数の組によって大きく変わり」「検定の結果有意でない場合は……共存する変数の組によって説明される以外に独自の説明がない」ことを意味しているとする。

いたずらに多くの変数を採りあげるのみでは重相関係数の上昇はあっても個々の偏回帰係数には相当の誤差が伴い、有意なモデルとはなり得ない。Flint, M. M. et al.（1977）はBody Fatの推定に関した考察の中で4個以内の変数が採択される場合が好ましいと述べている。また赤池（1976、1981）は統計モデルの安定性について「principle of parsimony」（ケチの原理）の具体化の必要性を述べている。

こうした変数の適切な採択基準については奥野ほか（1971、1976）、小林（1972）、佐和（1979）、工藤と野町（1962）、高原（1978）、ドレーパーとスミス（1968）、チャタジーとプライス（1981）、Forsythe, A. B. et al.（1973）などが提言しているし、実際例とともに杉山ほか（1977）、青柳ほか（1980）が考察している。

次に変数の投入（ENTER）と除去（REMOVE）の基準決定が行われねばならない。高原（1978）は、重相関係数（R）は自由度の影響を受けるので、「説明変数の説明力の大きさの指標としては必ずしも適当でない」とし、F統計量、自由後修正後の重相関係数（R*）、予測平方和によるのが好ましいと考えている。

第4章　青年期から壮年期までの体内総水分量予測式の作成

　また杉山ほか（1977）ではMAICEの適用がみられ、柴田（1981）はMEPE、MBICを推奨し、一方、Hocking, R. R.（1976）はリッジ回帰分析の有効性を述べている。赤池のいうように変数減増法における「変数選択の手順」そのものがMAICE実現手順であるとも考えられる。すなわち奥野ほか（1976）を中心に最良の方法と提案されている変数選択の手順が漸近的にMAICEを実現する手順とされるならば、F統計量に変数選択の基準をまた求めることもできる。

　変数を回帰式に投入したり、除去したりする基準F統計量について奥野ほか（1971、1976）では$F_{ENTER} > F_{REMOVE}$で「2.0ぐらいが適当」とされ、杉山ほか（1977）、青柳ほか（1980）もこれにしたがっている。ドレーパーとスミス（1968）では3.3〜3.7程度の比較的高い値を提示し、小林（1972）は1.7〜2.5、チャタジーとプライス（1981）では1.0を有意な基準としている。これらはすべて有意水準ではなく、F統計量そのものをとりあげ、あくまで予測のための変数選択に重点を置いている。つまり、採択、除去の基準として有意水準では10〜15%程度で十分であろうと考えられている。

　これらの検討からここではほぼ中間的な値を適切とし、$F_{ENTER} = 1.8$、$F_{REMOVE} = 1.7$を基準値として設定した。

　以上のような変数採択方式と打ち切り基準を決定した後、回帰分析を変数増減方式で逐次進めた。また、変数の選択を進める都度、回帰式のF検定を行い、重相関係数、自由度修正後の重相関係数、赤池の情報量規準（AIC）を求めた。

　この結果、最初のステップでは体重（WT）が採択され、次のステップ2では膝関節幅（B2）、ステップ3では腹部皮脂厚（S4）、ステップ4では肘関節幅（B1）がそれぞれ投入された。ここで基準F統計量（$F_{ENTER} = 1.8$）を満足する変数は無くなり、またこの1〜4ステップの間で一度投入された変数が$F_{REMOVE} = 1.7$を下回ることもなかった。Table-4-3はこれらの各ステップにおけるR、R*、AICを示したものであり、Fig.-4-1はこれらの変化をプロットしたものである。

　なおAICはあてはまりの悪さの指標であるが、F基準値をさらに低くし

Table-4-3 : Statistics on each step and entered/removed variables.

Step No.	variable		R^2	R^{*2}	SEE	AIC
1st.	+Body Weight	(WT)	0.750	0.740	1.420	18.87
2nd.	+Femur Breadth	(B2)	0.782	0.763	1.355	17.2
3rd.	+Abdomen Skinfold	(S4)	0.806	0.781	1.304	16.02
4th.	+Humerus Breadth	(B1)	0.824	0.792	1.271	15.41
5th.	+Subscapular SF.	(S2)	0.834	0.795	1.262	15.79
6th.	+Upper Arm Girth	(G1)	0.845	0.798	1.251	16.01

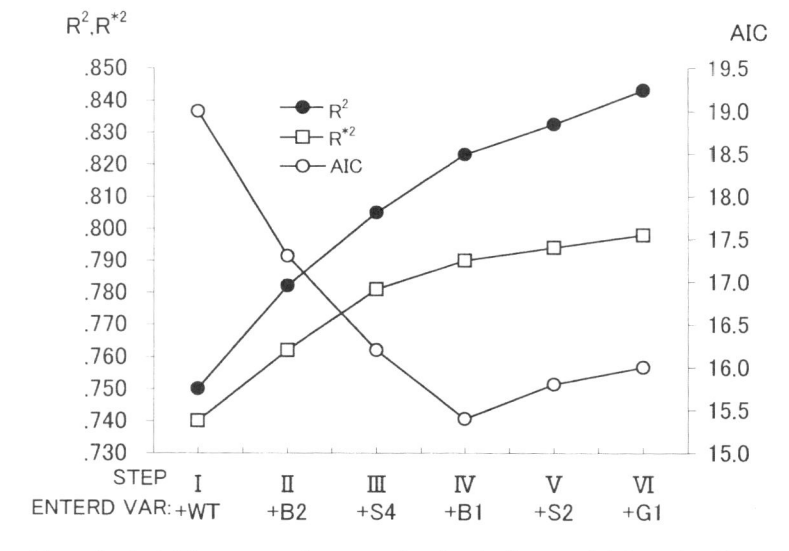

Fig.-4-1 : Changes of several criteria for variable selection.

て第5、第6の変数を求め、AICならびにR、R*を試行的に求めてみた。これによると、第5ステップでは肩甲骨下皮脂厚（S2）、第6ステップでは上腕囲（G1）が追加投入された。

しかし、AICは第4ステップの15.41を最小に、第5ステップで15.79、第6ステップでは16.01と上昇を開始している。この結果、AICによっても変数4個（WT、B2、S4、B1）を採択した重回帰方程式が最も適切であることになった。また第6ステップまで進む過程でも変数の除去はなかった。ちなみにR（R^2）は、第4ステップの0.908（$R^2=0.824$）から、第5ステップ0.913（$R^2=0.834$）、第6ステップ0.919（$R^2=0.845$）と増大し、R^{*2}も第4ステップから第6ステップまでの過程で0.792、0.795、0.798とわずかではあるが増加を示している。

最終的に第4変数までの選択がF統計量によっても、AICによっても最良であると評価されることになる。

得られたTBW予測の重回帰方程式は

$$\hat{y} = -8.70 + 0.189 \times WT + 1.79 \times B2 - 0.092 \times S4 + 1.84 \times B1 \cdots\cdots(4\cdot1)$$

となった。この重回帰方程式の重相関係数Rは0.908、寄与率（$=R^2\times100〔\%〕$）は82.4％、推定値の標準誤差SEE（Standard Error of Estimate）は1.271 literとなった。つまり10個の独立変数のうち4個のみで十分精度の高い予測式が得られたことになる。

また採択された4変数についてそれぞれの標準化偏回帰係数を算出したところ、

体重（WT） ………………… ＋0.580
膝関節幅（B2） ………………… ＋0.348
腹部皮脂厚（S4） ………………… －0.242
肘関節幅（B1） ………………… ＋0.231

のようになった。

これらの採択変数のうち、特に体重については、第1ステップで採択され、その時の重相関係数は0.750と圧倒的に大きく、最終ステップでの標準化偏回帰係数も他に比べて相当に大きいものであるということができ

る。この体重が示す説明力の大きさ、変数としての重要性は「肥満」の指標としてよりも、躯幹の筋肉量など、からだの大きさそのものを示しているとみなすことができる。

また、肘や膝の関節幅も、有意な独立変数として、予測モデルに取り込まれている。体重に代表される躯幹の概括的な大きさや Body Size だけではなく、四肢の関節という末梢の骨の大きさが、体水分に深く関連していることになる。

いわゆる身体活動の成り立ちは、躯幹とともに、四肢関節の力動的で、柔軟な動きを不可欠とするものであり、体水分が、人間の活動性、あるいは少なくとも、身体活動の資源として有効な指標になり得ると考えられるであろう。

またこれら採択された個々の変数の符号の方向性、あるいは数値の大小の意義などについてはこれ以後の考察の中でふれることにする。

第4節　考　　察

1）予測モデルでの独立変数の検討

得られた重回帰方程式、特に採択された変数の妥当性はこれまでの先行研究における独立変数との照合、体水分量、非脂肪体重についての一般的な見解との対応によって保証されねばならない。

すでにみたように皮脂厚（S4）の標準化偏回帰係数は－0.246と採択された4変数のうち唯一負の値を示す。Pace, N. and Rathbun, E. N. (1945)の指摘に従い、TBW～FFM～体密度の関係に依拠すれば体重、関節幅など Body Size と筋肉・器管の大きさがTBWと正の方向性をもった関係にあり、逆に皮脂厚が負の貢献度を示すと考えることができる。したがって、独立変数の符号する見方は妥当なものである。

カルポヴィッチとシニング (1976) によると、定量的な除脂肪重量 (LBW)

もしくは概念的な非脂肪質量(LBM)は「貯蔵脂肪以外の体の合成物の合計」とされている。

重回帰方程式に投入された独立変数と、それらの標準化偏回帰係数の大きさと方向性はこうした一般的見解とよく合致するものであると考えることができよう。

2）残差分析

回帰モデルの信頼性はつまるところ「最小二乗法が前提とする仮定」が満足されているかどうかを確認することによって知られる（チャタジーとプライス、1981）。ここでも観測値（y_i）と（4・1）式による予測値（$\hat{y}_i$）の差、残差（e_i）を検討した。

Table-4-4は、予測されたTBW（$\hat{y}$）値と観測値とを全被験者について示している。残差の平均は3.7E-3、標準偏差（S）は1.153となった。Table-4-4のうち、＊印を有するものは残差が平均よりも1標準偏差を超えたものを表わす。27名の中、10名（37％）がこれに該当しているが、2標準偏差を超したものは皆無である。また1標準偏差を超えたものは負の方向（$y_i \leq \hat{y}$）に5名、正の方向に5名と等しくなっている。

さらに残差については標準化残差e_{is}（$=e_i/s$）を求めた。Fig.-4-2は、縦軸にe_{is}、横軸に予測値をとった座標に全被験者をプロットしたものである。これによるとe_{is}は0のまわりに不規則な分布をしており、2と-2の間に散布していることがわかる。すなわち「残差プロットは特定の変動パターンがない」ことになり、重回帰方程式の欠陥性のなさ、信頼性を示唆していると考えることができよう。

また予測式のもう一つの重要な側面である実用性からいえば4個という独立変数の数にしても妥当なものと考えておきたい。おそらくこれ以上の変数の採択は見かけのあてはまりの上昇はあっても予測値の信頼度は低くなることが推測できる。

以上の採択変数の検討、残差分析の結果をもってすると、本研究で構築

Table-4-4 : Observed and predicted values of TBW (lite⁻).

Case No.	Observed	predicted	residual
1.	25.3	25.2	0.1
2.	25.9	25.1	0.8
3.	28.9	29.6	−0.7
4.	33.3	33.0	0.3
5.	20.0	21.5	−1.5 ∗
6.	23.4	23.2	0.2
7.	23.1	23.4	−0.3
8.	22.8	24.5	−1.7 ∗
9.	23.0	22.7	0.3
10.	23.8	25.8	−2.0 ∗
11.	23.1	21.8	1.3 ∗
12.	26.2	26.8	−0.6
13.	29.1	27.6	1.5 ∗
14.	26.2	24.3	1.9 ∗
15.	27.2	28.7	−1.5 ∗
16.	24.8	25.2	−0.4
17.	26.4	24.5	1.9 ∗
18.	26.6	25.8	0.8
19.	24.7	24.8	−0.1
20.	26.6	26.2	0.4
21.	22.2	22.8	−0.6
22.	29.7	27.7	2.0 ∗
23.	24.3	26.3	−2.0 ∗
24.	24.9	23.8	1.1
25.	24.4	24.8	−0.4
26.	21.8	22.7	−0.9
27.	26.4	26.4	0.0

∗……residuals over 1SD

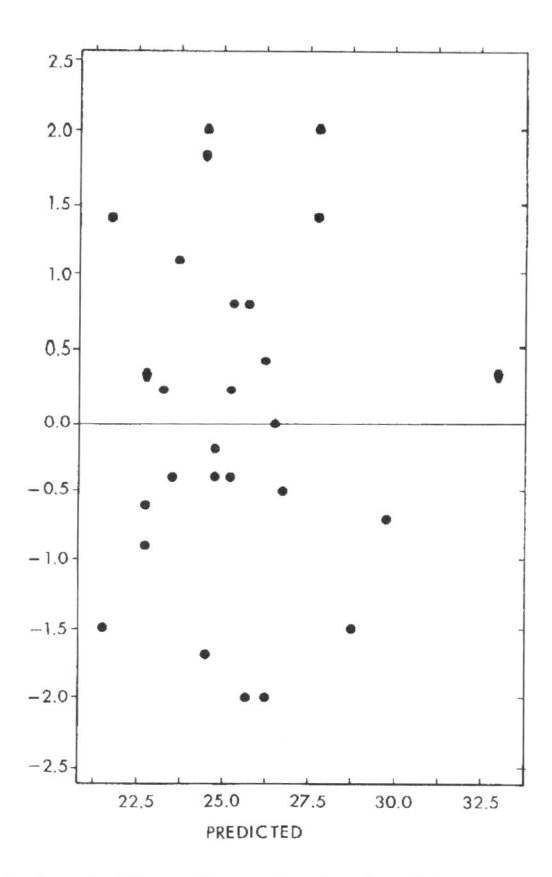

Fig.-4-2 : Plotting of standardized residuals (down) and predicted TBW.

　した重回帰方程式は客観的で妥当なものと考えることができよう。
　この重回帰式の適用範囲はこの年代の女性に限られる。Schutte, J. E. (1980) の報告する米国人男子 (10〜18歳) のTBWの平均値は30.0 liter.、標準偏差8.1である。population-specificなものとして本研究の重回帰式は考えられるべきものであり、「もとのデータの得られた空間の範囲」(ドレーパーとスミス、1968) に限って予測のために適用することが賢明なのはいう

までもない。

3）体脂肪率の算出

本研究は同一被験者の体水分量を予測する統計モデルの作成を行ったが、現実の「肥満」度判定に関しての資料をも得ることが可能か否かを以下に検討する。肥満贏痩度に関してみれば、TBW＝FFM×0.732なる定性的な関係から、FFMを導出でき、さらには体重（WT）の関係から、％FAT＝（WT－FFM）／WT×100％として体脂肪率の推定が可能である。現時点ではこの定数0.732に関しては必ずしも、全面的に体組成研究者のうちで受け入れられているものではないが、同一個人の絶対値としての体水分量の変化や体脂肪率の変化を検討する上では相当に有効な指標になり得ると考えられる。

さて体水分定量値から先述の関係式を利用して求めた体脂肪率は平均34.0％、SD＝5.14％となった。また先に得たモデルから、予測値として個体別に算出し、その基本統計量を得たところ、平均値＝32.65％、SD＝3.808％、中央値＝32.67％、75％ile値＝35.7％、25％ile値＝30.7％、最大値＝39.00％、最小値＝24.12％、また分布の正規分布からの歪度（skewness）は－0.412、尖度（kurtosis）は－0.185である。

この結果、明らかに一般にいわれる女子の過剰脂肪、すなわち肥満の閾値30％を凌駕する体脂肪率を示した。しかし、これをもって体水分モデルが妥当でないとすることはあたらない。小宮ほか（1981c）はこの被験者について体水分法、あるいはNagamine, S. and Suzuki, S.が提起している皮脂厚を基礎とした方法、尿中クレアチニン排泄量（Ucr）からFFMを｛FFM＝7.38＋0.02908×Ucr｝として求める方法を並列的に実施しており、その結果は(1)体水分法によって得られた体脂肪率は皮脂厚法からの値に比べて、10％大きくなること、(2)クレアチニン法での体脂肪率は体水分法からの体脂肪率に近似していることなどに要約される。

むしろ、「高すぎる体脂肪率」は、その換算の基礎となった体水分係数（ω）

＝0.732から、由来していると考えられるし、同時に、旧来の皮脂厚を利用する予測式（モデル）に存在しているとみなした方が、妥当ではないだろうか。

あくまで本章あるいは本研究の主たる目的が、体水分量そのものを予測するモデルの作成にあり、ここまでのモデル作成で得られた重相関係数の高さや、残差によって示されるモデルの信頼性を強調することを優先させたい。あるいは、クレアチニン法を含めた方法との交差妥当性が、確認され得るともいえる。

この点で男子に関しては得られた検体数も多いので多様な観点から、モデルあるいは定量方法の妥当性を検討していくことができると考えられる。

4) モデルの適用範囲の限界

被験者の項に記したように、女性は男性に比較し、もともと、骨の大きさが小さく、したがって体内ミネラル量にも、当然、男性に比べた差異が存在する。また、女性でも有経者と閉経者では、女性ホルモンの分泌に影響されたミネラルに違いが存在していることが推察される。

体内水分量は、電解質すなわちミネラルを含有する体内成分である。骨ミネラルに限定した論議として、Going, S. et al. (1995) は、SPA法やDPA法によって定量した女子の骨密度 (g/cm^2) の加齢変化をまとめている。これによると橈骨部では最大密度が20歳代の$0.774g/cm^2$から90歳代の0.521まで33％の減少を示し、同様に肘部では30歳代をピークに40％の減少、脊椎 (L2—L4) でも30歳代をピークに24％、大腿骨頭でも20歳代をピークに28％、全身では17％の低下を示している。いずれも横断的研究の結果であるが、Going, S. et al. (1995) は縦断的研究でもほぼ同様であろうとしている。

骨格骨にミネラルの相当部分があるとすれば、そのミネラルは栄養学的な微量栄養素の供給と筋肉や骨に対する運動負荷との相乗作用によって、

影響される。日本人の食生活が変化してきつつあることならびに自動車や家庭電化製品の普及などによって運動負荷の様態が急速に変わってきつつあることは、様々の政府刊行物データでも指摘されるところであって、ミネラル量の加齢変動に関しても留意する必要があろう。

とりわけ、閉経期以降では、エストロゲンの急激な減少によって、骨内ミネラル、カルシウムの減少傾向は広く指摘されるところである。

本研究で閉経期以前の女性のみを対象にしたこともここに理由があるが、体組成予測モデル定立に際し、閉経後の対象を別に取り扱うことは、Flint, M. M. et al. (1977) において実際行われており、また、60歳以上を対象にした Visser, M. E. et al. (1994) などの実際例がある。

こうした理由から、本研究で提示したモデルは青壮年期に限定した結果として解釈しておかねばならず、性や年齢の属性要因を考慮した、それぞれに個別の重回帰式が作成される必要がある。

5）計測値の正規性検定について

(1)正規性検定の意義

近来の数理統計学のうち、特に多変量解析では「無数の小さな要因が重畳して偶然的誤差成分をつくり、中心的極限定理が成立すると考えられ、積極的に多変量正規分布の仮定が用いられる」(中谷、1978)。また多変量解析に限らず、「もし正規分布であることが仮定できれば推測のいろいろな問題について標準的な手法が適用できる」ことになる（竹内、1981)。しかし、比較的少数例の標本を扱った本章のような場合には、中心極限定理が成立する可能性は定かではない。たとえば重回帰分析は、その標本数が50以上でないと適用しにくいといわれている。ここではもう一度、基本統計量やもとの分布型に立ち帰り、その正規性を検討しておく。

ヒトの生体情報のうち、身長、体重、血液成分、児童期の皮脂厚などについては様々の立場から正規性の検定が行われてきている。こうした生体情報の正規性について、開原 (1976) は計量医学の立場から「医学データ

は正規性が問題なく仮定できる」場合がまれでしかなく、「ひとたび多変量解析の立場になると非正規性のデータを使った場合に、どのような結果になるか」は、ほとんど明らかにされていないと述べている。

重回帰モデル自体にも、また主成分分析を併用した回帰モデルでも変量の正規性は仮定されたものであり、キャンベル (1975) や石居 (1977) はこの立場を明確にしている。

(2) 積率系の正規性統計量について

これらの統計量は測定値自体を用い、モーメント $m_2 = \Sigma(x_i - \bar{x})^2$、$m_3 = \Sigma(x_i - \bar{x})^3$、$m_4 = \Sigma(x_i - \bar{x})^4$ に関して求められている。すなわちここでは歪度は $g_1 = m_3 / m_2 \sqrt{m^2}$、尖度は $g_2 = m_4 / m_2^2 - 3$ が実際の統計量となる。そしてこれらはいずれも自由度 $n-1$ でもって t 分布に近似するものである。g_1、g_2 など κ 統計量の収束の悪さは竹内 (1981) に論じられており、単に一つの指標のみを有効とすることは無理がある。

この g_1、g_2 統計量のほかにも g_1'、g_2' 統計量があり、度数分布表を作成し、これにもとづいた結果で得られたモーメント系の統計量である。

(3) 順位数系の正規性統計量

次に順位数系（十分位、四分位）の歪度は、四分位系で $SKQ = (Q_3 - 2Q_2 + Q_1) / (Q_3 - Q_1)$ により、十分位系では $SKD = (D_9 - 2D_5 + D_1) / (D_9 - D_1)$ によりそれぞれ求められる。分位数系の場合も、正規分布と同じく $SKQ = SKD = 0$ となるはずである。

また分位数系の尖度については池田 (1976) が示すように、$\kappa = (Q_3 - Q_1) / (D_9 - D_1)$ にしたがって求められ、κ 統計量については値が小さくなるほど尖りが急尖 (leptokurtic) となることが知られている。

(4) 正規確率紙上での正規性検定

身体計測値にはそのままでは正規分布にあてはまらずに、むしろ、対数正規 (log normal) 分布をとる場合もある。そこで、対数正規確率紙を用い、累積度数を縦軸に、測定値を横軸にとって対数正規分布を確かめることも行われる。直線上にプロットされた場合には、対数正規分布を示すと考えられる。

しかし、本研究で扱っている身体計測値のような皮脂厚は連続変量であり、標本数にもよるが、観察値は順位としてよりも一般には測定値として示される性格のものであり、モーメント系の統計量をここでの代表値としてとらえておきたい。また、モーメント系のうちでも、度数分布にもとづく κ 統計量の算出も、測定値からの算出法のあくまでも補間法にすぎない。

(5) 身体計測値の正規性検定事例

皮厚計を用いた場合の計測値の精度に関しては吉儀 (1977) が「X線写真法による測定と値の相関は0.5程度」と報告し、Jackson, A. S. et al. (1978) のようにテスターの熟練性が測定成績に変動をおよぼすとする報告もある。松田と中谷 (1960) による文献の考察の中では「同一箇所を数回測定した時に生ずる誤差は0.5mm〜1.5mm」であることが報告され、皺襞法によって生ずる測定誤差の平均値がその実測値に対する百分率は11.8〜12.2％、死体剖検では23.2〜25.88％程度になるとされている。

また大学生男子 (19〜21歳) においては上腕部皮脂厚の平均値と標準偏差は、8.38±3.24mm、背部については10.71±4.37mmの値が報告されている。このように皺襞法にはつねにテスターの熟練性の要因が含まれている。この点についてはすでに述べたようなX線法を用いることなど方法自体の検討、皮厚計自体の改良などいくつかの大きな問題についての検討がなされねばならない。

皮脂厚の κ 統計量を扱った研究には福田 (1976) や Garn, S. M. and Gorman, E. L. (1956) などの仕事をあげることができる。福田 (1976) は6歳から12歳までの男女児童12774名について皮脂厚（上腕背部と肩甲骨下部の合計値）の歪度を求め、年齢、性別による群別計算をすると、いずれの群でも正の方向に歪度をもつこと、男子の歪度が女子よりも大きいものであることなどを報告し、また、この場合の歪度は6.48〜12.55の間にあるとされている。

ヒトの生体情報についての分布は、大島 (1975) が総論を示し、横山 (1979) が、身長や体重などについて報告し、畑と宮下 (1980) が血液成分について正規性検定を行っている。また増山 (1980) は血液中物質について対数

正規分布に従うものが多いことを確認している。対数正規は皮脂厚や血液中物質に限らず成立するものと考えられる。

(6)統計測度の検出力と限界点

これまでみてきたように、モーメント系に比べれば順位測度系の検出力の脆弱さは否定し難い。その一方で、分散、標準偏差を利用した正規性検定を行おうとする場合、正規分布からかけ離れた分布をする変量については問題を残すことになる。

次に注意する点は竹内 (1981) に示されるような κ 統計量にみられる、正規分布への収束の悪さである。特に、g2(=尖度)については、スネデカーとコクラン (1972) では標本数が1000を超えるまでは正規分布にそれほど接近しないとされ、また竹内 (1981) では「n=104程度くらいでも正規分布にする近似は不十分」であるとされる。その理由には、g2の「累積率の大きさ」が考えられている。

そのために竹内 (1981)、スネデカーとコクラン (1972)、芳賀と橋本 (1980) などは尖度検定の一つにGeary統計量をあげている。これは $G=|\Sigma(\hat{y}-x_i)/s|/n$ によって求められる(芳賀と橋本、1980)が、本研究の資料では背部について0.686、腕部では0.761となり、5％有意点(G0.05=0.772、n=200)よりも小さく、したがって正規分布に比してなおかつtailが長いことが窺われる。ただし、Gearyの統計量は、標準偏差を利用することによって始まる点に注意せねばならない。「n≦200のような標本の場合には有効」(スネデカーとコクラン、1972) であると、評されている。

さて、この章では、定量したり、計測したりした個体値について上述のような正規性統計量のうち、積率系統計量に基づく正規性の検定を行った。TBWに関しては正規性検定のため一次から四次までの積率を用いて歪度と尖度を計算した。この時、TBWの歪度と尖度はそれぞれ0.101、−0.125となり、いずれも正規分布に比して特に大きすぎるものではない (p>0.05) ことになった。また独立変数群においては、歪度、尖度の順で各変数について示すと以下のようになる。B1=0.839;0.276、B2=0.079;−1.316、G1=−0.124;−1.002、G2=0.088;−0.790、S1=1.157;2.687、S2=

0.045；−0.330、S3＝0.152；0.431、S4＝0.510；1.027、S5＝0.302；1.306、S6＝−0.248；1.780、S7＝−0.010；−0.631となった。スネデカーとコクラン (1972) にはN＝25の時の歪度 (p＝0.05) が0.711として示されているのでTBWの歪度は少なくとも有意ではない。またB1とS1以外の独立変数の歪度も有意ではないと考えることができる。すなわち、従属変数を含めてほぼ、正規性のうちの分布の歪度には問題の無いことがわかった。しかし尖度に関する情報はスネデカーとコクラン (1972) にはN＝50以上しか示されていない。そのN＝50の場合の棄却値は5％水準で下側2.15、上側2.27となっているので、N＝25の本研究の場合は、S1などは間違いなく尖度は正規分布に相当しないと推測できるかも知れない。

　以上のような正規性検定の統計量は重回帰分析などに先だって実施されるべき性格のものである。

　尖度とともに今後の課題として、留意すべき事柄である。

第5節　青壮年期男子の予測モデル作成に関する資料と方法

　以上のような女子の体水分量予測モデルの作成とともに、本章第5節以降では、男子に関する予測モデル作成を行う。まず、本節以降の意義について述べ、次に、被験者や体水分の定量、身体計測の概要を示す。前節までにおいて、重水希釈法により定量した体内総水分量 (Total Body Water, TBW) をいくつかの身体計測値から予測する重回帰方程式の作成を20歳代から30歳代の女子大学生、主婦を対象にして行い、4変量を独立変数とした予測モデルの呈示を行った。すでに米国ではSchutte, J. E. (1980) が、思春期男子について報告している。

　いずれにしてもこれら一連の統計モデルは「もとのデータの得られた空間の範囲」(ドレーパーとスミス、1968) に限って予測のために適用されるはずのものであり、population-specificな問題の解決のためには種族・性・年齢などの要因を考慮した研究が不可欠となる (Weltman, A. and Katch, V.

L., 1978)。

　体水分とFFMの関係を取り扱ったこれまでの研究を概覧したGoing, S. et al. (1995)では男子の場合、青年期から高年齢者までTBW／FFMがほとんど変化していないことを指摘している。これは女子のTBW／FFMの年齢変化が多少見られたのとはことなる特徴である。いずれにしても、この値は0.72から0.73を前後するところにあると考えられるので、本章でも同様な仮定（TBW＝FFM×0.732）から体水分を予測するモデルについて検討する。

　すなわち、本研究はすでに前節までに実施した青年期・壮年期にある女性に対するpopulation-specificな課題解決の一環として男子被験者を対象にTBW予測のための回帰式作成を意図したものである。

1）被験者の特性と身体計測

　被験者は特に身体的疾患の既往歴をもった者はおらず健常な男子57名であり、その年齢範囲は19歳から54歳までの青・壮年期に該当する（年齢平均36.2歳、標準偏差13.7歳）。被験者の属性について簡単に触れておくと、20歳前後の者はすべて大学生であり、特に激しい身体運動をしているわけではない。また大学生以外は、大学教師や就労者などであり、身体運動量はレクリエーション的なスポーツか、一般的な大学体育の指導に通常は携わっている程度である。

　被験者は検査承諾の確認を経て後、一日あたり約5名ずつが後述するような重水投与を受けた。また、被験者に対して、身体計測値10項目（身長・体重・肘関節幅・膝関節幅・上腕囲・下腿囲・皮下脂肪厚〔上腕背部・肩甲骨下部・臍部・腹部の4部位〕）の測定を同一験者が行った。この他にも、身体計測は実施しているが、これらについては、特にここでの予測モデル定立とは無関係であるので省略する。

2）体水分量の定量方法

　研究方法の技術的側面についてはすでに報告し（Komiya, S. et al.,1981a；小宮ほか、1981b、1981c；吉川ほか、1983）、また女子を対象とした前章第3節や本章第2節で述べた通りであり、重水の経口投与後1時間毎、計3回にわたる尿サンプル中の重水濃度測定によって体内総水分量（以下TBWと略す）を定量した。その精度、信頼度の検討は先行研究と重複するが、簡単にまとめておくと1．クレアチニン法による％FATの値と近似し、2．検量線が直線的で再現性が高く、3．繰り返し測定による誤差はほぼ1000分の1と低く、4．重水回収率が101.2％平均となっていることなどがあげられる（Komiya, S. et al., 1981；吉川ほか、1983）。TBWの定量単位はSchutte, J. E. (1980) やこれまでの女子に関する研究と同様に0.1 liter桁までとした。

　得られた定量値、計測値は九州大学大型計算機センターFACOM-M380Sシステムに入力され、基本統計量の算出、相関行列の算出およびTBWを従属変数、身体計測値10項目を独立変数としたステップワイズ重回帰分析を行った。

第6節　男子に関する予測モデルの研究結果

1）基本統計量の算出

　Table-4-5には57名の被験者全体についてもとめたTBW（従属変数）、身体計測値10変数（独立変数）の基本統計量を示す。TBWの平均は34.85 liter標準偏差は5.38 literである。参考までに先行研究で得られているTBW値は20〜30歳代の女子大生と主婦では25.3 liter（±2.78 liter）が報告され（吉川ほか、1983）、思春期の黒人では30.0 liter（±8.10 liter）が得られ

Table-4-5 : Descriptive statistics of independent variables and TBW. (male, N=57)

		Mean	SD	skewness	kurtosis	MIN.	MAX.
	TBW	34.85	5.38	0.370	0.303	22.0	49.0
①	HT	166.89	6.60	−0.104	0.007	149.1	180.6
②	WT	65.77	13.5	0.798	−0.244	44.0	97.6
③	S1	10.8	5.13	0.942	0.401	3.5	25.5
④	S2	17.7	8.96	0.623	−0.603	5.5	39.5
⑤	S3	18.9	10.1	0.996	0.572	4.5	45.5
⑥	S4	21.9	10.7	0.355	−0.468	5.0	48.0
⑦	B1	6.6	0.44	0.254	−0.813	5.8	7.6
⑧	B2	9.7	0.63	0.343	−0.328	8.4	11.2
⑨	G1	26.4	3.25	0.276	−0.445	19.0	34.6
⑩	G2	36.1	3.58	0.186	0.236	26.1	45.2

Note : The codes for variable names in accordance with Table-4-1.

Table-4-6 : Corretation coefficients among dependent variables and TBW. (male, N=57)

		Mean	SD	TBW	①	②	③	④	⑤	⑥	⑦	⑧	⑨	⑩
	TBW	34.85	5.38	1.0	.760	.894	.766	.847	.798	.788	.488	.547	.513	.479
①	HT	166.89	6.60		1.0	.606	.391	.497	.642	.645	.219	.173	.260	.136
②	WT	65.77	13.5			1.0	.899	.915	.796	.854	.730	.785	.735	.748
③	S1	10.8	5.13				1.0	.828	.835	.824	.798	.718	.449	.661
④	S2	17.7	8.96					1.0	.862	.874	.796	.711	.558	.619
⑤	S3	18.9	10.1						1.0	.876	.797	.711	.558	.619
⑥	S4	21.9	10.7							1.0	.783	.709	.480	.590
⑦	B1	6.6	0.44								1.0	.760	.820	.785
⑧	B2	9.7	0.63									1.0	.718	.798
⑨	G1	26.4	3.25										1.0	.901
⑩	G2	36.1	3.58											1.0

Note : The codes for variable names in accordance with Table-4-1.

ている (Schutte, J. E., 1980)。

　さて、この章では、本章第4節の5) で問題となった基本統計量について多少の考察を行っておく。重回帰分析の対象になる定量されたり、計測されたりした変数について、すでに述べたような正規性統計量のうち、積率系統計量を求めた。これは歪度、尖度として示される。TBWに関しては、正規性検定のため一次から四次までの積率を用いて歪度と尖度を計算した。TBWに関した歪度と尖度はそれぞれ0.391、0.574となり、いずれもスネデカーとコクラン(1989)の資料でN＝50として正規性の検定を行った。

　このTBWの分布は正規分布に比して特に大きすぎるものではない (p＞0.05)。独立変数群においても歪度、尖度とも特に問題となるほど大きいものは認められない。

2) 相関係数行列と多重共線性の検出

　Table-4-6は従属変数であるTBWも含めて本研究の標本について得られた相関行列である。これをみるとTBWとの間ではWT、G2などとの相関が高く、皮下脂肪厚値はそれ程高くはない。また独立変数間ではHTとその他の変数との相関はやや低いが、全体としては相互に高いものが目立つ。一般には多重共線性の存在とは一個の観測値が少々変化した時や変数を加えたり、除いたりした特に係数の推定値に大きな変化がみられることで示される (チャタジーとプライス、1981；ドレーパーとスミス、1968；小林、1972、1982；佐和、1979)。結果的に多重共線性のもとでは係数値は不安定になる。チャタジーとプライス (1981) は多重共線性の手懸りとして、独立変数間相関行列の固有根が(1)0.01以下の場合があったり、(2)その逆数和が独立変数個数の5倍以上となる場合をあげている。Table-4-6による限り、多重共線性は多分に存在し得ると考えなければならないが、本研究の目的がモデル構築にあればまず「満足のいくモデルを決定しその後にはじめて共線性をもつデータからの問題」(チャタジーとプライス、1981) を調べることの方がより実際的と考えられる。

したがって「満足のいくモデル」をまず設定し、然る後に、1．係数推定値の符号の検討、2．変数増減法で採択される変数の吟味を行いつつこの問題に対処するのが賢明であろう。ちなみに小林 (1982) は多重共線性への対処法として変数増減法の有効性を述べ、リッジ回帰分析にその有効性を認めている研究者も多い（チャタジーとプライス、1981；ドレーパーとスミス、1968；佐和、1979）。

3）重回帰モデルの作成

Akaike, H. (1974) が呈示した「ある情報量規準 (An information criterion, AIC)」は「いたずらに多くのパラメータをとりあげるのみでは結果的に推定や予測という本来的な目的の信頼度を低下させ、一方パラメータ数の過少なモデルは対象の構造を十分に反映せずに情報に偏りを生ずる」(田辺、1976) という予測もしくは逆問題の本質的な課題に対処しようとする意図をもつ。つまり「あてはまり」と「信頼度」のトレード・オフを加味したモデル選択の基準であり、基本的には Kullback-Leibler 情報量に依拠して、次式によって定義される（Akaike, H., 1974；赤池、1976、1981）。

$$AIC = -2LOG(モデルの最大尤度) + 2(自由度)$$

赤池自らこの方略をケチの原理 (Principle of parsimony)、オッカムのカミソリ(O'kkam's Lazor)と呼んでいるが、同様に重相関係数以外の重回帰式のあてはまりの悪さの基準にはCp基準（Mallows, C. L., 1964；佐和、1979）、Schwarz の基準 (Stone, M., 1979)、その他 (Forsythe, A. B. et al., 1973；Hocking, R. R., 1976；柴田、1981) があり、いずれも最小値を示した変数組を最良と評価することになる。また自由度調整済み重相関 (R^*) はこの最大値をもって最良な方程式の選択に役立つ。一般にp個の独立変数がある場合予測のための回帰方程式の本数として2^p-1組が最大考え得る。しかしこれらを逐一検討していくことの合理性はないし、仮にRや残差平方和などに依拠すれば全ての独立変数からなる一本の方程式

$$\hat{y} = a_0 + a_1 \cdot x_1 + a_2 \cdot x_2 + \cdots\cdots + a_p \cdot x_p$$

が最良と評価されることになる（Forsythe, A. B. et al., 1973; Hocking, R. R. 1976; 奥野ほか、1971; 佐和、1979）。

赤池（1976）は奥野ほか（1971）の考察をもとに変数増減法の手順がAIC最小推定値（Minimum AIC Estimate, MAICE）実現につながると考えている。つまりF統計量にその基本があることになり、一般に実際例（杉山ほか、1977; 青柳ほか、1980）ではF基準値として2.0を用いることが多い。Flint, M. M. et al.（1977）はBody Fatの推定では4個以内で構成される場合が好ましいと述べ、TBWの予測を女子について行った本章第4節までの結果でも、体重、膝関節幅、腹部皮下脂肪厚、肘関節幅の4変数で構成されるものを最良と評価してきた。これらにかんがみてここではステップワイズ方式で逐次方程式を構成していき、前述したいくつかの統計量基準によってそれらの評価を行い最良のものの採択を行うことにする。またBで述べたように多重共線性に少なからず問題があるので重回帰式の作成も単純な変数増加方式よりも変数増減方式によって進めていくのが好ましい。

このような選択方式の決定の上で重回帰分析を行ったところ次のような順序で変数の投入／削除が行われた。

 Ⅰ．体重（WT：P=0.7996, F=219.5）

 Ⅱ．腹部皮下脂肪厚（S4：R=0.881）

 Ⅲ．身長（HT：R=0.898）

 Ⅳ．下腿囲（G2：R=0.9118）

 Ⅴ．上腕部皮下脂肪厚（S1：R=0.9206）

 Ⅵ．肘関節幅（B1：R=0.9243）

各ステップでは未投入の独立変数を次のステップで仮に投入したと考えてその時の回帰分散分析のF値をF_{ENTER}値、投入済み変数についても仮に除去したと考えた時の回帰分散分析のF値をF_{REMOVE}とし、各々算出した。Ⅵステップでの投入変数（B1）のF値は2.45となり、次のⅦステップでのB2投入時のF=0.75とは大きな違いがある。

また変数増減法ではあっても一度投入された変数がその後の新たな変数の投入によって除去されることはなかった。

Table-4-7 : Changes of Statistics on each step and entered/removed variables. (N=57)

Step No.	variable	R	R*	RSS	AIC	Schwarz	Cp
1st.	+WT	0.800	0.796	325.1	333.7	329.7	75.0
2nd.	+S4	0.881	0.877	192.9	305.9	300.9	24.9
3rd.	+HT	0.898	0.892	166.2	299.5	293.4	16.4
4th.	+G2	0.912	0.905	143.1	292.9	285.9	9.34
5th.	+S1	0.921	0.913	128.9	289.0	280.9	5.75
6th.	+B1	0.924	0.9152	122.9	288.2	279.2	5.39
7th.	+B2	0.925	0.9147	121.1	289.4	279.4	6.68
8th.	+G1	0.927	0.9143	119.2	290.5	279.5	7.93
9th.	+S3	0.927	0.913	118.6	292.2	280.2	9.70
10th.	+S2	0.928	0.912	116.8	293.3	280.3	10.98

第7節　予測モデルの評価とモデルの再構築

1) 2、3の基準統計量による評価

　Table-4-7はF基準値を特に2.0と設定せずに変数増加法で行った時のR、自由度調整済みR*、Cp、Schwarzの基準など方程式の評価統計量を示している。VIステップまでは変数増減法としてすでに述べたものと一致しているが、Rは最終のXステップまで上昇し続け、R*²はVIステップまでは上昇して以後低下する。AIC、あるいはSchwarzの基準やCp基準はあてはまりの悪さを示す統計量である（赤池、1976、1981；奥野ほか、1971）が、Iステップから低下を続けVIステップで最小となった後、再び上昇を開始している。井上（1982）はAICとCpを予測の的中率で評価した時、両者間に差はないと述べており、ここまでの結果はこの見解に合致する。
　すでに述べた女子に関する体水分予測モデルにしろ、別に筆者らが行ってきた体力生理学的諸変数による年齢予測の研究（吉川ほか、1990；

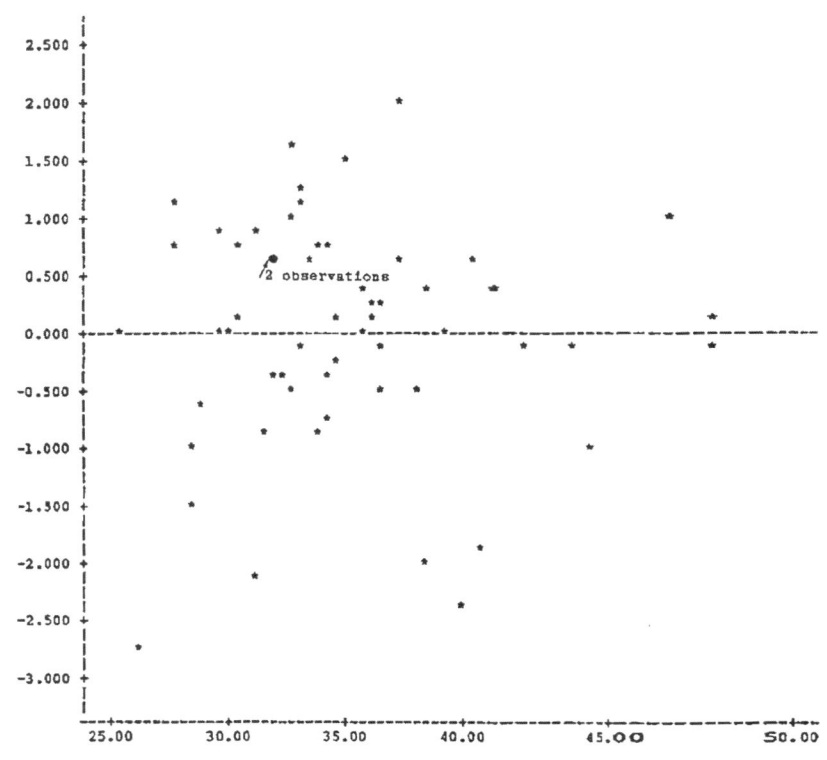

Fig.-4-3: Plotting of standardized residuals and predicted TBW. (N=57)

Kikkawa, 1990)ではこれら諸基準間の評価について数値例をもとにTBWや年齢の予測などを試みてきたが、今回のようなR^{*2}を含めた諸基準間の一致例はない。ただし佐和 (1979) による考察でもR^*は比較的変数の多い場合を採択するとされているし、標本数の少ない場合はCpは必ずしも好ましくないといわれる。一般に標本数について小林 (1982) は重回帰分析の場合、分散分析表にまとめた残差の自由度として「できれば50以上もあることが好ましい」と述べているが、本研究で、ステップまでをみると残差の自由度はちょうど50となり諸基準間の一致をも考えた時、小林の考察

の妥当性を示唆していると考えたい。こうした点から、少なくとも重回帰分析の望ましい範囲の標本数であるということができよう。

得られた重回帰方程式は以下の式（4・2）のようになり、重相関係数R＝0.961（寄与率92.4%）、SEE＝1.568（liter）となった。

$$\hat{y} = -34.56 + 0.170 \times HT + 0.231 \times WT + 0.567 \times G2 + 1.37 \times B1$$
$$- 0.167 \times S1 - 0.086 \times S4 \cdots\cdots (4\cdot 2)$$

標準化偏回帰係数（β）はHT＝0.208、WT＝0.578、G2＝0.377、B1＝0.113、S1＝-0.159、S4＝-0.172となったが、従来までの知見や一般的見解と照合してもこれらの符号等は妥当なものであり、一次的には上記（4・2）式の妥当性は一応確認できたことになる。しかし変数の個数が筆者らの先行研究やFlint, M. M. et al.（1977）の指摘に比較して多いのも事実であり、この点も含めて以後の残差分析のなかで検討する。

2）残差分析

重回帰分析で誤差項についての違背を検討する上で残差分析は必要不可欠な手続きである（佐和、1979）。一般には推測値$\hat{y}_i$と残差e_iもしくは標準化残差e_{is}とをプロットすることで独立変数の非線型性、重要な変数の欠落などに対処することができる（Anscombe, F. J., 1981）。Fig.-4-3はこの手続きを上記（4・2）式の推測値について行ったものであり異常値と考えられるケースが多少なりとも存在するようである。残差の基本統計量のうち、標準偏差は1.481literとなり、歪度＝-0.731、尖度0.745となった。日本統計協会の簡約統計表によると、歪度は絶対値0.481（5%）、0.706（1%）を棄却値とする（N＝60）ので歪度については無視できない程に大きいことになる。Fig.-4-3では標準化残差のマイナス方向に外れるものが多くおそらくこれらが該当する異常値であろう。Table-4-8はTBWの実測値、参考桁を加えた式（4・2）による予測値、残差、標準化残差の一覧であり、標準化残差の昇順に並べ替えたものである。マイナスの方向に高い値を示す観測値が多いことも明らかである。

Table-4-8 : List of observed and predicted values of TBW and residuals. (male=57)

CASE NO.	TBW	PRED1	RESID1	STRES1
1	22.0	26.19	−4.19	−2.795#
2	36.6	40.11	−3.51	−2.342#
3	28.0	31.21	−3.21	−2.144#
4	35.2	38.27	−3.07	−2.051#
5	38.1	40.84	−2.74	−1.832#
6	26.1	28.34	−2.24	−1.494
7	27.0	28.50	−1.50	−1.002
8	42.9	44.35	−1.45	−0.970
9	32.5	33.86	−1.36	−0.908
10	30.3	31.64	−1.34	−0.896
11	33.2	34.31	−1.11	−0.379
12	28.0	28.86	−0.86	−0.571
13	37.1	37.91	−0.81	−0.544
14	32.0	32.73	−0.73	−0.487
15	36.0	36.72	−0.72	−0.479
16	31.5	32.05	−0.55	−0.365
17	33.6	34.15	−0.55	−0.364
18	32.0	32.49	−0.49	−0.326
19	34.3	34.61	−0.31	−0.209
20	36.4	36.65	−0.25	−0.167
21	47.6	47.82	−0.22	−0.146
22	41.9	42.11	−0.21	−0.138
23	32.7	32.91	−0.21	−0.138
24	43.2	43.34	−0.14	−0.092
25	30.0	30.08	−0.08	−0.053
26	29.8	29.77	0.03	0.020
27	39.3	39.27	0.03	0.023
28	35.8	35.76	0.04	0.026
29	25.3	25.21	0.09	0.060
30	36.1	35.98	0.12	0.083
31	48.0	47.85	0.15	0.099
32	30.5	30.29	0.21	0.142
33	34.8	34.56	0.24	0.162
34	36.5	36.15	0.35	0.233
35	37.0	36.53	0.47	0.311
36	39.1	38.62	0.48	0.322
37	41.6	41.10	0.50	0.331
38	36.5	35.89	0.61	0.409
39	34.5	33.65	0.85	0.565
40	41.2	40.35	0.85	0.566
41	32.7	31.84	0.86	0.577
42	33.0	32.11	0.89	0.594
43	38.3	37.32	0.98	0.651
44	28.8	27.76	1.40	0.692
45	34.9	33.80	1.10	0.735
46	35.2	34.04	1.16	0.772
47	31.7	30.53	1.17	0.781

48	32.5	31.15	1.35	0.900
49	31.1	29.74	1.36	0.907
50	48.0	46.54	1.46	0.977
51	34.3	32.75	1.55	1.038
52	29.4	27.77	1.63	1.090
53	34.6	32.89	1.71	1.141
54	34.9	32.94	1.96	1.309
55	37.2	34.91	2.29	1.530
56	35.2	32.85	2.35	1.568#
57	40.3	37.26	3.04	2.027#

NOTE：
PRED：Predicted values from equation 3.
RESID1：Residual
STRES1：Standardized residual
#……The cases over 1.5 stres1.

以上のように6変数からなる重回帰式（4・2）は異常値を含む標本で導かれたものであり信頼度の点では少なからず問題があると考えることができよう。

3）異常値除去後の重回帰分析

佐和（1979）では標準化残差の絶対値が1.5を超えたものを異常値と考えている。先にあげたTable-4-8では＃印を付けたものが該当する。これら7名を除去した後のTBW値は34.97±5.32 literとなった。

F基準値＝2.0と設定して変数増減法を適用したところ、Ⅰ．体重（WT）→Ⅱ．腹部皮下脂肪厚（S4）→Ⅲ．肩甲骨下部皮下脂肪厚（S2）→Ⅳ．身長（HT）→Ⅴ．上腕背部皮下脂肪厚（S1）の順で回帰式に投入され、これ以後はF基準値＝2.0を満足する変数はなく、また上記の適程で投入された変数が他の変数との関係で除去されることもなかった。

佐和（1979）は、F基準値2.0としたステップワイズ重回帰分析はAIC最小化を果し、Cpについても同様であると詳しく論じ、赤池（1976）にも報告されている。参考までに基準値をさらに低くして行った重回帰分析でのR*や諸基準統計量の変化を示すとFig.-4-4のようになる。つまりR*や

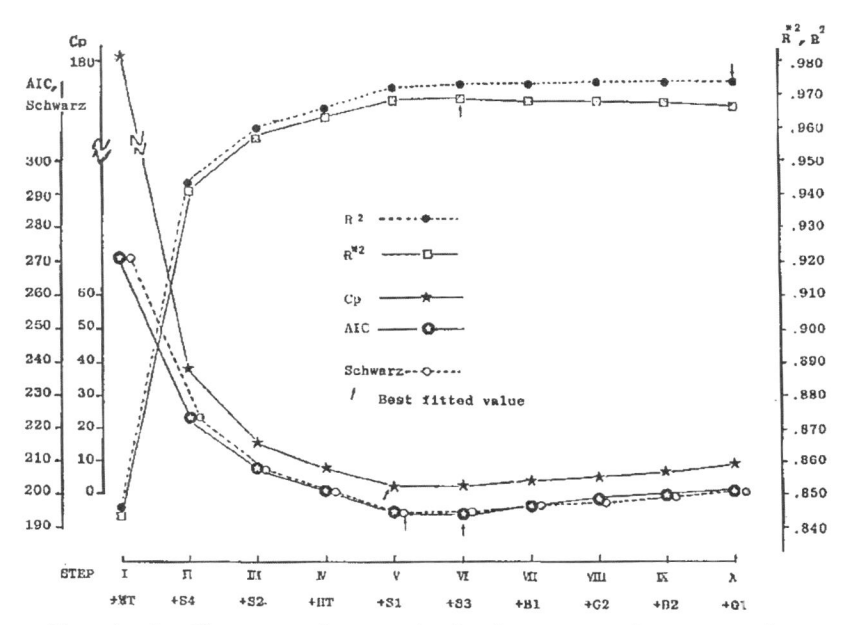

Fig.- 4 - 4 : Changes of several criteria on stepwise regression analysis. (N=50)

AICはS3を加えた、VIステップの方程式を最良と評価し、他方CpやSchwarz基準はVステップまでで最小値を示す。従来まで筆者らが行ってきたF基準値≧2.0とした重回帰分析はAIC最小化（MAICE）と一致していた（吉川、1985）が、本研究の場合にはこれと背反したことは注目できる。あくまでもMAICEという点からは、VIステップを採択すべきではあるものの、Fig.- 4 - 4にみられる通り、VからVIステップではAICが定常状態にあること、およびRが相当に高くなっている点、またFlint, M. M. et al. (1977) の見解などに代表されるような少数の変数による構成、すなわち母数節約（佐和、1979）という観点からここではVステップまでの過程で構成された方程式を最良な方程式として採択したい。

　この式は

$$\hat{y} = -8.10 + 0.4573 \times WT - 0.0839 \times S4 - 0.0951 \times S2 + 0.1089 \times HT$$

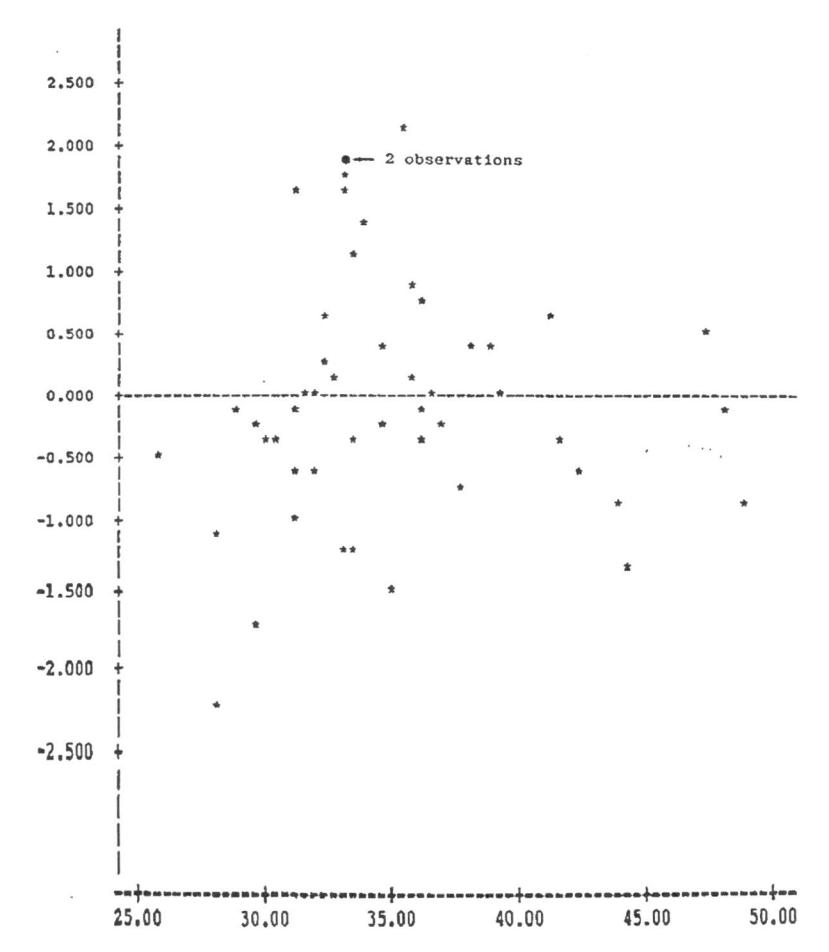

第4章　青年期から壮年期までの体内総水分量予測式の作成

Fig.-4-5：Plotting of standardized residual (down) and predicted TBW.

　　　　$-0.1368\times S1$ ……（4・3）
となり、R＝0.9857、SEE＝0.940であった。
　また、この式（4・3）から得た残差の統計は、標準偏差0.890、歪度0.295、尖度－0.105となった。重回帰分析を再考した理由は残差分析での歪度に

あったが、ここでみる限り新たに得られた予測式からの残差は統計量上、特に問題はないといえるであろう。

　残差の検討をさらに行うため、標準化残差を縦軸に、予測値を横軸に座標をプロットしたところFig.-4-5のようになった。この散布図は予測値35 liter付近で上下に波動し40 literで0に収束するというやや特徴のあるパターンを示すと考えられる。標本値には特に偏りはないが、この事実は今後、何らかの変数変換などが必要であることを示唆しているともみなし得る。特に3部位の皮下脂肪厚測定値が有力な変数として投入されていることは対数変換等を考慮（佐和、1979）した後での重回帰分析が有効とも考えられる。

　この回帰式に投入された各変数の標準化偏回帰係数は

　　　　WT＝1.192、HT＝0.1419、S4＝－0.1747、
　　　　S2＝－0.1657、S1＝－0.1355

となった。これらの変数のうち体重の寄与する割合が特に高く身長とともに概括的な身体の大きさ、Body Sizeを示すことになるであろう。この2変数の係数値符号はいずれも正であり一般的な体格によって体水分が表現し得るということができよう。Schutte, J. E.（1980a, 1980b）は米国人少年について身長、体重の組み合わせからなる重回帰分析ではR＝0.846から0.941までの値になることを報告しているが、TBWは体重のみによっても相当の確度で予測が可能であるとの見解も成立するかもしれない。皮下脂肪厚3部位の符号はいずれも負となり単相関係数では正値が得られているので一見、矛盾することになる。しかし、これは共存する変数との組み合わせの結果である（奥野ほか、1971）し、また筆者らの従来の研究（吉川、1983；小宮ほか、1981）でも同様の符号を得てきている。筆者らの女子についての先行研究では関節幅なども有意に寄与した（吉川、1983）が、男子では多少様相を異にすることになった。皮下脂肪厚は個数こそ多いものの単位を同じにする変数が多く含まれることになるので、女子の場合よりも単純な形で呈示できることになり、この面からは実用的であると評価できるであろう。なお、採択された独立変数以外にも有効な変数が存在する可能

Table-4-9 : Eigen values of correlation matrix among independent variables entered into each equation.

Equation =	Ⅰ (All variables)	Ⅱ=(6 variables)	Ⅲ=(5 variables)
λ_1	7.185	4.117	3.513
λ_2	1.469	1.138	1.068
λ_3	0.365	0.318	0.208
λ_4	0.302	0.230	0.128
λ_5	0.222	0.153	0.082
λ_6	0.155	0.044	
λ_7	0.117		
λ_8	0.108		
λ_9	0.049		
λ_{10}	0.029		
$\Sigma(1/\lambda_i)$	=90.5	=37.88	=26.0

性も考えればdata controlとして新しい変数を設定することも必要であるかも知れない。

　以上、2段階の分析となったが、異常値としてDELETEした7名を含めて（4・3）式から予測値を求めたところ残差のSD1.708、尖度7.353、歪度1.893となった。このことから削除対象の7名については佐和(1979)が指摘するように「観測値そのものによってパラメータ自体が大きく変動する」危険性も保有していることに注意せねばならないし、逆に（4・2）、（4・3）式とも「その回帰関係がすべての観測値にゆきわたる」程、妥当であると考えることもできないであろう。

4）モデルの多重共線性について

　相関行列を示したBにおいて本研究の場合、多重共線性の存在可能性が多分にあることを示唆したが、全変数を投入したと仮定した場合、および

ここでとりあげた方程式（4・2）、（4・3）それぞれに含まれる独立変数群間の相関行列から固有値を求めたところ、Table-4-9のようになった。チャタジーとプライス (1981)が示した基準のうち(1)「固有値が0.01よりも小さい」という点については特に問題はないが、(2)「固有値の逆数和」はかなり高いものとなっている。逆数和は全変数の場合、独立変数個数の約9倍、（4・3）式では約6倍、（4・4）式では5倍となっている。したがって次善を選ぶとすればやはり（4・4）式を選択することになるであろう。多重共線性が存在する場合の回帰係数の推定の一つの方法として主成分値によるデータの縮約化（チャタジーとプライス、1981；佐和、1979）などがあり、本研究の場合、特に有効であると考えることができるであろう。

5）体脂肪率の換算

こうして得られた体水分予測モデルから、「非脂肪量のうち、体水分は0.732を占める」との前提にたって、体脂肪率の推定を試みた。その基本統計量を示すと、以下のようになる。57名の被験者の体脂肪率平均は27.3％、SDは7.07％、四分位数では中央値24.66％、75％ile値26.93％、25％ile値20.72％となった。また、全体の歪度は−0.308、尖度が−0.699であった。

本章第4節までで検討した女性の予測式からの体脂肪率も約32.7％を平均としたものであったが、本研究でも、相応に高い体脂肪率となった。特に肥満傾向にない被験者を研究対象としたのにもかかわらず、男女とも、一般的な肥満傾向の閾値、すなわち、男子20％、女子30％を凌駕する平均値となった。ちなみに、Nagamine, S. and Suzuki, S. (1964)の皮脂厚法によって推定された体脂肪率は本研究の被験者では14.50％±6.06となっている。

すでにみたように定立したモデルには残差分析や重相関係数（当てはまりの良さ）など問題はなく、他のモデルに比しても遜色の無いはずのものである。

そして、問題点がTBW＝FFM／0.732なる前提条件に存在しているとはいえない。なぜならば、小宮ほか (1981c) はすでに、本章第4節までで対象とした女子の被験者について、体水分定量と尿中クレアチニン法からの推定法を並列的に実施し、2つの方法で得られた体脂肪率が統計的代表値（平均値やSD）に関しても、個体値に関しても極めて近似していることを見いだしているからである。

したがって、これまでにも指摘したように、個体の脂肪率の消長、体水分量の変化などに関しても、的確な情報が提示され得ると考えられる。

第8節　提示モデル全般の考察ならびに小括

本章では、男女それぞれを対象に、体内総水分量 (Total Body Water, TBW) を各種の身体計測値（10項目）から予測する重回帰式を作成することを目的に変数増減方式によるステップワイズ重回帰分析を試みた。

被験者は女子の場合、平均年齢27.6歳の女子大学生と家庭婦人、総計27名であり、男子は20歳前後の大学生および大学と自治体の健康診査に参加した就労者であり、年齢の平均36.2±13.7歳であった。

重水 (D_2O) を投与した後、採尿したサンプルについて重水濃度を測定し、TBW (liter) を定量した。これに先立って身長、体重、四肢の囲径、関節幅、皮脂厚など計10項目にわたる身体計測を行った。

女子被験者に関する結果は、以下のように要約できる。

1）家庭婦人 (12名)、女子大学生 (15名) を併合した時、同年代の日本人女子に比較し、体重などでやや大きな値が得られたが、皮脂厚、関節幅、囲径などについては標準的であると考えられた。また女子大学生と家庭婦人の間では平均値に有意な差は認められなかった。以後の分析は両者を併合して行った。

2）定量されたTBWの平均は25.4 liter、標準偏値は2.78 literであった。

3）ステップワイズ重回帰分析では変数増減方式を採用し、変数投入の

167

基準値として$F_{ENTER}=1.8$、除去の基準値として$F_{REMOVE}=1.7$を設定した。その結果、有意な説明力をもつ変数として体重（WT）、膝関節幅（B2）、腹部皮脂厚（S4）、肘関節幅（B1）がそれぞれ、この順に回帰式に投入され、一度投入された変数が除去されることはなかった。

4）赤池情報量規準は4変数が投入されたところで最小値（MAICE）を示した。

5）得られた重回帰方程式は次のようになる。

$$\hat{y} = -8.70 + 0.189 \times WT + 1.79 \times B2 - 0.092 \times S4 + 1.84 \times B1 \cdots\cdots(4\cdot1)$$

標準化偏回帰係数はWT＝0.580、B2＝0.348、S4＝-0.242、B1＝0.231となった。また、この方程式では重相関係数は0.908、寄与率は82.4%、SEE＝1.271 literとなった。

6）残差分析では特定の変動パターンは認められず、妥当な回帰式と考えられよう。

一般に実験的帰納ではモデルの「作成」と、「比較評価」が重要な柱となる（田辺、1978）ことを考えればこの回帰モデルはフィールド調査や準実験的測定において実際の適用が試みられねばならない。これは性・年齢の要因を考慮した回帰モデルの作成と同様に重要な課題である。ちなみにWeltman, A. and Katch, V. L. (1978) は予測モデルがモデル作成時の被験者と類同したサンプルの場合にのみ妥当性が限定されがちなpopulation-specificの問題をとりあげているし、あるいは定数0.732に疑義があるとしても、個体の体水分量の消長変化を観察しながら、実際の応用を試みることが必要と思われる。

こうした問題の所在を背景に、男子に関する予測モデルの作成を行った結果は以下のようにまとめられる。

1）57名全員についてのTBWの平均値は34.85 liter、標準偏差5.38 literとなった。この場合の相関行列からは多重共線性の存在が示唆された。

2）方程式への投入もしくは除去の基準は回帰分散分析の結果に基づいて得たF_{ENTER}、F_{REMOVE}値によったが、体重（WT）→腹部皮下脂肪厚（S4）→身長（HT）→下腿囲（G2）→上腕部皮下脂肪厚（S1）→肘関節幅（B1）

の順に投入され一般的な基準はここで満足した。

3) この重回帰方程式は

$$\hat{y} = -34.56 + 0.170 \times HT + 0.231 \times WT + 0.567 \times G2 + 1.37 \times B1$$
$$-0.167 \times S1 - 0.086 \times S4 \cdots \cdots (4 \cdot 2)$$

となり、R=0.961、SEE=1.568 (liter) であった。しかし残差分析では満足な結果が得られなかった。

4) 標準化残差が1.5を超した7名を除き50名を対象にして同様な重回帰分析を行った結果、体重 (WT) → 腹部皮下脂肪厚 (S4) → 肩甲骨下部皮下脂肪厚 (S2) → 身長 (HT) → 上腕背部皮下脂肪厚 (S1) の順で変数の投入がみられた。CpおよびSchawrzの基準ではこの変数選択方式で選ばれたものを最良と評価したがAICは6変数からなる方程式を最良と評価した。

5) 得られた重回帰方程式は

$$\hat{y} = -8.10 + 0.4573 \times WT - 0.0839 \times S4 - 0.0951 \times S2 + 0.1089 \times HT$$
$$-0.1368 \times S1 \cdots \cdots (4 \cdot 3)$$

となり、R=0.9857、SEE=0.940 (liter) であった。残差分析では歪度、尖度とも有意ではなかったが、その変動パターンにはやや特徴があることが指摘できる。

　以上の男女別モデルの独立変数からみた整合性や性差を中心に検討すると、以下のような点が考察できる。男女双方の予測モデルとも説明率はほぼ90％に達し、推定の標準誤差も低く見積もられた。男女に共通して確認された独立変数は、体重、肘関節幅、腹部皮脂厚であった。男子ではこれらに加えて、身長、下腿囲、上腕部皮脂厚が有意な変数となり、女子は膝関節幅が予測モデルに含まれた。とりわけ体重はモデルに寄与する割合が高く、重視される変数には違いない。しかし最終的な肥満度として「体重に占める脂肪の割合」や身体の充実度として「非脂肪量と体重の比」が評定されるのであり、結果的に体重は交絡 (confound) 変数となる危険性がある。

　有意に寄与したその他変数には、四肢の周径値や皮脂厚があり、躯幹の

皮脂厚には有意な寄与が見いだせなかった。これは独立変数の設定に起因する問題でもあり、今後に改めて検討される必要がある。

　また、本章では、population-specific な課題を部分的にしろ解決しようとしたものである。実験的帰納では「モデル作成」とその「比較評価」を繰返すことで新たなモデルが構成される(赤池、1981;田辺、1976)。したがって今後、フィールド研究の深化が要求されることになろう。

　本研究で得た体水分予測モデルは、現実の身体活動やスポーツに関係している計測値によって、成立している。殊に、旧来の体組成モデルが、身体活動とは必ずしも、深く関係していない部位の測定値が独立変数を占め、かつ測定の客観性において優れているとは考えにくい変数から成立していたのに比べて、はるかに有効に活用できると考えられる。

第5章　周径値を独立変数とした体内総水分量（TBW）予測式作成の試み

第1節　周径値モデルの意義

　Schutte, J. E.（1980）は米国人男子を対象として報告し、身長と体重から十分、予測可能であることを指摘している。しかし、体重や身長からの予測が可能であるとするならば、個体の予測値と観察値（ここでは体水分の定量値）との間に特有な変動が存在しないかどうかの検討が必ず必要である。つまりSchutte, J. E.（1980）の場合、その残差分布などについては十分論議されているとはいえず、身長と体重という二大体格変数が十分有効であるとの論議は成立しない。二大変数で有効であるならば、体水分モデル自体が、BMIやローレル指数など、1950年代までに提示されている多くの体格指数とそれほど異なった意義は無いと考えられる。

　さらに、体重の寄与する度合いの高い体水分モデルの場合、換算体脂肪率に、以下のような問題が生じる。$\omega=0.732$なる係数を用い、TBW＝FFM×0.732の関係式によるFFMの推定、WT－FFM＝FATの算出から、％FAT＝FAT／WTによる体脂肪率の換算を行うとすると、水分そのものが体重と関連が深いがために、得られた体脂肪は体重と交絡（confound）することになる。本来は、こうした場合、「解不能」な問題と考えることもできる。

　筆者はこれまでの各章では、日本人女子、男子それぞれを対象としながら体重や皮脂厚値、周径値などから体内総水分量（TBW）を予測するための重回帰式を作成してきた。これらの研究の根拠にはPace, N. and Rathbun, E. N.（1945）が動物の体内総水分量に関して報告した除脂肪体重（Lean Body Mass, LBM）と体内水分量（TBW）との間の一次的な関係式（式1）の存在があり、関係式（式1）は可逆的にLBM、FFMの間接的な測定

の可能性を示唆し、TBWの間接的な測定によりLBM、FFMを推定・予測することが可能とみなすこともできる (Komiya, S. and Kikkawa, K., 1978 ; Pace, N. and Rathbun, E. N. et al., 1945)。

$$FFM(kg) = TBW(liter) / 0.732$$

これら予測モデルから推定された体脂肪率には、過剰推定の傾向があり、適切な定性関係に疑義がもたれることが考えられる。しかし、体内総水分量の外挿的な推定ができ得るようなモデル作成は、今後の電気電導的、特にBIA法の精度を高めるためには、必要不可欠な事項であると考えられる。

これまでの各章で作成されたモデルには、体重に過度な説明力の高さがあり、単なる Body Size の測定に過ぎないのではないかとの疑問点もある。また、皮脂厚測定値を導入することは「脂肪分」を反映する上で、適切であるには違いないが、テスター（験者）の熟練度などに、問題点があるとも考えられた。

体水分は、脂肪分との対比的関係を考慮すれば、骨との密接な正の関係が首肯されるところである。事実、Lewis, S. et al. (1975a) はTBWと2、3の周径値を独立変数としてLBMを予測する重回帰式を提示している。

また、われわれが提示してきたTBWの予測式は信頼度などの検討も行ってきている（吉川ほか、1983；吉川と小宮、1987）が、以上のような点も含めて整理すると、次のような問題点もあると考えられる。(1)時にはdata control（データ管理）上、係数値符号などを考慮した場合に、除外すべき変数があること、(2)特に体重の寄与する度合が高く全分散の80％程度はすでにこの変数に含まれてしまうこと、(3)測定値の験者間誤差が大きい皮脂厚測定値が含まれた重回帰式となることなどがそれである。

(2)については肥満者など被験者の特性や性差など population-specific な問題を考慮して固有な予測式が作成されるべきであること (Flint, M. M. et al., 1977 ; Harsha, D. W. et al., 1978b；吉川ほか、1983；Lewis, S. et al., 1982 ; Nagamine, S. and Suzuki, S. 1964；田中と中塘、1986)、(3)の問題についてはでき得れば他の変数で代替したほうが好ましいと考えることもできる。これらを総合すると体組成予測式は、(1)実質的な筋肉量や骨格骨の大きさが反

映された独立変数によって構成されるべきこと、(2)再現性の高い指標を独立変数として採択し、客観性を保証すべきこと、(3)体重など全分散に占める割合が1変数に極端に偏らないことなどが、必要条件となるであろう。

換算体脂肪率の体重との交絡性、あるいは四肢の筋肉や骨の大きさが身体運動の成立に深く関与するという素朴な問題意識を考慮したうえで、本研究ではいくつかの周径値からTBW予測の線型重回帰モデルを作成することを目的とした。

第2節　資料と方法

1）被験者

前章でも対象であった年齢19歳から54歳まで（36.2±13.7歳）の健康な57名の男子を被験者とした。被験者全体の体格（平均±SD）は身長166.89±6.60cm、体重65.77±13.48kg、Nagamine, S. and Suzuki, S. (1964) に準じて得た体脂肪率は14.5±6.06％となっている。

2）体内水分量の定量

すでに述べたように、重水（D_2O）を体重1kgあたり1gの割合で希釈・経口投与し、その後1時間毎、3回にわたって採取された尿サンプル中のD_2O濃度から体内水分量を分光光度計（日立社製）によって定量した。この方法の精度についてはすでに種々の報告にまとめているとおり、再現性が高く、繰り返し測定による誤差が低く、回収率がすぐれていることなどが明らかとなっている（小宮ほか、1981；Komiya, S. et al., 1981）。

3）身体計測

　この種の身体計測に熟練している験者1名が、重水投与に先立って胸囲（コード名:G0、以下同様）、頸囲（G1）、腹囲（G2）、臀囲（G3）、上腕囲（G4）、前腕囲（G5）、大腿囲（G6）、下腿囲（G7）、計8部位にわたる周径値を一般的な方法（東京都立大学、1980）で測定した。

4）データ解析

　まず基本統計量を算出し、とりわけ分布の歪度や尖度には留意した。その上でステップワイズ方式によりTBWを従属変数とし、周径値（G0～G7）を独立変数とした重回帰分析を実施した。ステップワイズ方式も変数をすべて含む状態から出発する変数減少法あるいは投入変数ゼロの状態から出発し、変数の投入・除去を繰り返す変数増減方式、双方を実行した。

第3節　結果と考察

1）基本統計量と相関行列

　対象者についてのTBWならびに独立変数の平均値、標準偏差、歪度、尖度、最大値、最小値など基本統計量はTable-5-1のようになる。
　従属変数となるTBWの平均値は34.84 liter、標準偏差は5.38 literとなった。また尖度・歪度は正規分布に比して特に大きいとは考えられなかった。独立変数についても特異な傾向を示すものは見当たらない。
　Table-5-2はTBWおよび7個の独立変数相互間の相関行列を示したものである。この表から、単相関は独立変数間相互で高いものであり、したがって仮に、すべての独立変数を含んだ方程式の場合、多分に多重共線性

第5章 周径値を独立変数とした体内総水分量（TBW）予測式作成の試み

Table-5-1: Descriptive statistics independent variables and TBW.

		Mean	SD	skewness	kurtosis	MIN	MAX
	TBW	34.85	5.38	0.3703	0.3026	22.0	48.0
①	G0	89.3	8.65	0.6020	−0.2840	72.5	108.8
②	G1	35.6	2.52	0.3008	−0.3062	29.5	41.4
③	G2	78.1	10.2	0.2650	−0.9285	60.5	98.5
④	G3	88.2	7.23	0.6219	−0.2285	74.7	106.5
⑤	G4	26.4	3.25	0.2756	−0.4448	19.0	34.6
⑥	G5	25.4	2.10	0.1689	−0.6563	20.8	30.2
⑦	G6	49.9	5.69	0.5139	0.1759	36.2	64.1
⑧	G7	36.1	3.58	0.1862	0.2355	26.1	45.2

Note: ①G0=Chest Girth,cm; ②G1=Neck Girth,cm;
③G2=Abdominal Girth,cm; ④G3=Hip Girth,cm;
⑤G4=Upperarm Girth,cm; ⑥G5=Forearm Girth,cm;
⑦G6=Thigh Girth,cm; ⑧G7=Lower Girth,cm;
Units of all independent variables are centi-meter.

Table-5-2: Descriptive statistics and correlation coefficients among dependent variables and TBW.

		Mean	SD	(TBW)	①	②	③	④	⑤	⑥	⑦	⑧
	TBW	34.85	5.38	1.0	.843	.803	.711	.859	.766	.865	.845	.847
①	G0	89.3	8.65		1.0	.885	.911	.912	.875	.897	.849	.867
②	G1	35.6	2.52			1.0	.873	.860	.824	.893	.801	.822
③	G2	78.1	10.2				1.0	.868	.847	.875	.785	.822
④	G3	88.2	7.23					1.0	.902	.903	.912	.908
⑤	G4	26.4	3.25						1.0	.883	.906	.901
⑥	G5	25.4	2.10							1.0	.847	.866
⑦	G6	49.9	5.69								1.0	.935
⑧	G7	36.1	3.58									1.0

Note: ①G0=Chest Girth,cm; ②G1=Neck Girth,cm;
③G2=Abdominal Girth,cm; ④G3=Hip Girth,cm;
⑤G4=Upperarm Girth,cm; ⑥G5=Forearm Girth,cm;
⑦G6=Thigh Girth,cm; ⑧G7=Lower Girth,cm.

の存在があることが了解されねばならない。この多重共線性については(1)わずかのデータの異動で係数値が大きく変動すること、(2)元来あるべき係数値の符号が逆になる場合が生じ得ることなどを派生する（チャタジーとプライス、1981；ドレーパーとスミス、1981；小林、1982；奥野ほか、1971；佐和、1979）。今後、重回帰分析を進め、好ましい変数組の重回帰分析モデルが作成された後にそれを検討することにした。

２）重回帰モデルの作成方式

重回帰方程式の作成には、(1)変数増加方式、(2)変数減少方式、(3)変数増減方式、(4)減増方式が考えられる（ドレーパーとスミス、1981；Forsyth, H. L. et al., 1973；Hocking, R. R., 1976；小林、1982；奥野ほか、1971）。本研究では、まず赤池の情報量基準（Akaike's Information Criterion, AIC（Akaike, H., 1974；赤池、1976、1981；坂元ほか、1983；佐和、1979；柴田、1981；Stone, M., 1979；杉山、1977；田辺、1976））を重回帰式評価の基準として考え、次のような手順で重回帰モデルを作成することにした。

1）変数全てを投入した段階からスタートし、
2）仮に、そのうちのある一つの変数を除去した時のAICを全て求め、
3）そのうちで最小のAIC推定値（Minimum AIC estimate, MAICE）を示すモデル、MAICEに近いAIC値を示すいくつかのモデルを選択する。
4）次のステップでも上記１～３までを行い、以下次々に同様のことを試み、
5）全体としてMAICEを達成するモデルを採択する。

無論、このプロセスでは、前段階で「必ずしも投入が好ましくない」と考えられた変数でも次の段階では投入される可能性は残している。

この変数総当たり減少選択方式によるとTable-5-3のような変数（群）が除去された場合に比較的小さなAIC値が得られた。

つまり、１変数を除去する時に、MAICEが最小となるのは〔－G1〕＝319.18である。AICが２番目に小であるのはG3を除いたもの、以下、G7

第5章 周径値を独立変数とした体内総水分量（TBW）予測式作成の試み

Table-5-3：The subset of variables showing smaller AIC at backward variable selection in order to predict TBW.

	1	2	3	4	5	6	7	8
Ⅷ	ALL VARIABLES 320.0							
Ⅶ	-G1 319.18	-G3 320.5	-G7 321.3	-G6 321.5	-G0 328.5	-G4 329.0	-G5 333.3	-G2 333.4
Ⅵ	-G1,-G3 319.17	-G1,-G7 319.9	-G1,-G6 320.3	-G3,-G7 321.6	-G3,-G6 323.7	-G4,-G6 327.4	-G1,-G4 327.9	-G6,-G7 327.9
Ⅴ	-G1,-G3,-G7 320.4	-G1,-G3,-G6 322.6	-G1,-G4,-G6 326.3	-G1,-G3,-G6 326.9	-G1,-G3,-G4 327.1	-G3,-G4-G0 327.2	-G3,-G4-G7 327.3	-G4,-G6,-G7 327.7
Ⅳ	-G1,-G3,-G4, 326.4	-G1,-G3,-G4, 326.7	-G1,-G4,-G6,-G7 327.9	-G1,-G2,-G3, 330.7	-CH,-G1,-G2, 332.4	-G0,-G1,-G3, 332.6	-G0,-G1,-G2, 332.7	-G3,-G4,-G6, 332.7
Ⅲ	-(G1,G3,G4,G6,G7) 332.3	-(G0,G1,G2,G3,G7) 333.1	-(G0,G1,G4,G6,G7) 335.6	-(G0,G1,G4,G6,G7) 336.1	-(G0,G1,G3,G4,G6) 336.5	-(G0,G1,G2,G3,G6) 338.1	-(G1,G2,G3,G4,G7) 339.4	-(G0,G1,G2,G4,G7) 340.0
Ⅱ	-(G0,G1,G2,G3,G4,G7) 339.0	-(G0,G1,G2,G3,G4,G6) 340.8	-(G0,G1,G2,G4,G6,G7) 342.1	-(G0,G1,G2,G4,G6,G7) 344.5	-(G1,G2,G3,G4,G6,G7) 344.7	-(G1,G2,G3,G4,G5,G7) 346.0	-(G0,G1,G2,G4,G5,G6) 346.3	-(G0,G1,G2,G4,G5,G7) 347.0
Ⅰ	+G5 347.9	+G3 349.9	+G7 354.4	+G6 355.0	+G0 355.6	+G1 367.1	+G4 375.5	+G2 385.8

Note：The code names of variables shown in Table-5-1.

あるいはG6を除いたもののAICも小さい。しかし、これらに比べ、G0を除いたものなどはAIC＝328.5以下となって、G1、G3、G7、G6などを除いたものよりかなり大きなAIC値を示す。

次の2変数を除いたステップでは、AICが小さなものから順に、〔－G1、－G3〕＝319.17、〔－G1、－G7〕＝319.9、〔－G1、－G6〕＝320.3、〔－G3、－G7〕＝321.6、〔－G3、－G6〕＝323.7などが考えられ、それ以外の変数組を除いたものとは、多少の差が考えられる。前のステップではG1を除いた場合にAICが最小値を示したが、このステップでもG1とG3の2変数を除いた場合がAIC最小化を果たした。

さらに3変数を除いた組を考えると、〔－G1、－G3、－G7〕を除去し

177

た場合が　MAICE＝320.4と最小値を示し、以下〔−G1、−G3、−G6〕を除いた組、〔−G1、−G4、−G6〕を除いた組なども低いAIC値を示す。しかし、このステップでMAICEを果した5変数からなるモデルは、前ステップのAIC値と比べ、〔−G1、−G3〕を除去した組、〔−G1、−G7〕を除去した組、〔−G1、−G6〕を除去した組からなるモデルよりも高いAICを示す。

　同様の手順で4変数を除去した場合は〔−G1、−G3、−G4、−G6〕の除去の組がAIC最小化を果たすが、これは3変数を除去した場合の第3位組よりも高いAIC値であり、5変数を除去した場合は、4変数組の第4位と第5位の中間に位置する。6変数を除去した場合は、5変数除去組の6位と7位の中間に位置する。

　7変数を除去した場合のAICの最小化を果たす組は〔＋G5〕のみからなるモデルでこれは6変数組を除去した場合の第8位よりも大きなAIC値を示す。

　以上の結果を総合するとAICは2変数を除去したステップでそれまでの増加傾向から減少傾向に転換することが明らかとなった。つまり6変数を含むこのステップでこの重回帰分析のMAICEが達成されることになる。

　以上の手順を仮に変数総当たり減少AIC方式と呼んでおくが、一般に重回帰分析に際してよく行われている手続きは変数を投入する過程で次のような配慮をしながら進める方法である。

　つまり投入変数については「仮にそれを除去すると考えた時の回帰分散分析のF値」をF_{REMOVE}値、未投入変数については「仮にそれを投入すると考えた時の回帰分散分析のF値」をF_{ENTER}としたものをステップごと、変数ごとに求め未投入変数のうちで投入済み変数のF_{REMOVE}値を上回るF_{ENTER}があれば、その未投入変数を投入済み変数と交換に重回帰式に投入することになる。

　これはあるステップでは意味が小さいと考えられる変数でも、投入時の他変数との組み合わせによっては有意な変数として採択される場合もあり得ることについて配慮したアルゴリズム（algorithm）である。

この場合一定のF基準値を$F_{ENTER} \geqq F_{REMOVE}$として設定しておき、これをクリアーする限り増減の手続きを続けていくことになるが、その範囲は研究者の間で多少なりとも異なる（ドレーパーとスミス、1981；小林、1982；奥野ほか、1971；佐和、1979；高原、1978）。ここではF基準値としてF＝2.0としたが、これは青柳ほか（1980）、杉山ほか（1975）の実際例にならい、また赤池（1981）や佐和（1980）などによる理論的背景を基礎としたものである。

　これまでの各章でのモデル定立は赤池の情報量規準（AIC）によっているが、この成立背景は以下のように解説できる（鈴木「先をよむ統計学」1994、pp.121-122）。

　「一般に$f(x, \theta)$で与えられる確率密度関数からの観測値（x_1, x_2, ……, x_n）とするとき、$L = f(x_1, \theta) f(x_2, \theta) ……f(x_n, \theta)$ なる値も、確率密度関数の意味からして大きめの値をとる傾向がある。したがってLの値を最大にするようなθの値を真のθ_0の推定値とみなすのが最も尤もらしいことになる。このように得られる推定量を最尤推定量とよび、Lについては、ある一組の観測値（x_1, x_2, ……, x_n）が与えられたときのパラメータθの関数と考えて尤度関数とよぶ。また尤度（関数）Lを最大にすることは対数尤度$LL = \log L = \Sigma \log f(x_i, \theta)$を最大にすることと同じであり、この最大値は対数尤度をθに関して微分した$(\partial / \partial \theta) LL = -\Sigma (\partial / \partial \theta) \log f(x_i, \theta) = 0$を解いて得られる解の中からLLを最大にする$\theta$を選べば良い。これを最大対数尤度という。（$x_1$, x_2, ……, x_n）を正規分布（μ、σ^2）からの標本とすると、$f(x, \mu) = \{1/(2\pi\sigma)\} e^{[-(x_i-\mu)^2/2\sigma^2]}$であるから、対数尤度は$LL = \Sigma\{(x_i-\mu)^2/\sigma^2\} + （\muを含まない項）$のように与えられる。したがって最尤方程式は$(\theta/\partial)\mu LL = -\Sigma\{(x_i-\mu)/\sigma^2\} = (-1/\sigma^2)\{\Sigma x_i - n\mu\} = 0$となり、これを解いて$\mu$に対する最尤推定は$\mu = (1/n) \Sigma x_i = M(x)$となる。同様に$\sigma^2$に対する最尤推定量も対数尤度LLを$\sigma^2$について微分して、$\sigma^2 = (1/n)\{\Sigma(x_i-\mu)^2\} = V(x)$として与えられる。」

　このようにしてAICを基本にした変数増減法の結果、各変数、各ステップごとにTable-5-4にみられるF_{ENTER}、F_{REMOVE}値が得られた。つまりG5→G6→G4→G0→G2→G7の順に次々と独立変数が重回帰式に投入されて

Table-5-4 : Changing of F enter/remove of each independent variable in backward stepwise regression analysis.

variables	Step I	II	III	IV	V	VI	VII	VIII
G5	162.9 ☆	20.5 ★	31.3 ★	14.9 ★	25.5 ★	23.9 ★	19.9 ★	14.8 ★
G6	11.7	11.7 ☆	21.3 ★	18.6 ★	16.7 ★	5.1 ★	2.85 ★	2.71 ★
G4	0.01	8.10	8.10 ☆	11.0 ★	8.31 ★	9.9 ★	10.6 ★	10.1 ★
G0	5.47	1.59	4.30	4.3 ☆	15.1 ★	14.4 ★	11.1 ★	9.59 ★
G2	1.96	4.90	2.37	12.8	12.8 ☆	14.3 ★	15.6 ★	16.1 ★
G7	9.6	0.74	2.29	1.52	2.96	2.96 ☆	2.53 ★	2.45 ★
G3	8.2	0.94	2.61	0.82	2.26	1.85	1.85	1.78
G1	1.03	0.22	0.47	0.01	0.68	0.64	0.60	0.60

Note: ☆……supplementary variables,
　　　★……entered variables.

いき、これ以上の変数がF基準値（F≧2.0）を上回ることはなかった。また一度投入された変数がその後のステップで除去されることもなかった。

　ここで最終的に選択された変数群はすでに述べた変数総当たり減少AIC方式によって得た重回帰式変数組と同一のものである。

3）最適モデルの選択

　以上のうち仮に変数総当たり減少AIC方式と称した手続きについてそれぞれのステップごとのAIC、Mallows, C. L. (1964) のCp（チャタジーとプライス、1981；Forsythe, A. B. et al., 1973；Hocking, R. R., 1976)、R（重相関係数）、R*（自由度調整済みR）など諸基準の統計量の変化はFig.-5-1のようになる。すでに指摘したように結果的にMAICEを達成し最良な方程式となり得るのは6変数を含むものであることが明白である。

　筆者ら（吉川ほか、1983、1985、1987）のこれまでの同様な研究ではCpは比較的少数の変数からなる組を最良と評価しR*は比較的多数からなる変数組を選択するものであることを指摘してきたが、本研究ではCpおよびAICは一致して6変数組を最良と評価・選択し、R*はこれまでと同様に

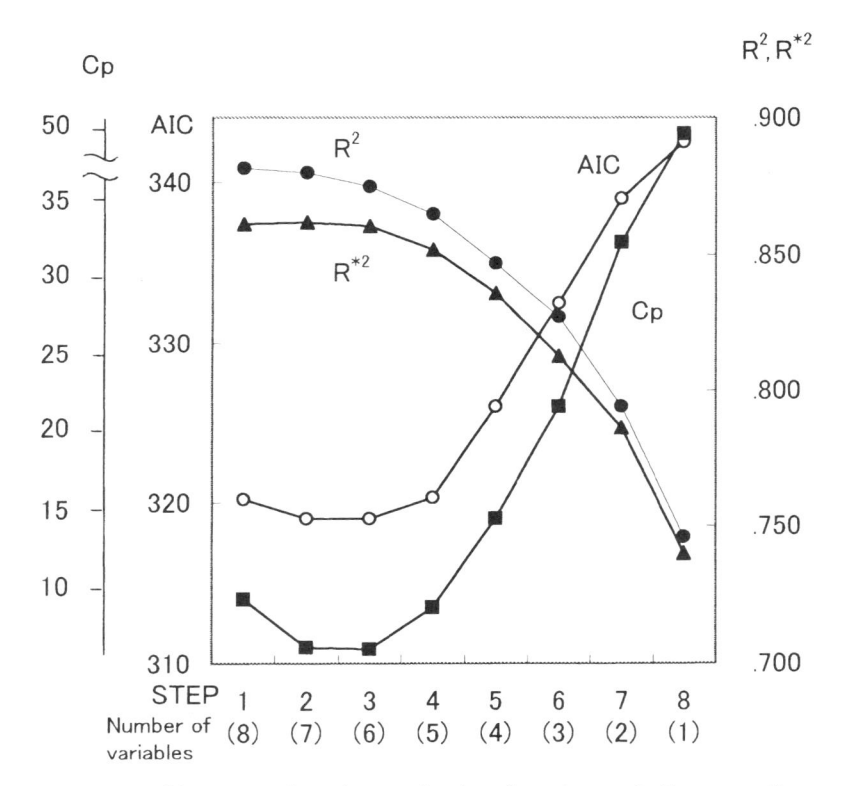

第5章 周径値を独立変数とした体内総水分量（TBW）予測式作成の試み

Fig.-5-1 : Changes of various criteria of each predictive equations Derived at backward variable selection.

より多数（7ないし8）からなるものを最良と判断することになった。

　Flint, M. M. et al.（1977）の報告では体組成推定に際し4変数組程度を好ましいと考えているし、7以上が適切とする客観的根拠もない。母数節約的には6変数からなる式を採択すべきことになるであろう。ただし、AICの有意な変化量としては2.0程度が一般には考えられている（坂元ほか、1983）。

　以上のようにAIC利用方式でも、増減法による場合と同様な変数組が最良な方程式として選択された。したがってステップワイズ方式ではAICや

変数増減法による限り、以下に示す式が最適なものとして評価でき、R＝0.9352、SEE＝2.018となる。

$$\hat{y} = -30.45 + 0.355 \times G0 - 0.262 \times G2 - 0.761 \times G4 + 1.667 \times G5 + 0.338 \times G6 + 0.413 \times G7 \cdots\cdots (5\cdot1)$$

第4節　考　察

1）重回帰式の妥当性検討

　この式の妥当性は一つには含まれる変数の偏回帰係数の符号とその大きさによって検討し得る。LBWに関する予測式を提示した研究では周径値をとりあげたものがいくつかある（吉川ほか、1983；Lewis, S. et al., 1982）が、その符号は正負まちまちであり必ずしも良い参考指標とすることはできないし、本研究でも同様に正負各々が混在している。

　係数値のうち負の値をとるのは腹囲（G2）と上腕囲（G4）である。このうち、腹囲は他の部位に比べ皮下脂肪厚による変動の大きさが指摘されるものであり、直接に身体運動と関係しない消化器官の発育と関係している。上腕囲は他の部位と同様に身体運動に関係が深いものであるが、係数値の符号による限りこれを除外した上での重回帰分析が必要かもしれない。この点は今後の課題とされるべきものであろう。標準化回帰係数はG5＝0.652、G0＝0.571、G6＝0.357、G7＝0.275、G2＝－0.497、G4＝－0.459となり寄与の程度も偏りがない。

　筆者らのTBW予測に関する研究では体重の寄与する度合が極めて高いものであることを指摘してきた（吉川ほか、1983；吉川と小宮、1987）。本研究で体重変量を除外して重回帰分析を実施したのも体重以外の身体計測値からの予測の程度がいかなるものとなるかを検討することにあった。結果的に(1)体重などを含む場合の予測の高さに比較しても劣るものではなく、また(2)変数ごとの寄与率には偏りがない重回帰式が得られ、(3)変数自体も

第5章　周径値を独立変数とした体内総水分量（TBW）予測式作成の試み

FFMや筋肉量と不可分な変数が選択された。

　本研究も含め、これまでの研究では体重によって全分散の80%程度が説明され、周径値の寄与は僅かなものであった。そのためTBW＝Body Sizeの関係を考えざるを得ず、結果的に、体重と体水分・FFMあるいは脂肪量との関係が交絡することにならざるを得なかった。しかし、本研究の結果ではTBWと胸囲や上・下肢の周径値の間に密接な関係をもち、少なくとも同程度の説明力がある重回帰式が得られた。

　しかも、独立変数として採択された骨や筋肉、あるいは関節の大きさは、保健体育科教育の教材であるスポーツ活動の資源として考えられ、自ずと、教育素材としての意義が見い出されることになる。

　一方、有意な変数とはならなかった頸囲（G1）や臀囲（G3）は変動係数でみると他変数に比較し、個体差が小さいものであり、上下肢のようにヒトの基本的な運動動作と直接関係するものではなく、胸囲のように呼吸器などが含まれているものでもない。これらの点が投入されなかった理由と考えられるのかもしれない。

2）モデルの信頼性の確認

　信頼性の確認は多重共線性が有るか否かによってまず検討する必要がある。(5・1) に含まれる独立変数（G0、G2、G4、G5、G6、G7）間の相関行列（6×6）から固有値を求めたところ、$\lambda_1=15.35$、$\lambda_2=0.288$、$\lambda_3=0.117$、$\lambda_4=0.101$、$\lambda_5=0.081$、$\lambda_6=0.058$となった。一般的には$\Sigma 1／\lambda_i$が変数個数の5倍を超える場合や$\lambda_i(min)\leq 0.001$である場合には多重共線性の存在が疑われ（チャタジーとプライス、1981）、係数値がわずかの測定値の異動によっても変動すると考えられている（ドレーパーとスミス、1981；小林、1982；奥野ほか、1971；佐和、1979）。ちなみにそのような時にはdata controlとして係数値の符号や大きさに問題があるものを除去した上でこれに対処することなどが必要である。いずれにしても多重共線性の問題は（5・1）に関しては考える必要がないことが示唆された。

方程式の信頼性はまた残差分析によって確認される必要がある。Table-5-5は残差の統計量についてまとめたものであり、残差の歪度・尖度の有意性は棄却できる。一般的には標準化残差と予測値とで構成される座標の変動パターンによって視覚的に残差分析が可能である（Anscombe, F. J., 1981；佐和, 1979）。Fig.-5-2はこのような2次元座標を示したものであり、残差はゼロを中心にほぼ円形に分布し不規則な変動を示しているので特有な変動パターンは検出できないとみなすことができる。皮脂厚値の場合などは対数変換が必要であることも考えられるが、本研究ではそのような点は見出すことができないようである。以上の点を総合的に判断して式（5・1）の係数符号に多少問題はあるが、その妥当性ならびに信頼性はほぼ確認できたと考えたい。

　3）体脂肪率の推定

　体組成研究の意義は個体の肥満度、すなわち過剰な脂肪の沈着の度合いを個体に還元することである。本章でも定量された体水分を手がかりに、また身体計測値を独立変数としたモデルを作成してきたので、以下、予測モデルから体脂肪率の推定を試みた。この結果、推定された体脂肪率（TBW$_{(j)}$）はその平均26.67％、SD＝6.64％、中央値＝26.14％、25％ile値＝22.61％、75％ile値＝31.14％となった。

　本章での対象者は60歳未満の者に限定しているが、小宮と筆者(1985)は、ここでの被験者に加えて幼児7歳から高齢者77歳までの総計71名を対象として、体水分量を定量し、また体表面積（BSA）から体水分量を求める予測モデルを作成している。同時に Nagamine, S. and Suzuki, S. (1964) による皮脂厚からの体密度算出と体脂肪率算出も併せて行っている。その結果、体水分定量値からの体脂肪率（％FAT）は、皮脂厚からの体脂肪率に比べて、9％大きく得られたことを報告した。

　本章の対象者（19歳から59歳）に限定すれば、Nagamine, S. and Suzuki, S. (1964) が示した皮脂厚法によって求めた体脂肪率は14.5±6.06％であっ

第5章 周径値を独立変数とした体内総水分量（TBW）予測式作成の試み

Table-5-5：Descriptive statistics of predicted TBW and residuals.

	Mean	SD	skewness	kurtosis	MIN	MAX
predicted TBW	34.8	5.035	0.340	0.400	21.7	46.7
residuals	0.0004	1.906	0.111	−0.642	−3.53	4.64

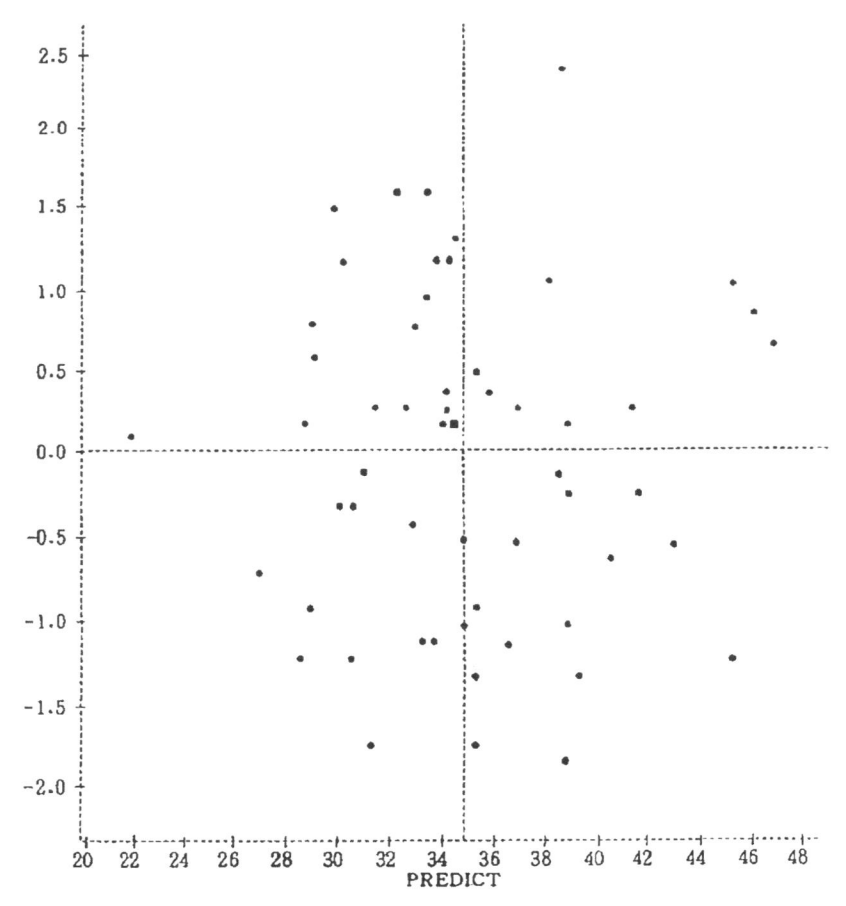

Fig.-5-2：Scattergram between standardized residuals and predicted TBW.
■……2 observations.

たので、本章で作成した四肢の周囲値からの予測体脂肪率の代表値とはおよそ12%ほどの違いがある。Nagamine, S. and Suzuki, S. (1964) が皮脂厚による体密度式を定立した対象は、大学生を中心とした20歳前後の集団である。おそらくこの皮脂厚法の適用の限界は17歳程度から27歳程度にあると考えられるので、本研究のような50歳代の壮年期を含む集団には、適用そのものが困難であると考えた方が良いと考えられる。ここにもpopulation-specific な問題が生じることになる。すでに我々は女子被験者に関して体水分量を用いた体脂肪率は、尿中クレアチニン値に近似し、やはり10%ほど皮脂厚法より大きい値が得られることを報告してきた。体水分定量法あるいは予測モデルの妥当性検証に行き着くことになると考えておきたい。

第5節　小　　括

　健康な青年期・壮年期にある男子57名を対象に、いくつかの肢径値から体内総水分量 (TBW) を予測するための重回帰式の作成を試みた。
　1) TBWの定量は重水希釈を経口投与によって行ったものであり、その平均値±標準偏差は34.85±5.38 (liter) であった。
　2) 重水投与に先行して胸囲 (G0)、頸囲 (G1)、腹囲 (G2)、臀囲 (G3)、上腕囲 (G4)、前腕囲 (G5)、大腿囲 (G6)、下腿囲 (G7) を測定し、これを独立変数とした。TBWも含めて歪度・尖度などに統計的な偏りは見出せなかった。
　3) 重回帰分析の一つはすべての独立変数組について検討したものであるが、投入変数個数による群ごとに赤池の情報量基準AICで好ましいと判断される組合わせから幾組かずつを選択しこれを考察した。
　4) 変数総当たり減少AIC方式と呼び得るこの方法では、G0、G2、G4、G5、G6、 G7、計6変数を含む重回帰式がMAICE (AIC 最小化) を果たした。

5）F基準値＝2.0と設定した変数増減法では　G5、G6、G4、G0、G2、G7の順で変数が投入され、この間に変数の入れ替えはなかった。この独立変数組は上述の変数総当たり減少AIC方式と同様のものである。

6）したがって以下に示すような重回帰式が、これら2つの手順いずれによっても採択されることになる。

$$\hat{y} = -30.45 + 0.355 \times G0 - 0.262 \times G2 - 0.761 \times G4 + 1.667 \times G5 \\ + 0.338 \times G6 + 0.413 \times G7$$

この式の重相関係数はR＝0.9352、SEE＝2.018（liter）となった。

7）変数の符号に多少の問題はあるが、全体としての重回帰式は妥当なものであり、残差の統計やプロット図などを検討したところでは回帰式の欠陥は見出せなかった。

この重回帰式が利用し得るのは「データの得られた範囲」（ドレーパーとスミス、1981）に限られるのはいうまでもないが、本研究の問題の所在は最適な予測式を母数節約的に作成することにあった。その意味からして基本的な手順としてここに提示した「ステップワイズに変数の投入や除去を行い、そのつどAICやCpなどを利用しつつ、複眼的にその評価を行おう」とした点は今後のモデル作成の上で重要と考えている。

第6章　リッジ回帰分析による最適モデルの選択

第1節　リッジ回帰分析の定義と体組成研究上の意義

　体組成研究に限らず、われわれは予測・構造把握・制御などの目的で体格、運動能力、体力、あるいは意識や態度など、直接的観測や純粋な実験計画を立てることの不可能な体力科学データや社会科学的データを重回帰分析することが多い。しかしこれらの変数間には本質的に高い関連がみられるのが、むしろ一般的であって標本数を増やすなどの方法ではこれに対処できない。

　変数選択問題は重回帰分析の中でも、最も興味ある問題の一つである。すなわち予測や構造の記述を巡る手法は、究極のところ、単純性や明解性を基本にしており、できるだけシンプルに構造化や推定モデルが達成されるためには、できるだけ母数を節約的にした少数の独立変数からなるものを構成する必要がある。

　重回帰分析で得られた回帰係数β_pは当該独立変数1単位の増加によって従属変数にもたらされる変化の大きさであるが、独立変数間に相互依存性が極めて強い場合にはこうした意味は成立せず、安定的な係数を持つ回帰式は構成され得ない。すなわちβの推定値がデータのごくわずかな変化によって鋭敏に反応し、βの標本誤差が大きくなってしまう（回帰係数のt値が小さくなる）ことがおこる。この多重共線性（multicollinearity）、一般にマルチコといわれる課題に対処するために、たとえば①独立変数を直交化する、②別の独立変数をさらに追加する、③ステップワイズ回帰分析を行うといった方法がとられる。しかし①あるいは②の対処方法はモデルを複雑化させる必然性があって、一般の統計モデルの意図する「単純性」、オッカムのカミソリ（赤池、1976）の視点からは必ずしも適切ではない。

これを解決する手段としてMason, R. L. et al. (1975) は主成分を用いる方法、主成分に修正を加える方法 (Latent Root Regression)、及びリッジ回帰分析をあげている。このうち、Hoerl, A. E. and Kennard, R. W.(1970)が提示したリッジ回帰分析は通常の最小自乗推定量 $\beta = (x'x)^{-1}x'y$ に含まれる $x'y$ が特異行列 (singular matrix) に近くなるので、一定の正定数kを行列 $x'x$ の対角要素に加えた $\beta k=(x'x+ kI)^{-1}x'y$ をリッジ推定量として求めるものである (佐和、1979；中村、1982)。リッジ回帰の一つの目標は、安定的な係数を持つ回帰式を作り出すことである。ここで係数が安定的というのは、推定データが多少変化したとしても、係数の推定値がその影響をほとんどうけないという意味である。そして変数選択法の目的は(1)当面の問題を明確に理解できるような変数の集合を選ぶこと、また(2)当該研究に含まれていない説明変数の値に対応する応答変数の値を正確に予測することができる式を作ることにある。それゆえ、変数選択法の目的とリッジ回帰の目的はきわめて似ており、後者（リッジ回帰）を前者（変数選択）の目的に利用することができる。

ここでは、そのリッジ軌跡を式から変数を選択、特に消去するために用い、数値例として体内総水分量 (TBW) を種々の身体計測値から予測するモデル作成を行った。

第2節　資料と方法

すでに報告している男子57名 (19〜54歳) に関するデータ（吉川と小宮ほか、1983、1985）について統計解析を実施した。従属変数には体水分量 (TBW) を重水をトレーサーとした同位元素希釈法によって定量した値を用い、これを身長 (HT)、体重 (WT) や種々の身体計測値 8 個（G0＝胸囲、G1＝頸囲、G2＝腹囲、G3＝臀囲、G4＝上腕囲、G5＝前腕囲、G6＝大腿囲、G7＝下腿囲）によって予測するモデルの策定をリッジ回帰分析によって試みた。変数選択は、リッジ回帰係数をリッジパラメータに対してプロットしたリッジ軌跡を調

べることにより行い、特徴的な軌跡を示す変数を除外した後に、もとの集合に残っている変数によって回帰式を構成する。統計解析にはBMDPのサブプログラムP4Rを用いた。

　ここでBody Sizeを表す身長や体重を独立変数に含める理由を示しておく。すなわち、最近の体組成研究では電気電導的な手法を用いる研究者の数が増えてきているが、その方法の前提には体水分量の推定値が得られていることがあげられる。その体水分の推定式は、最も簡便な身長の自乗でインピーダンスを除したパラメータ構成になっている。そして、BIA法などは集合的にこれを実施できる簡便性の故に、急速に研究者間に導入されてきている。こうしたパラメータ由来の問題と、簡便性を高めるには四肢や躯幹の周囲値に留まらない基本的な形態の大きさの変量を持っていることが必要であると考えた。

第3節　結果と考察

1) 多重共線性の探索

　Table-6-1に資料の相関係数を平均値やSDとともに示した。多重共線に対処するためのひとつの可能な推定上の工夫としてここではリッジ回帰分析を試みた。通常よく用いられるのは多重共線関係にある変数群の一部を除去するという方法である。仮にG2とG3が強度の多重共線関係にあると、G2がすでに式に含まれているとき、G3を追加することによりもたらされる説明力の増加はそう大きくないと予想される。たとえば、体重(WT)は当然、種々の周囲値や骨幅と関係し、2変数G2とG3は体水分yの変動を規定する要因としては独立であるが、それらの変動は独立でない。すなわち、第3の変数、ここでいえば体重や身長が背後に存在しており、G2とG3の変動の大部分は第3の変数の変動によって規定されていることは十分想定し得る。こうした場合、G1とG2の間の共線関係は構造的であっ

Table-6-1 : Descriptive statistics and correlation coefficients among independent variables and／or TBW.

		Mean	SD	①	②	③	④	⑤	⑥	⑦	⑧	⑨	⑩
	TBW	34.85	5.38	1.0	.894	.760	.843	.803	.711	.859	.766	.865	.845	.847
①	WT	65.8	13.5		1.0	.609	.947	.874	.906	.963	.899	.918	.915	.915
②	HT	166.9	6.59			1.0	.491	.389	.297	.569	.391	.527	.521	.497
③	G0	89.3	8.65				1.0	.885	.911	.912	.875	.897	.849	.867
④	G1	35.6	2.52					1.0	.873	.860	.824	.893	.801	.822
⑤	G2	78.1	10.2						1.0	.868	.847	.875	.785	.822
⑥	G3	88.2	7.23							1.0	.902	.903	.912	.908
⑦	G4	26.4	3.25								1.0	.883	.906	.901
⑧	G5	25.4	2.10									1.0	.847	.866
⑨	G6	49.9	5.69										1.0	.935
⑩	G7	36.1	3.58											1.0

Note：WT = Body Weight, kg；HT = standing Height, cm；G0 = Chest Girth,cm；G1 = Neck Girth,cm；G2 = Abdominal Girth,cm；G3 = Hip Girth,cm；G4 = Upperarm Girth,cm；G5 = Forearm Girth,cm；G6 = Thigh Girth,cm；G7 = Lower Leg girth,cm；In this chapter,WT and HT were not used as the independent variables,but used in the next chapter.

て、それだけに問題の処理はやっかいである。リッジ回帰における変数消去の規則としては Hoerl, A. E. and Kennard, R. W. (1970) は1）係数が安定的ではあるが、その値が小さい変数を除く（リッジ回帰は標準化されたデータに適用されるので、いろいろな係数の大きさが直接比較できる）、2）予測力をもたない不安定な係数、すなわちゼロに近づく不安定な係数をもつ変数を消去する、3）不安定な係数をもついくつかの変数を消去する点などをあげている。

共線性が示唆されるのは（チャタジーとプライス、1981、p.172）①変数を加えたり、減らしたりしたときに係数推定値の変化が大きい、②1個の観測値が除去されたり、わずかに変化しただけで係数推定値が大きな変化を示す、また残差プロットでモデル想定が満足されている場合でも③係数符号が予想されるのと反対であり、④式の中で重要なはずの変数の係数標準誤差が大きいことが観察されるときである。また、Mason, R. L. et al. (1975)

は、より具体的に5つの検出測度を提示し、固有値診査をその中の一つにあげている。相関行列がいくつかの小さな固有根（$\lambda_p \leq 0.01$）をもつ場合や固有根の逆数の総和$\Sigma(1/\lambda_p)$が変数個数の5倍以上になる場合が多重共線性の存在を示唆することになる。共線関係にある変数の数が少ない場合には考えられるすべての式を評価することで回帰式を選択することも可能であるが、変数の数が多いと、この方法は実行不可能である。このような問題への接近方法の一つは変数を消去することによりデータの共線関係をなくそうとするものである。共線構造が知られたならば、こうした変数を除去して、共線性をもたないデータを作り出すことが可能である。本研究の身体計測値に関し、10×10の独立変数間相関係数行列の固有値（λ_j）は$\lambda_1=8.34$、$\lambda_2=0.819$、$\lambda_3=0.310$、$\lambda_4=0.149$、$\lambda_5=0.114$、$\lambda_6=0.082$、$\lambda_7=0.072$、$\lambda_8=0.054$、$\lambda_9=0.0466$、$\lambda_{10}=0.0114$となる。仮にすべての独立変数が投入された重回帰方程式を想定すると、$\Sigma(1/\lambda_j)=170.6$となるので、変数個数（10）に比して20倍に近い高い値になる。多重共線性はモデルの設定された後に問題となるので仮にステップワイズ重回帰分析の手段をとり、かつ変数の取捨をF値≥ 4.0など厳しい変数選択基準を設定した場合にも当然、問題となり得る。

2）リッジ推定量の軌跡

Table-6-2は定数をk=0からk=1.0にまで変化させたときの各独立変量のβ値の推移を示したものである。k=0は通常の最小自乗法（ordinary least square, OLS）の場合の係数に一致する。またFig.-6-1はkの変化とリッジ推定による係数変化を視覚的に表したものである。

このリッジ軌跡を手がかりに Hoerl, A. E. and Kennard, R. W. (1970) の基準に即して変数選択を行うと、変数G2、G3、G4が特徴的な変化を示す。つまりG3はk=0.06〜0.08において係数符号がマイナスからプラスに転じ、同様にG2はk=0.28〜0.30において、またG4はk=0.52〜0.54において係数符号がマイナスからプラスに転じる不安定な様相を示す。しかも

Table-6-2 : Regression coefficients derived from Ridge regression analysis (k=0 to 1.0).

k	WT	HT	G0	G1	G2	G3	G4	G5	G6	G7
0.000	0.243	0.119	0.135	0.489	−0.157	−0.121	−0.315	0.755	0.146	0.321
0.040	0.283	0.047	0.105	0.450	−0.078	−0.041	−0.171	0.550	0.142	0.269
0.080	0.280	0.042	0.088	0.405	−0.055	−0.009	−0.111	0.477	0.128	0.237
0.120	0.273	0.041	0.079	0.369	−0.042	0.009	−0.074	0.435	0.120	0.218
0.160	0.265	0.041	0.074	0.341	−0.033	0.021	−0.049	0.407	0.115	0.204
0.200	0.257	0.041	0.070	0.319	−0.026	0.030	−0.029	0.386	0.111	0.194
0.240	0.250	0.042	0.068	0.301	−0.021	0.036	−0.014	0.370	0.108	0.187
0.280	0.243	0.042	0.066	0.286	−0.017	0.041	−0.002	0.357	0.106	0.181
0.320	0.236	0.042	0.064	0.274	−0.013	0.044	0.008	0.346	0.104	0.176
0.360	0.229	0.042	0.063	0.264	−0.010	0.047	0.016	0.337	0.103	0.172
0.400	0.223	0.042	0.062	0.256	−0.007	0.049	0.023	0.329	0.101	0.169
0.440	0.218	0.042	0.061	0.248	−0.005	0.051	0.030	0.322	0.100	0.167
0.480	0.212	0.042	0.061	0.242	−0.003	0.053	0.035	0.316	0.099	0.163
0.520	0.207	0.042	0.060	0.236	−0.001	0.054	0.040	0.310	0.098	0.161
0.560	0.202	0.041	0.059	0.231	0.001	0.055	0.045	0.305	0.097	0.159
0.600	0.198	0.041	0.059	0.226	0.003	0.056	0.048	0.301	0.096	0.157
0.640	0.193	0.041	0.058	0.222	0.004	0.057	0.052	0.297	0.096	0.155
0.680	0.189	0.041	0.058	0.219	0.005	0.058	0.055	0.293	0.095	0.154
0.720	0.185	0.041	0.058	0.215	0.006	0.058	0.058	0.289	0.094	0.152
0.760	0.182	0.041	0.058	0.212	0.008	0.059	0.061	0.286	0.093	0.151
0.800	0.178	0.041	0.057	0.209	0.009	0.059	0.063	0.283	0.093	0.150
0.840	0.175	0.040	0.057	0.207	0.009	0.059	0.065	0.280	0.092	0.148
0.880	0.171	0.040	0.056	0.204	0.010	0.060	0.067	0.277	0.092	0.147
0.920	0.168	0.040	0.056	0.202	0.011	0.060	0.069	0.274	0.091	0.146
0.960	0.165	0.040	0.056	0.200	0.012	0.060	0.071	0.272	0.091	0.145
1.000	0.162	0.040	0.056	0.198	0.013	0.060	0.072	0.269	0.090	0.144

ゼロに近い値を示しているので消去対象変数となり得る。あるいはHTやG0は正値ではあるが、一貫して低い係数値で、漸近的にゼロに近づいているので、これらも消去変数候補となる可能性がある。哺乳類の場合、体内総水分量TBWは非脂肪量（Fat Free Mass, FFM）に対して72.3％の比率であることが知られているので、非脂肪量を密接に反映していると考えられる周囲値は本来、プラスの係数値をとると想定される。したがってすべての変数を投入しようとする重回帰式の場合には、k＝0.54のステップまで回帰分析を継続しなければならず、あるいは少なくとも、k＝0.07程度のステップまで回帰分析が継続されねばならないことになる。統計モデル選択に関しては母数節約的に少数のパラメータで成立するモデル選択が必要である。そのため、赤池の情報量規準（AIC）やMallowsによるCpなる

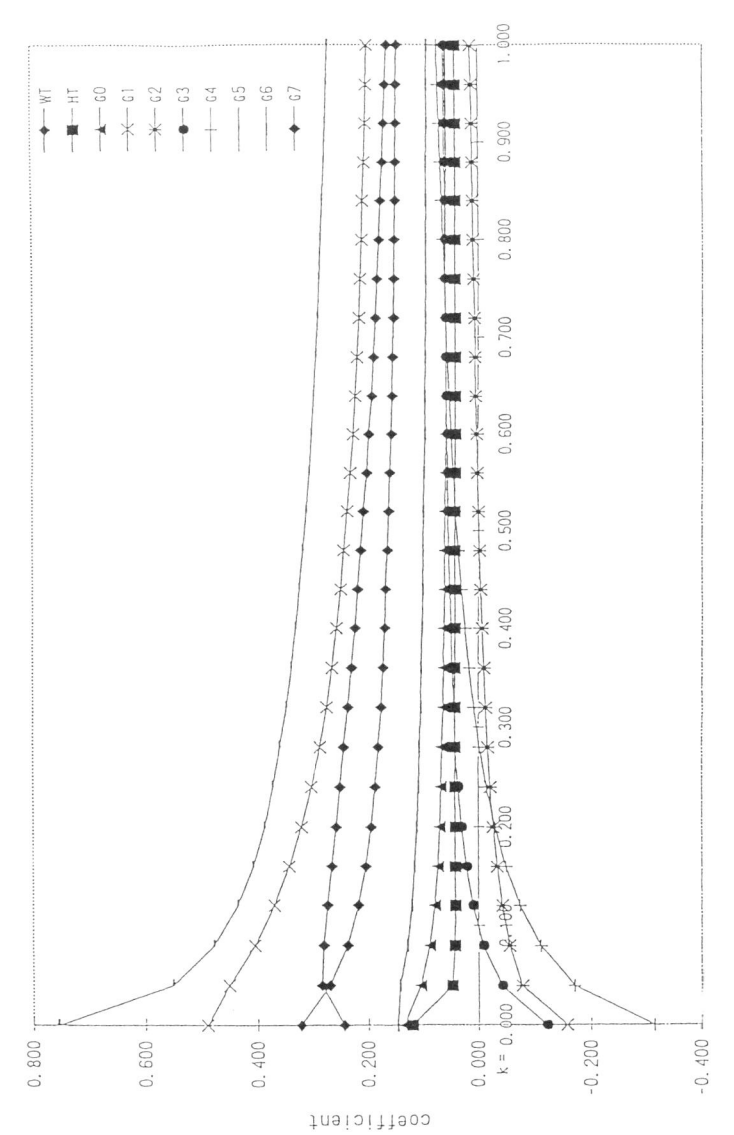

Fig.-6-1 : Regression coefficients obtained from ridge regression analysis.

規準などが広く知られているが、本報告で述べたリッジ回帰分析には同じ様な意義を認めることができよう。ちなみに、G2、G3、G4、HT、G0を除外した重回帰方程式は $\hat{y} = -68.39 + 0.3498 \times WT + 0.549 \times G1 + 0.402 \times G5 + 0.114 \times G6 + 0.261 \times G7 \cdots$ (6・1) となり、R=0.917となった。

3) ステップワイズモデルとの比較による妥当性検討

Baumgartner, R. N. et al. (1989) ではBIA法による体組成予測モデルの作成に関し、リッジ回帰分析の有効性が指摘されている。体組成は成長・老化現象の研究に際し、有効な指標であることに異論は無いはずであるが、そのうちでも体水分を予測するモデルの定立は少ない。すでに吉川ほか(1987)はG0～G7の変数を用い、ステップワイズ重回帰分析を行い、AICなどで最適なモデルを選択した結果を報告している。そこではG1、G3が消去されたものが選択されている。体重(WT)というBody Sizeを表す変数の投入によってかなり統計モデルが異なったものになってくる。最近の体組成研究では、身体の電気抵抗性に着目したBIA法が適用されている。これらの多くが身長の自乗をインピーダンス値で除したものを独立変数としている。これはモデル構成としては、シンプルに過ぎて誤差を大きくさせる傾向が無いとも限らないので、身長の他に本研究で採択した四肢や躯幹の周囲値などが投入されるべきであり、おそらく多重共線性は回避できるのではないかとも考えられる。

4) 予測モデルからの体脂肪率推定

これまでの章と同様にTBW=FFM×0.732の関係を利用し、上記の体水分予測モデルから体水分量の推定値を求めた上で、体脂肪率を推定した。

この推定体脂肪率は平均=26.77%となり、SD=5.98%、歪度=-0.256、尖度=-0.608、中央値=26.99%、25%ile値=23.05%、75%ile値=31.45%となった。

第4節　小　　括

　男子57名の体水分を周囲値（G0＝胸囲、G1＝頸囲、G2＝腹囲、G3＝臀囲、G4＝上腕囲、G5＝前腕囲、G6＝大腿囲、G7＝下腿囲）によって予測するモデルの策定をリッジ回帰分析によって試みた。k値は0から1.0の間で変化させ、その軌跡から変数を消去して、母数節約的で適切なモデルを作成しようとした。

　結果は以下のように要約できる。

　1）変数G2、G3、G4はそれぞれ所与のkにおいて係数符号がマイナスからプラスに転じる不安定な様相を示し、またゼロに近い値になっていく傾向を示した。これらは消去変数候補となる。

　2）また、HTやG0は正値ではあるが、一貫して低い係数値であって、漸近的にゼロに近づく様相を呈した。したがってこれらも消去変数候補とした。

　3）G2、G3、G4、G0、HTを除外した重回帰方程式は$\hat{y}=-68.39+0.3498×WT+0.549×G1+0.402×G5+0.114×G6+0.261×G7$となった。またこの重回帰モデルの重相関係数はR＝0.917（寄与率＝84.1％）であった。すでに第5章で得たモデルは、身長（HT）や体重（WT）を独立変数に設定していないが、本章で得たモデルとはかなり異なったモデルになることが明らかになった。

　相互に関連度が高い変数同士が重回帰モデルの独立変数となった場合に発生する多重共線性に対処するために考慮されたリッジ回帰分析は、一方で母数節約的なモデル策定の意義もある。したがってAICやMallowsのCpなど情報量基準と同等な価値を認めることができるが、消去変数の決定の基準については相当なデータへの知識が必要になってくる。つまり事前情報の利用を含めて副次的な手段ほどの意味が見出せることになる。

第7章　結論と討論

第1節　研究結果の要約

　本研究では情報量規準の導入、残差や多重共線性への対処方法には最近の数理統計学の知見を援用し、同位元素法によって定量した体水分量を従属変数に、四肢や躯幹の身体計測値を独立変数とした母数節約的で、かつ信頼度の高い「最適化」モデルの設定を試みた。

　言わずもがな本研究の動機には、日本の学校や社会での健康教育における肥満羸痩指標の概念の批判と更新、ならびに現代的な健康事象に関連する肥満度の的確な評定方法の探索がある。

　近代国家の歩みを始めた明治期以降、個人には国体のめざす殖産興業や富国強兵政策という公益のために健康であることが求められ、大体格であることは強壮にして、健康であるとの認識が存在していたと考えられる。しかし当時は乳児期、幼児期、児童期、成長期、あるいは青年期から壮年期、高齢期まですべてのライフステージにおいて、熱量不足や飢餓に近い水準にあったことは否定できない。身体を構成し、活動の資源となる栄養素が三大栄養素だけでなく、必須アミノ酸や微量のミネラルやビタミンも必要であるとすれば、絶対的な熱量供給の不足は、同時に肉体の虚弱さの象徴でもあった。すなわち、体重や身長という二大指標は健康水準を表す十分条件であった。それは1930年前後に開始された健康優良児表彰制度にも端的に表現されている。

　弛ま無い努力によって1960年前後に食糧自給が達成され、やがて、輸入食品類の増加もあって、飽食の時代が到来し、グルメがもてはやされた時は、同時に自動車産業や家庭電化製品産業が興隆からそのピークを迎えようとする時でもある。熱量の供給と消費の不均衡は、ひっきょう、肥満児

問題や冠状動脈疾患の増加など、欧米先進諸国の後を追うような健康事象の変化に至りつつある趨勢を認めることができる。

しかし、大体格が健康的であることの認識には変化があったとしても、その体組成実質については、ほとんど巷間の論議に上ることはなく、とりわけ、学校教育においては、大体格であることが健康の指標化の役割を担っていることは否定できない。すなわち、体格の大きさが健康の必要条件化した現在でも肥満羸痩は栄養障害判断の規準的意義を有している。

従来からも試験的に行われていた肥満羸痩度評定には体重（WT）と身長（HT）、あるいは胸囲など一次的な測定値の間の比などを用いたものがよく利用される。たとえばBMI（＝WT／HT^2）は古くから肥満度評価の指標になっており、これらは広くいえば肥痩度を表す指標と考えることもできるが、現在でもよく使用される指標として以下のようなものがある。[比体重＝Quetlet指数＝WT／HT×100]、[比胸囲＝Chest Girth／HT×100]、[Rohrer指数＝WT, kg／HT^3, cm×10^7]、[Kaup-Davenport指数＝WT, kg／HT^2, cm×10^3]、[Bornhardt指数＝（HT×Chest Girth）／WT]、[Pignet指数＝{（WT＋Chest Girth）×HT}]、[Pfaundler指数＝WT／HT$^{2.5}$×100]、[Vervaeck指数＝{（WT＋Chest Girth）×10^2／HT}]、[Pirquet指数＝（WT, g×10）$^{1/3}$／（Sitting Height, cm）×100]などがあり、集合的な場としての学校教育では、参考的に利用されてはいる。また図表を作成して栄養や発育状態を検討しようとした研究者もあり、Wetzelgridは身長・体重の直角座標を利用する方法、平田・角の年齢月齢別の身長・体重、身長・胸囲の相関確率類楕円に基づく相対的体格判定図を作成して満月齢に対応する身長や肥痩度、胸郭広狭度を検討する方法などが提示されている（新井と上田、1972）。これらの間には似て非なる関係が認められており、これらは算出方法にしろ、図表上の観察にしろ簡便であるが、ほとんどが主に乳児期や幼児期など成長期の栄養状態・発育状態に関して形態との関係から種々の算出方法を考えたものであり、また、手元で得られる資料からはその当てはまりの良さや予測誤差に関した記述は知ることができない。すなわちこうした古典的な指数は青年期や壮年期にお

ける内臓脂肪の妥当な指標として考えることは難しい。

　現代病が運動不足に基づくHypo-kinetic Disease、あるいは栄養不良状態に由来する食源病という蓋然性の疾患と解釈すれば、その予防や低次水準での抑制には、栄養処方や運動実施の勧告が行われる。そして、その過程は以下のような経過をたどる。①個体差を知るために個別の診断・身体的基礎能力の評価（＝SEE$_0$）から、現実の病態を理解し（understanding）、②個体に適切な運動負荷や栄養基準の設定を行い（＝PLAN$_1$）、③実際の運動を施し（＝DO$_1$）、①′再度、診断や評価を行って（＝SEE$_1$）、②′次のステップ（＝PLAN$_2$→DO$_2$）へと進むプロセスをとる。このプロセスのそれぞれが、さまざまの運動処方研究者によってその内実を妥当で信頼性に富むものに変化せしめられつつあるが、体組成評定に関しての妥当性も重要な課題である。それは、繰り返し述べたように、活動エネルギー源の最も有効な指標であり、身体運動の成果を規定する一つの要素に位置づけられるからである。

　敢えて労働形態の変化を現代病に関連づけ、就労世代を強調したのは現代病が一般的に成人病・老人病と呼称されるように青年期から壮年期にかけての世代に発症率の高い疾患であることに理由がある。これらが運動や栄養などの不適切さに由来した習慣病として考えられるならば、個体の健康状態の評定、あるいは健康処方の効果の評定などを査定する指標には、年齢や性、民族などの集団特異的な指標が選択されるべきであると考えられる。とりわけ日本人成人（20～約70歳）の体組成実質を、間接的にしろ評定した研究（北川ほか、1993）でも10歳刻みの年齢区間体脂肪率が女子平均10.7％、男子で14.2％と実質的な脂肪蓄積の著明な加齢変化、とりわけ20歳代から30歳代に至る時点ではるかに平均を上回る急激な上昇を示すことが示されているからである。

　自らの肥満度評定が個人において高い精度で、かつ当を得て、行われるならば、栄養・身体活動の処方箋作成に適切な指針が得られることになり、健康処方という一義的な教育課題の動因役を果たす可能性を見いだすことができる。すなわち現代病の制御とは優れて教育学的な意義を内包した課

題であり、妥当で精度の高い体組成指標の策定はそのうちの基礎的課題であるということができる。

本研究は、こうした問題所在を受けて、体重の一分画である体水分の定量値を身体計測値から外挿的に予測可能にする統計モデル作成を試みた。本章第1節では第4章から第6章までに得られた結果を要約した。

(1)体水分量の定量ならびに資料の収集

体水分量は哺乳類では非脂肪量（FFM）の73.2%を占めることが、ヒトの剖検体を含む動物実験を通して得られており、その比率は、その後の研究によって多少、変動はしているが、72%から73%前後であるとされている。

体水分定量の対象になったのは女性では19歳から39歳までの26名であり、男性は19歳から59歳までの57名である。経口投与した重水をトレーサーに、体内で希釈されて平衡状態に達した重水濃度（%D_2O）を、尿中から赤外分光光度計によって測定した。投与した重水量を重水濃度で除して10倍し、これを体内総水分量（TBW）とした。

同時に身長、体重の他、皮脂厚や四肢の周囲値、幅などの身体計測を所定の方法で行った。

(2)統計解析

得られたTBWを身体計測値から予測するための統計モデルをステップワイズ重回帰分析によって作成した。この場合、適度な独立変数で相応の当てはまりの良さが得られるようにするため、赤池の情報量規準、あるいは適宜にMallowsのCpや、Schwarzの基準を用いた。

本研究で得られた成果を概括すると、以下のようになる。

(3)女子の体水分量予測モデル

女性26名を対象にしたモデル作成を同様に行った。被験者は平均年齢27.6歳の女子大学生と家庭婦人である。この場合、女性には閉経を臨界点とする骨密度や骨量の減少が想定されるので、男性とは異なった年齢構成になっている。しかも少数例であるため、重回帰モデル作成には必ずしも適切でないかもしれない。またフィールドでの身体計測も身長、体重、四

肢の囲径、関節幅、皮脂厚など計10項目にわたって実施した。女性であるための羞恥心への配慮から男性とは異なった測定値となった。

1）家庭婦人（12名）、女子大学生（14名）を併合した時、同年代の日本人女子に比較し、体重などでやや大きな値が得られたが、皮脂厚、関節幅、囲径などについては標準的であると考えられた。また女子大学生と家庭婦人の間では平均値に有意な差は認められなかった。以後の分析は両者を併合して行った。

2）定量されたTBWの平均は25.4 liter、標準偏値は2.78 literであった。

3）ステップワイズ重回帰分析では変数増減方式を採用し、変数投入の基準値として$F_{ENTER}=1.8$、除去の基準値として$F_{REMOVE}=1.7$を設定した。その結果、有意な説明力をもつ変数として体重（WT）、膝関節幅（B2）、腹部皮脂厚（S4）、肘関節幅（B1）がそれぞれ、この順に回帰式に投入され、一度投入された変数が除去されることはなかった。

4）赤池情報量規準は4変数が投入されたところで最小値（MAICE）を示した。

5）得られた重回帰方程式は$\hat{y}=-8.70+0.189\times WT+1.79\times B2-0.092\times S4+1.84\times B1$（R=0.908、SEE=1.271 liter）となった。

6）残差分析では特定の変動パターンは認められず、妥当な回帰式と考えられた。

7）Nagamine, S. and Suzuki, S.（1964）による皮脂厚値、あるいは尿中クレアチニン排泄量から体脂肪率を検討し（小宮、小室、吉川、1981）、尿中クレアチニン法と体水分法による値は近似するが、皮脂厚法ではそれらより10％過小に推定することがわかった。

(4)男子の体水分予測モデルの作成

青年期から壮年期に至る男子（年齢の平均36.2±13.7歳）を対象にして身体計測値（身長、体重、骨端幅2項目、周径値2項目、皮下脂肪厚4項目）総計10項目から体内総水分量（TBW）を予測する重回帰式の作成を試みた。

1）57名全員についてのTBWの平均値は34.85 liter、標準偏差5.38 literとなり、この場合の相関行列からは多重共線性の存在が示唆された。

2) 方程式への投入もしくは除去の基準は回帰分散分析の結果に基づいて得たF_{ENTER}、F_{REMOVE}値によったが、体重（WT）→腹部皮下脂肪厚（S4）→身長（HT）→下腿囲（G2）→上腕部皮下脂肪厚（S1）→肘関節幅（B1）の順に投入され一般的な基準はここで満足した。

3) この重回帰方程式は$\hat{y} = -34.56 + 0.170 \times HT + 0.231 \times WT + 0.567 \times G2 + 1.37 \times B1 - 0.167 \times S1 - 0.086 \times S4$（R=0.961、SEE=1.568liter）となった。しかし残差分析では満足な結果が得られなかった。

4) 標準化残差が1.5を超した7名を除き50名を対象にして同様な重回帰分析を行った結果、体重（WT）→腹部皮下脂肪厚（S4）→肩甲骨下部皮下脂肪厚（S2）→身長（HT）→上腕背部皮下脂肪厚（S1）の順で変数の投入がみられた。CpおよびSchwarzの基準ではこの変数選択方式で選ばれたものを最良と評価したがAICは6変数からなる方程式を最良と評価した。

5) 得られた重回帰方程式は$\hat{y} = -8.10 + 0.4573 \times WT - 0.0839 \times S4 - 0.0951 \times S2 + 0.1089 \times HT - 0.1368 \times S1$（R=0.9857、SEE=0.940liter）であった。残差分析では歪度、尖度とも有意ではなかったが、その変動パターンにはやや特徴があることが指摘できる。

6) 小宮と吉川（1985）では高齢者までを含む71名の体水分定量を行い、TBW＝FFM×0.732から体脂肪率を求めているが、Nagamine, S. and Suzuki, S.（1964）の皮脂厚法からの値と中庸の相関はあるものの、約9％平均で大きい値が示されている。本研究もほぼ同様な違いがあった。

(5)周径値を独立変数とした体水分予測

上記で得た予測モデルには身長や体格などBody Sizeを表す変量が分散の大部分を占め、必ずしも体水分量の「記述的意義」が高くないことが指摘される。そこで同じ対象者のいくつかの周径値から体内総水分量（TBW）を予測する重回帰モデルの作成を試みた。

1) 重水投与に先行して胸囲（G0）、頸囲（G1）、腹囲（G2）、臀囲（G3）、上腕囲（G4）、前腕囲（G5）、大腿囲（G6）、下腿囲（G7）を測定し、これを独立変数とした。TBWも含めて歪度・尖度などに統計的な偏りは見出せなかった。

2）重回帰分析の1つはすべての独立変数組について検討したものであるが、投入変数個数による群ごとに赤池の情報量基準AICで好ましいと判断される組合わせから幾組かずつを選択しこれを考察した。

3）変数総当たり減少AIC方式と呼び得るこの方法では、G0、G2、G4、G5、G6、G7、計6変数を含む重回帰式がMAICE（AIC最小化）を果たした。

4）F基準値＝2.0と設定した変数増減法では G5、G6、G4、G0、G2、G7の順で変数が投入され、この間に変数の入れ替えはなかった。この独立変数組は上述の変数総当たり減少AIC方式と同様のものである。

5）したがって以下に示すような重回帰式が、これら2つの手順いずれによっても採択されることになる。$\hat{y} = -30.45 + 0.355 \times G0 - 0.262 \times G2 - 0.761 \times G4 + 1.667 \times G5 + 0.338 \times G6 + 0.413 \times G7$ （R＝0.9352、SEE＝2.018liter）となった。

6）変数の符号に多少の問題はあるが、全体としての重回帰式は妥当なものであり、残差の統計やプロット図などを検討したところでは回帰式の欠陥は見出せなかった。

この重回帰式が利用し得るのは「データの得られた範囲」に限られるのはいうまでもないが、本研究の問題の所在は最適な予測式を母数節約的に作成することにあった。その意味からして基本的な手順としてここに提示した「ステップワイズに変数の投入や除去を行い、そのつどAICやCpなどを利用しつつ、複眼的にその評価を行おう」とした点は今後のモデル作成の上で重要と考えている。

(6) リッジ回帰分析による体水分量予測モデル作成

相互に相関しあうのが、ヒトの身体計測値の特徴でもあり、そのため係数値の不安定さが指摘されてもいる。その対処方法には変数の主成分化などが考えられているが、リッジ回帰分析も有効であると考えられている。これを男子被験者の身長（HT）、体重（WT）および四肢8部位の周囲値｛胸囲（G0）、頸囲（G1）、腹囲（G2）、臀囲（G3）、上腕囲（G4）、前腕囲（G5）、大腿囲（G6）、下腿囲（G7）｝を独立変数とする場合に適用した。その結果、

G2、G3、G4、HT、G0を除外した重回帰方程式はŷ＝－68.39＋0.3498×WT＋0.549×G1＋0.402×G5＋0.114×G6＋0.261×G7（R＝0.917）となった。統計モデル選択に関しては母数節約的に少数のパラメータで成立するモデル選択が必要である。そのため、赤池の情報量規準（AIC）やMallowsによるCpなる規準などが広く知られているが、リッジ回帰分析には同じ様な意義を認めることができよう。先に示したモデルではG1、G3が消去されたものが選択されている。身長（WT）というBody Sizeを表す変数の投入によってかなり統計モデルが異なったものになってくることがわかる。

(7)体組成分画の推定値に関する考察

　動物実験などを通して、体水分（TBW）と非脂肪量（FFM）の間にはTBW＝FFM×0.732の関係が知られており、したがって得られた体水分量ならびにその予測モデルから、可逆的に体組成分画を以下のようにして推定できる。体重（WT）、体脂肪量（FAT）、体脂肪率（％FAT）とすると、FFM＝TBW／0.732、FAT＝WT－FFM、％FAT＝FAT／WT×100％となる。予測モデルによる体水分推定値（TBW'）からも、同様に％FAT'などが算出できる。

　以上のようにして求められた換算体脂肪率は以下のようになった。

　　男子　定量値から　　　平均％FAT　26.7 ％、SD　7.08％
　　男子　予測式1から　　 平均％FAT　23.72％、SD　4.37％
　　男子　予測式2から　　 平均％FAT　26.66％、SD　6.64％
　　男子　予測式3から　　 平均％FAT　26.72％、SD　5.99％
　　女子　定量値から　　　平均％FAT　34.0 ％、SD　5.14％
　　女子　予測式から　　　平均％FAT　32.84％、SD　3.80％

　重回帰分析の妥当性を重相関係数（R）によって検討した時には、R＝0.908から0.9857の範囲を示すことがわかり、全体として高い精度で体水分が予測できる可能性が示唆された。体密度を同様に、身体計測値から予測・推定するためのモデルに比べても高い値であった。たとえば最近、実施された田原ほか（1995）の女性に関する予測モデルではR＝0.77を得てい

るし、その他の体密度研究でも重相関係数は0.5を凌駕する程度である。結果として本研究のモデルは全体の分散の81％から96％程度を説明する比較的高い精度を有していたことになる。

　一方、モデルの信頼性を残差分析によって確認する作業も実施したが、当初のモデルでは、残差の大なる標本が全標本の数％程度、存在していた。そのため、data control として、残差の標準偏差SDに依拠し、2SDを凌ぐ標本を除いて新たな回帰分析を実施した。この結果では、いずれのモデルも残差の「振る舞い」に特徴的な様態は認められないということができる。

　以上、得られたモデル自体の妥当性や信頼性の検証によって、少なくとも男子では高校生後期を含む青年期から壮年期まで、女子では高校生期から閉経以前までの対象の体水分の予測には、適用可能であるということができると考えられた。

第2節　体水分モデルの成果と体組成研究に関わる意義

　第2節では体組成予測モデルの定立によって期待される体育的評価の充実や体組成研究自体の進展を論議した。

1）独立変数に示されるモデルの有効性

　まず第一に提示されたモデルの特性を検討した。独立変数に四肢や躯幹の筋肉量を反映した結果、身体トレーニング効果や運動処方の進展度を比較的、明白に知り得るモデルと考えることができる。本研究で定立したモデルの中で有意な寄与を示す変数は、皮脂厚でいえば男女とも腹部皮脂厚であり、あるいは周径値でいえば、膝・肘の幅であった。また、棄却したモデルや周径値のみに依存したモデルでも腹部の皮脂厚や周囲値は負の係数符号を示し、一方、末梢（四肢）の周囲値は正の符号を示した。

従来、個体の脂肪の消長の指標は、Nagamine, S. and Suzuki, S. (1964)のように上腕背部や肩甲骨下縁などの皮脂厚であったが、腹部脂肪厚に非脂肪量の意義が見出されたことになる。不活動状態の極としての無重力状態では、体重は変化せずに筋肉が脂肪に置き換わることが知られている（池上、1982）。小宮（1991）は、3名の長距離走者を被験者とし、約17カ月後に内臓脂肪の減少が顕著であり、一方、上腕背部と肩甲骨下縁部の皮脂厚値は増加傾向を示すことを報告し、体組成変化を検討する上では、これらが至適変量とはならないことを述べている。測定のしやすさから選ばれた変量よりも、本来の体組成を明確に示し得る変量が選択されるような方向に体育測定評価が移行するべきことが示唆されるといえる。また、周囲値でも末梢と躯幹の計測値が相反する係数符号を示したことから、ウェスト・ヒップ囲（WH比）のような合成指数の有効性も指摘できると考えられる。

　医学的な定義では、脂肪が過剰に蓄積した状態と定義しながら、統計学的に割り出された標準体重ないし理想体重を基準として肥満度が定められているが、肥満度を体重のみで評定しようとすると体組成の実質的な変化の検討は不可能である。また保健体育科教育でも、現在の教師用指導書にみられるように、まさしく、標準・理想体重という医学的な定義の範囲の中に肥満は位置づけられている。

　しかし、本研究で提示した周径値（筋量・骨量）や皮下の脂肪など、比較的に変化が著明な計測値からなるモデルによれば、頻回には評定できない体水分量の消長の評定が可能になり、また、近似的に体脂肪率の算定が可能になる。すなわち、体重と交絡することのない非脂肪量を算出でき、少なくとも体育測定評価の視点変更の可能性が示唆される。

2）肥満度評定と関数式係数を巡る論議

　第二点目に、体水分量定量値から先述の関係式（TBW、liter＝FFM×0.732）を利用して求めた体脂肪率（以下、換算体脂肪率）の有効性が論議されねばならない。換算体脂肪率は閉経前の女子では平均＝33.65％、SD＝4.85％、

25％ile値＝29.9％、75％ile値＝35.9％、歪度－0.042、尖度0.330、青壮年期男子では平均＝26.7％、SD＝7.08％、25％ile値＝12.5％、75％ile値＝32.6％、歪度－0.181、尖度－0.900となり、これらはLohman, T. G.ほか、著名な体組成研究者のいう「一般人の最適健康状態での体脂肪率」男子10〜25％、女子18〜30％を凌駕する。また、よく行われる皮下脂肪測定値を用いてNagamine-Suzukiの体密度式及びBrozekの体脂肪率予測式に代入して求めた体脂肪率は男女いずれも水分法からの換算値に比べ約数％から10％過小な値となった。

　しかしこれをもって体水分モデルが妥当でないとする結論にはいたらない。なぜならば小宮、小室、吉川 (1981) はここで対象とした女子被験者の体組成を尿中クレアチニン法でも検討し、両方法で得られた体脂肪率が統計的な代表値（平均値、SD）でも、個体値でも極めて近似していることを見いだしている。また、Cohn, S. H. et al. (1981) でも、健常なアメリカ人（男子74名、女子61名）の体組成を種々の方法で検討した結果、かなり高い体脂肪率を報告しているからである。Cohn, S. H. et al. (1981) では総カリウム法から推定した体脂肪率(％FAT－TBK)、総窒素法での体脂肪率(％FAT－TBN)、総カリウム法と総窒素法を組み合わせて推定された体脂肪率(％FAT－TBK＋TBN)、体水分法 (TBW＝FFM×0.732) から得た体脂肪率 (％FAT－TBW)、皮脂厚値からBrozekの体密度によって求めた体脂肪率 (％FAT－SF) の年齢別平均値を示しており、年齢別平均値に各年齢の標本数を掛けて求めたものの合計を総標本数で除した総平均を筆者で再計算した結果、男子では％FAT－TBK＋TBN＝31.9％＞％FAT－TBK＝29.2％＞％FAT－TBN＝26.9％＞％FAT－TBW＝23.2％＞％FAT－SF＝19.0％、女子でも順序は同様で40.4％＞39.6％＞38.5％＞33.7％＞30.2％となった。すなわち、皮脂厚—体密度法はカリウム法、窒素法、体水分法など他の推定方法に比べて、かなり過小な体脂肪率を算出すると考えた方が適当ではないかと考えられる。皮下脂肪厚についてはその年齢変化の比較的少ないことが示されており（田原ほか、1995）、Nagamine, S. and Suzuki, S. (1964) のように平均年齢20歳前後の標本から得た予測モデルを利用して、本研究

の標本のような壮年期を含む標本に適用した時には、こうした結果に到達し易いと考えなくてはならないであろう。本研究の体水分量からの換算体脂肪率は年齢別にみると男子では20歳代（22名）23.8％、30歳代（5名）26.6％、40歳代（18名）27.8％、50歳代（12名）30.6％となり、この場合の年齢効果（$F_{3,53}=2.79$）は5％未満の危険率で有意となった。

さらにいえば換算体脂肪率の前提となるTBW＝FFM×0.732なる関係式の係数（ω）0.732に関する論議が深化しなければならない。この係数値ωは先行研究の少数の動物あるいはヒトでも剖検体の分析によって得られ、癌など衰弱性疾患患者ではこの係数が高くなることも示唆されている（Cohn, S. H. et al., 1981）。また、Cohn, S. H. et al. (1981) はこの係数には0.67から0.73までの個体差があることを勧告し、Going, S. et al. (1995) が整理したところではその後の多くの研究でも0.65から0.80程度の個体差が指摘されている。また Lohman, T. G. (1992, p.71) には、FFM に占める体水分率の性・年齢別データが示されており、17～20歳の場合には男子73.8％（女子74.5％）、以下、15～16歳では74.2％（75.0％）、9～10歳では76.2％（77.0％）、5～6歳では77.0％（78.0％）と、年齢が高くなる程、低下することが示されてもいる。これらの点を総合すると、ω＝0.732として、直接的に換算体脂肪率に帰着することには、かなりの問題点があると考えた方が妥当である。

しかし肥満羸痩に関わる体水分量そのものについては、体組成に関する極めて重要な情報源として尊重されるべきであると考えたい。

3）体組成に関した応用的研究への発展可能性

体組成研究の進展との関係では次のような点がある。体組成研究は、Siri, W. E. (1956, 1965) が提示する％FAT＝{(2.118／BD)－(0.78×％WATER)－1.354}（×100％）のような多成分的な方向にあり、そこでの体水分量の推定値は極めて重要である。

また、広範に利用されているBIA法で期待されている体水分量の高い精

度での予測が可能となり、一層の進展が期待できることになる。BIA法は、ポータブルな計器が開発され、放射線のような人体への曝露の危険性や専門的技術者の必要性が回避された機材であり、フィールドでの利用も一般化しつつある。これに本研究でのモデルを導入することにより、教育や臨床医学での応用に利する可能性がある。あるいは少なくとも生体電気現象に関わる基礎的、臨床的研究への基礎的研究として今後の応用が可能になると考えられる。

第3節　保健体育科教育における課題への成果

1）保健体育科教育の外的・客観的意義からみた体水分モデル

　第3節では体水分量予測モデルのもつ保健体育科教育的意義について検討した。
　このうち第一点目には、健康志向にある現在の保健体育科教育の系譜の中で果たす外的・客観的な意義を考察した。本研究で定立した体水分量モデルは、青年期から壮年期までの標本に基づいており、学齢期の者を対象にした時に、有効であるか否か、すなわち交差妥当性に関しては検証されていない。しかし、体水分量モデルでも膝や肘の幅などの計測値が有意な独立変数として寄与していることを考え合わせれば、ここで得た体水分量モデルの有効性は以下のような点において存在すると考えられる。つまり筋肉の成長速度は中学校生徒の年齢期に成長のピークを示し、筋量は高校生期に成人値に達し、骨格系の成長が高校生期にほぼ完成するという一般的な成長の事実によれば、標本の年齢属性を超えて、思春期後期の学齢期の者にも有効である可能性が考えられる。本研究で定立した体水分量モデルは、形態発育においてほぼ成人の相似型に到達した思春期後期の者への適用は可能であろうといえようが、年齢効果が有意であったことも考える

と、本来は思春期後期世代を標本とする予測モデルが作成されるのが望ましい。

　繰り返して述べるまでもなく、健康な生活の具現化を図る上で肥満羸痩概念が重要視されたのは決して新しいことではない。とりわけ肥満と健康事象との関連性については、基礎・臨床医学の研究により肥満→慢性的基礎疾患状態の誘発→循環器疾患・内分泌代謝性疾患・筋肉骨格系疾患なる閉塞構造の中では十分すぎるほどの証左が得られてきている。すなわち学習指導要領の昭和45年改訂時には中高年齢層の成人病予防の上から肥満の問題が指摘され、その後、昭和53年の改訂では、肥満と慢性退行性疾患の対応がより強調され、さらに平成元年に改訂された文部省学習指導要領第6節第1．体育では、健康の保持増進のために身体運動の必要性の強調とともに、生涯学習的に身体運動を計画的に実施する意義と実施の方策について記述されている。

　昭和53年改訂の学習指導要領から用語として運動処方が示された。個体の成長や加齢に適合させ、計画的に、個体の現有水準や健康状態に適切な運動を実施することが「運動処方」である。すなわち同指導要領の中のH. 体育理論では個体を準備態として、その能力の現有水準や身体資源の評定を行い（SEE_0）、それに適合する「運動の強度、時間、頻度」を設定し（$PLAN_1$）、実践する（DO_1）ことにより、個体の身体資源などの向上を図り、再度、個体の能力の現有水準や身体資源の評定を行っていく（SEE_1）というシステマティックなプロセスが強調されている。また、現行指導要領第2．保健では「疾病構造」の変化に対応して、「健康の保持増進の方法」も変化し、「生涯の各段階において健康管理が必要である」ことを指摘している。現代における健康の保持増進という課題が学齢期＝成長期にとどまらないで、壮年期から高年齢期までを展望する視点の上で重要視されねばならないことが強調されるようになってきている。

　しかし、疾病に関わる研究成果の還元は学校教育の実践の中では必ずしも十分ではなく、現在の学習指導要領やそれに準拠した教科書に示される肥満羸痩概念は、体組成研究の枠組みそのものからいえば、極めて皮相的

に過ぎることになる。個体の身体資源の消長を検討する実定法的で標準的な文部省スポーツテストでは、身体資源等の評定がほとんど等閑視され、評定内容が戦時中の「体力検定」に依拠した「スポーツ適性」に偏重しており、増加の趨勢にある「血管病変」や「代謝異常」などの慢性退行性疾患とは乖離したものであることは否めない。しかも健康の保持増進を担う保健体育科教育では、教師用指導書でも依然として「ローレル指数」など体格による肥満度評定を秀でた指標として活用し、その結果は、「細身志向の脂肪太りや拒食症」などの精神的な問題の増加、「肥満外科、脂肪吸引法など痩身医学療法」の進展に寄与したに過ぎないのではないかと考えられる。こうした状況下、とりわけ身体の構成の実質＝体組成に関して、教師も学習者もブラックボックスとしてしか捉えていない実態の中では、「個人の適切な生活行動」が指摘されたとしても、一方的な身体運動の勧告にのみ終始することになる。

　繰り返し強調したように、様々な原因が複合し合う結果として発症する代謝異常や血管病変には、蓋然的にしろ、肥満すなわち、腹腔内貯蔵脂肪や皮下の脂肪の過剰な蓄積が関与している。旧来から有効とされてきた標準体重などに基づく指標により、痩せ過ぎと評定されても、それは腹腔内貯蔵脂肪の蓄積までを評定し得るものではない。

　本研究の第4章以降のような体組成評価のモデル作成の結果、全身運動と密接な関係にある四肢や躯幹部の周径値、あるいは皮脂厚の測定値が有意な説明力を示すモデルを得た。たとえば Nagamine, S. and Suzuki, S. (1964) のモデルなど旧来の体組成推定モデルが皮脂厚のみに依存していたことに比べ、身体運動と不可分な独立変数からなるモデルが作成されたことは、身体運動の計画的な実践の強調にとって極めて実用的であるといえる。あるいは体組成研究に関する成果に非脂肪量、すなわちミネラルや蛋白などに関する推定の基礎が得られたことにもなる。

　おそらく明治の学校令以来頑健に護持され、身長に対する体重の不均衡を説く肥満羸痩の概念は身体の実質へと更新することは、外在的な理由から不可欠となっており、体水分予測モデルによってその更新速度が促進さ

れる可能性がある。

2）保健体育科教育の内的・主観的側面からみた体水分モデルの意義

　第二に、体水分量予測モデルが個体の肥満度評定、あるいは運動処方の plan 段階の基礎資料提供という外的・客観的側面に留まるのではなく、保健体育科教育を含めた教育において果たす内的・主観的側面についての意義を検討せねばならない。すなわち保健体育科教育で肥満羸痩が主題化されるためには、一方的な運動勧告や知識としての熱源計算手法供与で事足れりとは考えられず、体水分量モデルの外的・客観的側面の有効性を考慮した上で、有機的に活用する視点が求められる。

　本研究で「肥満羸痩に関する概念」を表題としたのは、糖尿病や動脈硬化症など成人病と総称される疾病が食事・栄養の不適切性や熱源の出納の不均衡など生活行動の不適切性に大きく起因し、小児期から多く観察されることに動機があり、さらに、斯くある肥満の認識や評定の実態を揺り動かすためには、個体による肥満の実質の的確な把握が必要であること、ひいては現代病の適正な認識と健康の保持増進への個人の積極的な関わりに重要であると考えたからである。

　保健体育科教育の教材の主要な側面に大筋運動の学習があり、スポーツや表現活動という文化を学ぶ一方で、個人は最も身近な存在としての自らの肉体を駆使している。それにもかかわらず肉体をいたわるのは、すでに臨床医学の対象になるほど、進行する病態に陥っていたり、不可逆的な進行に自らを委ねねばならない時である。殊に、現代の疾患は病像の不明確さの故にこのことが該当する。

　現代病が、生活規範の不適切さ→慢性体調不良→慢性的基礎疾患→(高次の) 疾患と連鎖する階層的かつ閉塞的構造を有する故に、個体の為し得る病態や疾患の発症制御は、直接的な疾患治療よりも、下部構造因子、初期・低次の構成因子において、その効果を大にする。

一般に、医療行動基本計画には「身体の基礎的状態の評定」、「課題解決のプログラム設定」、「行動要素の指導」が相まってプロセスを形成していなければならないとされる。とりわけ医療行動実施者では評定の効率性、合理性、客観性を条件としている。体育学・体力学にいう運動処方も、現実 (real) の個体の病態あるいは慢性的な健康水準に関して客観的な測度でもって測定し (measure)、同時に運動的療法や栄養的療法の意義を認識・理解させ (understand)、手身近な生活習慣の是正を行為化させ (behavior)、最終的に病態の増悪化の抑制を達成すること (achieve) が本質的な病態治療への方策である（岩崎、1990）。

　こうした視点は、特に医療に携わる臨床医や医学研究者あるいはパラメディカルなスタッフに固有な見方として、存在しているのかもしれない。しかし、「処方」という医学固有の言葉が、次第に体育学や体力学での日常的なテクニカルタームとして位置づくようになったことからも明らかなように、他領域に特別な視点としてみなすのは適切ではない。特に、身体の健康に関わる現代の課題は、個人の自覚や認識の度合いをいかに揺動し得るかに依存する。からだが個人にとって最も身近である故に、その衰微や向上の内実に関わって、精密で妥当な客観的評価を要求するのは自然である。

　self-care 行動、compliance 行動などクライエントの心理・内的システム、またクライエントが関与する家族など社会システムを重視する臨床心理学に学べば、軽症の段階で受療行動をとる行動に最も影響力をもつのは「病気の兆候」を測定する尺度であるとされている（宗像、1991）。換言すれば肥満贏痩を健康行動に対して意味づけるに際しても、優れた尺度の定立が必要であり、これを契機として積極的な健康行動を優先させる態度の成立が開始されると考えられる。

　また、シーデントップ (1981) は教育を「環境作用により一定の価値と志向性を基礎とする人々の内的・外的諸側面における価値的諸変化を生起させる過程」であると定義し、従来の「身体の教育」、「運動による教育」の見方が手段的体育に過ぎず、体育独自の教育的意義を考慮しない考え方

として否定した上で、体育を目的論的観点から競争的・表現的活動「の中での」教育として捉えている。

　保健体育科教育における主観的・目的論的側面を人間性の形成とし、客観的・手段的側面を有能性の向上とすれば、この二側面をいかに相即的に統合するか、とりわけ、いかに運動や表現活動において体組成を意味づけ、位置づけるかは重要な課題となる。おそらく成長に即した、あるいは成長を刺激する機能としての身体運動の配列などがその一義的な課題となる。

　このように現代病の内的・外的制御には個人の自覚や継続性の意志、運動や栄養食量的意義の理解など広義の認知を一次的な動因として、他者による客観化された個体の妥当な診査・評定、及び現有水準に即し、かつ質と量の適切な筋骨格系を主体とする身体運動が実践されることが不可欠である。これが適切な質と量の三大栄養素及び多種類のミネラル類、ビタミン類、必須アミノ酸、必須不飽和脂肪酸などの摂取と相まった時に増悪化が抑制され、あるいは発症の遅延がなされることになる。

　より具体的には熱源としての脂肪の消費に寄与する持久性の運動、筋量の成長を刺激する筋力系あるいは筋持久力系の身体運動と体組成消長との関わりを実査的に検討することがあげられ、また、こうした運動の積極的な導入の必要性が首肯されよう。したがって、最近の指導要領改訂の大きな眼目になっている中学生期からの多様なスポーツ、すなわち選択性の体育の展開には少なからず、疑義が存在することになる。

　標準・理想体重という範ちゅうを凌駕し、体組成の実質までを評定するモデルは、教育素材としての体組成、生物としての人間＝ヒトにおける体組成の消長など保健体育科教育への適合性を保持しているということができよう。これらを通して、最も身近な自然的存在としてのヒトの身体を理解し、体組成と運動の関わりの認知、健康への意欲的行動や態度が形成していくと考えられる。すなわち、体水分量予測モデルは肥満羸痩の本質に、より積極的に立脚しているということができる。現代病の制御とは、したがって、身体に関わる現実的に操作可能な課題に対し、教育的診査の中でも体組成に関した情報をフィードバックしながら身体運動の実施を継続化

させることであり、優れて体育学的課題である。その中の体組成研究は、教育効果評定に関して最も興味をもたれる事項である。

3）肥満贏痩に関する全体（holistic）モデルへの発展

第三に本研究の概念モデルから全体モデルへの発展について指摘した。

旧来では一般的に過剰な脂肪蓄積を熱源出納の不均衡から説く一般モデルが肥満のメカニズムの説明役を果たしてきた。一般モデルに依拠する限り、栄養熱源の計算や一方的なスポーツの勧告を基調とした肥満の対症的な処方が行われがちである。その結果は、肥満は保健体育科教育学の副次的課題として留置され、その一方で、過食や節食に伴う障害の増加可能性が昂進していく。こうした現状への打破は本節前段ですでに考察したように体組成実質の厳密な査定（assessment）とその消長・増減を評価する客観的な情報の供与によって、まず可能となる。

そのため、本研究での概念モデルは、食事が蓋然的にしろ、体組成に影響し、食事は運動と関係し、また、運動と体組成が影響しあう相互補完性をもつことを想定した。その上で、脂肪と筋肉の置き換えが早期に進むと思われる四肢や躯幹の大きさを独立変量とする体水分量予測モデルの作成を試みた。

概念モデルでは、体組成＝熱源食糧＝身体活動が交絡しあい、疾患を終末とした閉塞構造性が存在していた。ここで、人間の行動として「食事」や「身体活動」という最も基本的な健康保持要素を制御することの可能性を示唆できるが、食事や身体活動状態を「準備態」と考えると遺伝的な体質や嗜好性、適性などが指摘され、また個体のみならず社会構造的なスポーツ流行や食糧供給の変化がある。このうちの社会構造的変化を引き金にして、準備態が触発されて、二次的に食と身体活動の出納の不均衡がもたらされることになる。

換言すれば肥満とは社会構造を背景に、個人の生活行動を基底にして発生する慢性的基礎疾患の前駆状態であるということができる。これに対処

するに際して、生活の質 (Quality of Life) やそのリズムの円滑性や自律性が、まずもって保持されていなければならないし、個体の生活態度の適切さとも関わってくる。全体的にこれらの要素の関係は全人格的すなわち教育的であり、この総合的な人間生活の中で肥満度の消長を個体別に評定し、継続する意義が生じてくる。

社会の変容とともに、われわれが食する食糧には、時として急激な変化がみられるが、最近に食する食糧は必ずしも、ヒトの本来の生理―神経系には適合していない。摂食障害の事例、あるいは Rapp, D. J. (1984) が指摘するような「食品添加物と学業成績の依存関係」、「Hyper Activity である子どもと人工甘味料」の問題などから、学校教育における活動エネルギーの供給と発現する活動の相互関係にも目が向けられねばならない。また糖尿病や肥満症に対する運動療法的研究では食事療法との併用が必要であることを強調してきている（佐藤と押田、1991）。これは人間の教育がひとりスポーツや体力つくりの勧告、あるいは徳育、知育それぞれ単独では達成され得ないことを示唆する。すなわち手段的な健康管理からの脱却は当然であり、健康でありたいとする目的論的な健康論へと発展する意義が検討されねばならない。生命に関わる肥満贏痩など健康事象は保健体育科教育独自の目標ではなく、運動や食糧栄養を始めとした生活構造因子をいかに位置づけるかなど教育活動全体を通じて、追求されるべき課題である。同時に、食事―運動―道徳性―知育など未だ明らかにされてはいない人間発達の相互関連可能性についても課題を投げかけることになる。

結論的にいえばここで定立した体水分予測モデルは非脂肪量、脂肪量に関する適切な情報を提供することになり、医学的な肥満度診断に基礎をおく現行の保健体育科教育における肥満度評定の限界を凌駕し、身体成果に直接関与する身体資源を比較的簡便に評定する価値があると考えられる。

人間生活の基本的要素としての栄養学的に適切な食糧の供給はひとり体組成に効果的に影響するのではなく、身体活動の質や量への影響や Rapp, D. J. (1984) が述べるような道徳 (moral) の向上も示唆し、体組成実質の変化は、身体運動の成果、身体技能や身体資源の変化と並行して進行して

いる。旧来、栄養や体の実質＝身体組成に関する事項は生命や身体活動を支える最も基本的で、かつ制御可能な教育的要素でありながら、保健体育科教育の周辺に置かれてきた。

最も身近な存在としてのヒトの体の機能と構成の理解は「体に関した教育」のみを意味するのではなく、身体活動実践の過程を経て深化し、同時に体組成や身体資源が向上していく。これを「体の中での教育」とすれば、自然的存在、ヒトとしての体の変容と文化的存在、人間としての心の変容とが相まった教育が可能となると考えられる。「体水分量の予測モデル作成」はその基礎研究として一定の意味をもつと考えることができる。

第4節　今後の課題

最後に本研究に残された具体的課題として以下の点をあげることができる。

まず第一に、実践的な保健体育科教育を通じ、体組成の時系列的変化の客観的評価をしながら、体水分量予測モデルの有効性の評価が行われるべきことがある。

生物としてのヒトは、骨や筋肉、結合組織の成長のピークを中学生から高校生期にかけての時期に有している。保健体育科教育において心身の成長を促進し、心身の健全な発達を促すためには、個体の基礎体力の他、肥満度や体組成に関しても現有水準を評価する段階がまずある。その上で、最適な時期に骨格筋や呼吸循環系に適切な刺激が必要であり、体水分予測モデルはその現有水準を評価し、継続的にその消長を検討するために一定以上の有効性を有している。また、学習指導要領などでは、成人病への関心から、肥満への対応を重要な課題としており、これを現実的な達成可能な課題とするためにも児童期から思春期までの体のつくり、体組成の変化・消長を継続的に測定しておく意義は高い。

同時にまた保健体育科教育の大きな方向性に運動処方をあげることがで

きるが、この概念に包含されているような個体の現有水準や適性の評価には、肥満や体組成の精密な評価指標が必要なはずである。

　本研究の第5章、第6章で得た大筋の周囲値を独立変量とする精密度の高い体水分モデルは、スポーツ活動との不可分性も相まって、相応の有効性を有しており、少なくとも思春期後期におけるスポーツ活動による体組成の消長評価や保健体育の教育課程の編成には適切であるということができよう。

　第二には、BIA法などへの本研究での成果を実際的に応用することがあげられる。生体の電気現象は、脳電図・心電図という医療的意義によって、現在も健康事象や体力学的課題と不可分である。最近では、BIA法など、細胞外液の分布を手がかりにした伝導工学的手法が広く行き渡っている。細胞外液＝体水分量の定量が高い精度で可能になることは、体組成自体の推定をも可能にする。BIA法など従来の方法は、身長と体重を独立変数とした体水分モデルから、体水分を予測してきた。しかし、体重に過分な寄与があること、ならびにWT＝FAT＋FFM、％FAT＝FAT／WT×100の関係から、体重が独立変数と最終変数として寄与しているがための交絡現象を避け得なかった。本研究で定立した四肢や躯幹の周囲値を独立変数とする体水分モデルが、BIA法などと結合すれば、少ない誤差範囲の中で体水分の予測、FFMの推定、体脂肪率の推定が可能になると考えられる。併せて四肢や躯幹の周囲値の計測についてもインターフェースなどコンピュータ周辺技術の進捗に歩調を合わせることで、体重のみに依存するのではない研究の進展を期さねばならない。

　また、第三点として体水分係数ωに関する論議の充実がある。$\omega=0.732$に依拠する限り、本研究の換算体脂肪率は数％以上の範囲で過剰推定されることになった。しかし、本研究での被験者は、医師による健康診査結果は実施していないものの、スポーツ実施など日常生活要素を総合的にみれば、かなりの正確度で「健康体」であると考えることができる。

　一方で、このωについては、1950年代の動物やヒト剖検体の検討結果に基づいて$\omega=0.732$は、おそらく40年間以上にわたって受容されてきた。

しかし、1980年代後半から体密度との併用研究など先行研究では、かなり幅広い個体差が存在することが、明らかにされつつある。仮に被験者が体脂肪率の標準的な値（男子＝20%、女子＝28%）を有すると考え、本研究の換算体脂肪率から逆算的にωを検討すれば、妥当なωは0.67となる。この点を確認するためには、被験者に体水分法に加えて、体密度・体容積法、カリウム法、クレアチニン法など、他の研究手法を実施し、これらとの交差妥当性の検討を行う適切な実験計画の設定が必要であり、体水分定量時のアイソトープ効果や食事要因の制御も重要な考慮因子である。

　第四に、他の年齢集団、特に閉経後の女性や学齢期の者を対象にした予測モデルの定立などが重要な課題となる。同位元素を利用し体水分量定量を意図した研究は、1960年代から実施されてきた。閉経により女性ホルモン、エストロゲンの低減が発生し、カルシウムなど無機質の低下が顕著になることは多くの報告から示唆されているところである。本研究で女性被験者を有経者に限定したのも、この事情による。

　また学齢期に相当する小学生、中学生、高校生など個別の年齢段階でのモデル定立が不可欠である。体組成研究がすべからくpopulation-specificな問題への対処を前提としており、また形態からの体水分の予測は形態発育の途上にある学齢期に固有な課題であるといえよう。

文　　献

Akaike, H. (1974)：A new look at the statistical model identification, IEEE Transactions on Automatic Control 19：716-723.

赤池弘次 (1976)：情報量規準AICとは何か——その意味と将来への展望、数理科学　14(3)：5-10.

赤池弘次 (1981)：モデルによってデータを測る、数理科学　19(3)：7-10.

Akers, R. and Buskirk, E. R. (1969)：An underwater weighing system utilizing 'force cube' transducer, J. Appl. Physiol. 26：649-652.

Anderson, F. C. (1963)：Three components body composition analysis based on potassium and water determination, Ann. New York Acad. Sci. 110：189-210.

Anscombe, F. J. (1981)：Graphs in statistical analysis, Am. Statist. 27：17-21.

Anzai, I. (1981)：A comparative study of body composition of urban and rural Japanese boys 12 to 14 years old, Ann. Human Biol. 8：109-117.

青柳　領、松浦義行、出村慎一、M.アンワール・パサウ、服部　隆、田中喜代次 (1980)：幼児の平衡運動に関与する調整力の因子分析的研究——妥当なテスト項目の選択について、体育学研究　25(3)：197-206.

新井清三郎、上田礼子 (1974)：人間発達、医歯薬出版、1-149.

浅野次義 (1994a)：近赤外線と超音波による皮下脂肪厚測定の相関性、Body Composition 解析研究会論文集：84.

浅野次義、徳留悟郎、酒井聡一、白井光治、佐々木智啓、江守栄、渡辺利通 (1994b)：近赤外線を用いた体水分量測定の可能性、Body Composition 解析研究会論文集：p.87.

浅野次義、白井光治 (1994c)：超音波と電気インピーダンスを用いた皮下脂肪の量の測定、Body Composition 解析研究会論文集：81.

浅野次義 (1994d)：近赤外線と超音波法による皮下脂肪厚測定の相関性、Body Composition 解析研究会発表論文集：84-86.

Bakker, H. K. and Struinkenkamp, R. S. (1977)：Biological variability and lean body mass estimates, Human Biol. 49 : 970-979.

Battistini, N., Brambilla, P., Virgilli, F., Simone, P., Bedogni, G., Morini, P. and Chiumello, G. (1992) : The prediction of total body water from body impedance in young obese subjects, Int. J. Obes. 16 : 207-212.

Baumgartener, R. N., Roche, A. F., Guo, S., Lohman, T., Boileau, R. A. and Slaughter, M. H. (1986) : Adipose tissue distribution : The stability of principal components by sex, ethnicity, and maturation stage, Human Biol.58 : 719-735.

Baumgartener, R. N., Chumlea, W. C. and Roche, R. F. (1988): Bioelectrical impedance phase angle and body composition, Am. J. Clin. Nutr. 48 : 16-23.

Baumgartener, R. N., Chumlea, W. C. and Roche, R. F. (1990) : Bioelectrical impedance for body composition, Exer. Sports Sci. Rev. 18 : 193-224 (田中経保訳、中嶋工千草訳, 1990).

Baumgartener, R. N., Heymsfield, S. B., Lichtman, S. and Pierson, R. N. (1991) : Body composition in elderly people : the effect of criterion estimates on predictive equations, Am. J. Clin. Nutr. 53 : 1345-1353.

Bedell, G. N., Marshall, R., Debois, A. B. and Harris, J. H. (1956) : Measurement of the volume of gas in the gastrointestinal tract : values in normal subjects and ambulatory patients, J. Clin. Invest. 35 : 336-345.

Behnke, A. R., Feen, B. G. and Wellman, W. C. (1942) : The specific gravity of healthy man, J. Am. Med. Assoc.118 : 495-498.

Behnke, A. R., Osserman, E. F. and Welham, W. C. (1953) : Lean body mass. Its clinical significance and estimation from excess fat and total body water determinations, Archieves of Internal Med. 91 : 585-601.

Behnke, A. R. (1959) : The estimation of lean body weight from skeletal measurement, Human Biol. 31 : 295-315.

Behnke, A. R. (1961a) : Quantitative assessment of body build, J. Appl. Physiol. 16 : 960-968.

Behnke, A. R. (1961b) : Anthropometric evaluation of body composition through out life, Ann. NY. Acad. Sci. 110 : 450-464.

Behnke, A. R and Wilmore, J. H. (1974) : Evaluation and regulation of body build and composition, Prentice-Hall, NJ. 20-154.

Best, W. R. (1953) : An improved caliper for measurement of skinfold thickness, U.S. Army Med. Res. Nutr. Lab. Rept. No.113

Boileau, R. B., Horstman, D. H. and Buskirk, E. R (1972) : The usefulness of urinary creatinine excretion in estimating body composition, Med. Sci. Sports. 4 : 85-90.

Boling, E. A., Taylor, W. L., Entenman, C. and Behnke, A. R. (1962) : Total exchangeable pottasium and chloride, and total body water in healthy men of varing fat content, J. Clin. Invest. 41 : 1840-1849.

Booth, R. A. D., Goddard, B. A. and Paton, A. (1966) : Measurement of fat thickness in man : a comparison of ultra-sound, Harpenden calipers, and electrical conductivity, Br. J. Nutr. 20 : 719-725.

Borkan, G. A. and Norris, A. H. (1977) : Fat redistribution and the changing body dimensions of the adult male, Human Biol. 49 : 495-514.

Borkan, G. A., Hults, D. E, Cardarelli, J. and Burrows, B. A. (1982) : Comparison of ultrasound and skinfold measurements in assessment of subcutaneous and total fatness, Am. J. Phys. Anthropol. 58 : 307-313.

Borsook, H. and Dubnoff, J. W. (1947) : The hydrolysis of phospho-creatine and the origin of urinary creatinine, J. Biol. Chem. 168 : 493-510.

Brozek, J. and Keys, A. (1951) : The evalution of leanness-fatness in man : norms and interrelationships, Brit. J. Nutr. 5 : 194-206.

Brozek, J. (1960) : Age changes in skinfold compressibility, J. Gerontol. 15 : 45-51.

Brozek, J., Grande, F., Anderson, J. T. and Keys, A. (1963) : Densitometric analysis of body composition : revision of some quantitative assumptions, Ann. N.Y. Acad. Sci. 110 : 113-140.

Bunt, J. C., Lohman, T. G. and Boileau, R. A. (1989) : Impact of total body water fluction on estimating of body fat from body density. Med. Sci. Sports and Exer. 21 : 96-100.

Buskirk, E. R. (1961) : Underwater weighing and body density : a review of procedures. In Brozek, J., Henschel, A. eds. Techniques for measuring body composition. National Academy of Sciences - National Resource Council, Washington DC, 90-107.

Butte, N. F., Wong, W. W. and Garza, C. (1992) : Prediction equations for total body water during early infancy. Acta. Paediatr. 81 : 264-265.

Calloway, D. H. and Margen, S. (1971) : Variation and endogenous nitrogen excretion and dietary nitrogen utilization as determinants of human protein requirement. J. Nutr. 101 : 205-216.

Cameron, N. (1974) : The methods of anxological anthropometry : In Falkner, L., J.M. Tanner eds. Human Growth 2 : Postnatal Growth, Plenum Press, NY., 35-90.

キャンベル、R. C. (1970) : 生物学のための統計学入門 (白石隆運)、培風館、266

Campbell, R. C. (1967) : Statistics for biologists, Syndics Press of the Cambridge University Press, London).

チャタジー、プライス (1981) : 回帰分析の実際 (佐和隆光、加納悟 共訳)、新曜社、

Chatterjee, S. and B. Price (1977) : Regression Analysis in Example, 1-239. Wiley, New York).

Cheek, D. B., Mellits, D. and Elliot, D. (1966) : Body water, height, and weight during growth in normal children. Am. J. Dis. Child. 112 : 312-331.

Cheek, D. B. (1968) : Human growth : Body composition, cell growth, energy, and intelligence. Lea and Febiger, Philadelphia.

Chinn, K. S. K. and Allen, T. H. (1960) : Body fat in men from two skinfolds, weight, height, and age. U.S. Army Med. Res. Nutr. Lab. Rep. No.248.

Chumlea, W. C. and Baumgartner, R. N. (1989) : Status of anthropometry and body composition data in elderly subjects. Am. J. Clin. Nutr.

文 献

Cisar, C. J., Housh, T. J., Johnson, G. O., Thorland, W. G. and Hughes, R. H. (1989) : Validity of anthropometric equations for determination of changes in body composition in adult males during training. J. Sports Med. Sci. 29 : 141-148.

クラーク, H. H. (1977) : 保健体育への測定の活用（松井秀治監訳），ベースボール・マガジン社, 89−126. (Clarke, H. H. (1967) : Application of measurement to health and physical education, Prentice Hall, N. J.)

Cohn, S. H., Dobrowski, C. S., Pate, H. R. and Robertson, J. S. (1969) : A whole-body counter with an invariant response to radionuclide distribution and body size. Phys. Med. Biol. 14 : 645-658.

Cohn, S. H. and Palmer, H. E. (1974) : Recent advances in whole body counting : a review. J. Nucl. Biol. Med. 1 : 155-165.

Cohn, S. H., Varsky, D. and Yasumura, S. (1980) : Compartmental body composition based on total - body nitrogen, potassium, and calcium. Am. J. Physiol. 239 : E524.

Cohn, S. H., Ellis, K. J., Vartszky, D., Sawitzky, A., Gartenhaus, W., Yasumura, S. and Vaswani, A. N. (1981) : Comparison of methods of estimating body fat in normal subjects and cancer patients. Am. J. Clin. Nutr. 34 : 2839-2847.

Colinsk, A. E., Haas, J. D., Martinez, E. J., Flores, R., Rivera, J. D. and Martorell, R. (1992) : Predicting body composition from anthropometry and bioimpedance in marginally undernourished adolescents and young adult. Am. J. Clin. Nutr 55 : 1051-1059.

Consolazio, C. F., Johnson, R. E. and Pecola, L. J. (1963) : Physiological measurements of metabolic functions in man. McGraw-Hill, NY.

Conway, J. M., Norris, K. H. and Bodwell, C. E. (1984) : A new approach for the estimation of body composition : infrared interactance. Am. J. Clin. Nutr 40 : 1123-1130.

Cowgill, G. R. (1957) : A formula for estimating the specific gravity of the human body with a consideration of its possible use. Am. J. Clin. Nutr. 5 : 601-619.

Cunningham, J. J. (1991) : Body composition as a determinant of energy diction equation, Am. J. Clin. Nutr. 54 : 963-969.

Davies, P. S. W., Jagger, S. E. and Reilly, J. J. (1988) : A relationship between bioelectric impedance and total body water in young adults. Ann.Human Biol. 15 : 237-240.

Davies, P. S. W., Jagger, S. E. and Reilly, J. J. (1990) : A relationship between bioelectric impedance and total body water in young adults. Ann. Human Biol. 17 : 445-448.

Despres, J. P., Moorjani, S., Lupien, P., Tremblay, A., Nadeau, A. and Bauchard, C. (1990) : Regional distribution of body fat, plasma lipoprotein, and cardiovascular disease. Arheriosclerosis 10 : 497-511.

Deurenberg, P., Westrate, J. A. and van der Kooy, K. (1989a) : Is an adaptation of Siri's formula for the calculation of body fat percentage from body density in the elderly necessary?, Eur. J. Clin. Nutr. 43 : 559-568.

Deurenberg, P., Westrate, J. A., van der Kooy, K. and Hautvast, J. G. A. J. (1989b) : In obese subjects the body fat percentage calculated with Siri's formula is an overestimation, Eur. J. Clin. Nutr. 43 : 569-575.

Dixon, W. J. and Brown, M. B. Eds. (1979) : BMDP79, Biomedical Computer Programs P-series, Univ.Califor. Press, Berkley, 51-263, 399-417.

von Doblen, W. (1956) : Anthropometric determination of fat-free body weight, Acta Med. Scand. 165 : 37-40.

ドレーパー、スミス (1968)：『応用回帰分析』(中科慶一 訳)、森北出版、4-7、88-106 および C163-216 (Draper, N. R. and Smith, H. (1966) : Applied Regression Analysis, Wiley, New York).

Durnin, J. V. G. A. and Womersley, J. (1974) : Body fat assessed from total body density and its estimation from skinfold thickness : measure-ments on 481 men and women aged from 16 to 72 years,Br. J. Nutr. 32 : 77-96.

Durnin, J. V. G. A. and Satwanti, B. H. (1982) : Variations in the assessment of the fat content of the human body due to ex-

文　献

perimental technique in measuring body density, Ann. Human Biol, 9 : 221-225.

Enzi, G., Gasparo, M., Biondetti, P. R., Fiore, D., Semisa, M. and Zurlo, F. (1986) : Subcutaneous and visceral fat distribution according to sex,age, and overweight, evaluated by computed tomography, Am. J. Clin.Nutr. 44 : 739-746.

Fanelli, M. T. and Kuczmarski, R. J. (1984) : Ultrasound as an approach to assessing body composition, Am. J. Clin. Nutr. 39 : 703-709.

Flint, M. M., Drinkwater, B. L., Wells, L. L. and Harvath, S. M. (1977) : Validity of estimating body fat of females. effect of age and fitness, Human Biol. 49 : 559-572.

Folin, S. M. (1905) Laws governing the chemical composition, Am. J. Physiol.13 : 66-115.

Forbes, G. B. (1956) : Further studies on the gross composition and mineral elements of the adult human body, J. Biol. Chem., 223 : 969-975.

Forbes, G. B., Gallup, J. and Harsha, H. B. (1961) : Estimation of total body fat from potassium-40 content, Science 13 : 101-102.

Forbes, G. B. (1962) : Methods of determining composition of the human body with a note on the effect of diet on body composition, Pediatrics 29 : 477-494.

Forbes, G. B. and Hursh, J. B. (1963) : Age and sex trends in lean body mass calculated from K^{40} measurements : with a note on the theoretical basis for the procedure, Ann. NY Academy of Sci. 110 : 255-263.

Forbes, G. B. and Bruining, G. J. (1976) : Urinary creatinine excretion and lean body mass, Am. J. Clin. Nutr. 29 : 1359-1366.

Forsythe, A. B., Engelman, L., Jenrich, R. P. and May, R. A. (1973) : A stopping rule for variable selection in multiple regression, J. Am. Stat. Assoc. 68 : 75-77.

Forsythe, H. L. and Sinning, W. E. (1973) : The anthropometric estimation of body density and lean body weight of male athlete, Med. Sci. Sports.5 : 174-180.

Frisancho, A. R. (1981) : New norms of upper limb fat and muscle areas for assessment of nutritional status, Am. J. Clin. Nutr.34 : 2540-2545.

Fueller, N. J. and Elia, M. (1989) : Potential use of bioelectrical impedance of the whole body and of body segments for the assessment of body composition : comparison with densitometry and anthropo- metry, Eur. J. Clin. Nutr. 43 : 779-791.

Fueller, N. J., Sawyer, M. B. and Elia, M. (1994) : Comparative evaluation of body composition methods and predictions, and calculation of density and hydration fraction of fat-free mass, in obese women, International J. Obesity 18 : 503-512.

隈田　学（1976）：皮慮厚による栄養評価の判定基準に関する統計学的研究、栄養学雑誌、42(4)：175-192.

Garn, S. M. and Gorman, E. L. (1956) : Comparison of pinch-caliper and teleroentgengram measurements of subcutaneous fat, Human Biol.28 : 407-413.

Garn, S. M., Sullivan, T. V. and Hawthorne, V. M. (1988) : Evidence against functional differences between "central" and "peripheral" fat, Am. J. Clin. Nutr. 47 : 836-839.

Gluerr, C. C., Steiger, P., Selvidge, R., Libesen-Kircloh, K., Hyaski, C. and Genant, H. K. (1990) : Comparative assessment of dual- photon absorptiometry and dual-energy radiography, Radiology 174 : 223-228.

Going, S., Williams, D. and Lohman, T. G. (1995): Aging and body composition : Biological changes and methodological issues, In J. O. Holloszy (ed.) Exercise and Sports Sciences Reviews, Vol.23, Williams & Wilkins, Baltimore. 411-458.

Guo, Shumei, Roche, A. F. and Houtkooper, L. (1989) : Fat-free mass in children and young adults predicted from bioelectric impedance and anthropometric variables, Am. J. Clin. Nutr. 50 : 435-443.

Gurny, J. M. (1969) : Field experience in Abeokuta, Nigeria, J. Trop. Pediatr. 15 : 225-230.

Gurny, J. M. and Jelliffe, D. B. (1973) : Arm anthropometry in nutritional assessment, Am. J. Clin. Nutr. 26 : 912-915.

Haisman, M. F. (1970): The assessment of body fat content in young men from measurement of body density and skinfold thickness, Human Biol. 42: 670-688.

Halliday, A. and Miller, A. G. (1977): Precise measurement of total body water using trace quantities of deuterium oxide, Biomed. Mass Spectrom 4: 82-87.

Hamwi, G. J. and Urbach, S. (1953): Body composition, their measurement and application to clinical medicine, Metabolism 2: 391-403.

Hannan, W. J., Cowen, S. J., Freeman, C. P. and Wrate, R. M. (1993): Can bioelectrical impedance improve the prediction of body fat in patients with eating disorders?, Eur. J. Appl. Physiol. 47: 741-746.

Hansen, N. J., Lohman, T. G., Going, S. B., Hall, M. C., Pamenter, R. W., Bare, L. A., Boyden, T. W. and Houtkooper, L. B. (1993): Prediction of body composition inpremmenopausal females from dual‐energy X‐ray absorptiometry, J. Appl. Physiol. 75: 1637-1641.

Harsha, D. W., Frerichs, R. R. and Berenson, G. S. (1978a): A simple and complete densitometric technique for underwater weighing, J. Sports. Med. 18: 253-262.

Harsha, D. W., Frerichs, R. R. and Berenson, G. S. (1978b): Densitometry and anthropometry of black and white children, Human Biol. 50: 261-280.

畑栄　一、宮下充正 (1980)：身体諸変量（血液成分）の正規性検定、日本体育学会大会号：p.564.

Hattori, K., Becque, M. D., Katch, V. L., Rocchini, A. P., Boileau, R. A., Slaughter, M. H. and Lohman, T. G. (1987): Fat patterning of adolescents, Ann. Human Biol. 14: 23-28.

林知己夫 (1974)：数量化の方法、東洋経済新報社、3-51.

Hechter, H. (1959): The relationship between body weight and some anthropometric measurements in adult males, Human Biol. 31: 235-243.

Hewitt, M. J., Going, S. B., Williams, D. P. and Lohman, T. G. (1993): Hydration of the fat-free mass in pre-pubescent children, young adults and olderadults: Implications for body composition assessment, Am. J. Physiol. 265: E88-E95.

Heymesfield, S. B., Olafson, R. B., Kutner, M. H. and Nixon, D. W. (1979): A radiographic method of quantifing proteincalorie malnutrition, Am. J. Clin. Nutr. 32: 693-702.

Heymesfieled, S. B., McManus, C., Smith, J., Stenens, V. and Nixon, D. W. (1982): Anthropometric measurement of muscle mass: revised equations for calculating bone-free arm muscle area, Am. J. Clin. Nutr. 36: 680-690.

Heymesfield, S. B., Wang, J., Lichtman, S., Kamen, Y., Kehayias, J. and Pierson, R. N. (1989): Body composition in elderly subjects: A critical appraisal of clinical methodology, Am. J. Clin. Nutr. 50: 1167-1175.

日達やよい (1993):漂流する栄養学、IMAGO 10(4): 119-125.

Hoberman, H. D., Sims, E. A. H. and Peters, J. H. (1948): Cratine and creatinine metabolism in the normal male adult studied with the aid of isotopic nitrogen, J. Biol. Chem. 172: 45-58.

Hocking, R. R. (1976): The analysis and selection of variables in linear regression, Biometrics. 32: 1-49.

Hoerl, A. E. and Kennard, R. W. (1970): Ridge regression: biased estimationfor non-orthogonal problems, Technometrics 12: 55-67.

Houtkooper, L. B., Lohman, T. G., Going, S. B. and Hall, M. C. (1989): Validity of bioelectric impedance for body composition assessment in children, J. Appl. Physiol. 66: 814-821.

芳賀敏郎、橋本茂司 (1980):統計解析プログラムの基礎、日科技連、187-196.

池田 央 (1976):統計的方法I基礎、新曜社、59-76.

池上晴夫 (1982):運動処方、朝倉書店、33-40.

井上隆勝 (1982):線型重回帰モデルにおける一つのモデル選択基準、応用統計学 11(2): 63-80.

Ishiguro, T. (1987): The relationship between insulin sensitivity and weight reduction in simle and obese diabetic patients, Nagoya J. Med. Sci. 49：61-69.

石居　進 (1975)：生物統計学入門、培風館、288.

岩原信九郎 (1969)：教育と心理のための推計学、日本文化科学社、1-10.

岩崎　栄 (1990)：地域医療の基本的視座、ベクトルコア社、41-44.

Jackson, A. S. and Pollock, M. L. (1978)：Generalized equations for predicting body density of men, Br.J.Nutr. 40：497-504.

Jackson, A. S., Pollock, M. L. and Ward, A. (1980)：Generalized equations for predicting body density of women, Med. Sci. Sports Exer. 12：175-182.

Jackson, A. S., Pollock, M. L., Graves,E. and Mahar, M. T. (1988)：Reliability and validity of bioelectrical impedance in determining body composition, J. Appl. Physiol. 64：529-534.

Jelliffe, D. B. (1966)：The assessment of nutritional status of the community, Geneva, WHO monograph series No.53.

Jelliffe, E. F. P. and Jelliffe, D. B. (1969)：The arm circumference as a public health index of protein‐calorie malnutrition of early childhood, J. Trop. Pediatr. 15：179-192.

開原成允 (1976)：計量医学の基礎としての医療情報処理、数理科学　14(11)：56-60.

金井　寛 (1990)：電気インピーダンスを用いたBody Compositionの計測、医用電子と生体工学　28（秋季特別号）：p.143.

Katch, F. I. and MacArdle, W. D. (1973)：Prediction of body density from simple anthropometric measurements in collegeage men and women, Human Biol. 45：455-454.

勝川史憲、辻　秀一、大西祥平、山崎　元、井筒　睦、平松京一、阿部　均 (1993)：肥満診療における隠れ肥満の特徴、医用電子と生体工学　31（秋季特別号）：p.35.

川崎晃一、上園慶子、上野道夫、吉川和利、小室史恵、中牟田澄子、川副信行、村谷博美、尾前照雄 (1984a)：尿中クレアチニン排泄量に関する研究(1)、健康科学　6：1-8.

川崎晃一、吉川和利、上園慶子、宇都宮弘子 (1984b)：尿中クレアチニン排泄量に関する研究(2)、健康科学　6：9-14.

川崎晃一、上園慶子、宇都宮弘子、今村京子、吉川和利、上野道雄、尾前照雄 (1985)：24時間Na排泄量推定法に関する研究、健康科学 7：57-64.

Keys, A. and Brozek, J (1953)：Body fat in adult man, Physiological Reviews 33：245-345.

Keys, A., Anderson, J. T. and Brozek, J. (1955)：Simple over-eating I. Character of tissue gained, Metabolism 4：427-432.

吉川和利、小宮秀一、小室史恵 (1983)：体内総水分量（TBW）予測式作成の試み(1)、体力科学 32(2)：1-12.

吉川和利 (1985)：生理的年齢予測の重回帰分析、健康科学 7：1-9.

吉川和利、小宮秀一 (1987)：体内総水分量（TBW）予測式作成の試み(2)、体力科学 36(3)：105-115.

Kikkawa, K. (1990)：Statistical approach for physical senility and its control, In Kaneko, M. ed., Fitness for the aged, disabled, and industrial workers, Human Kinetics, Champaign, IL, 9-14.

吉川和利 (1990)：血圧と体格・体力（川崎ほか編、高血圧の健康処方、九州大学出版会、56-71）.

吉川和利 (1991)：身体機能の加齢変化の重回帰分析と老化要因の分散分析、広島体育学研究 No.17：51-66.

北川 薫 (1978)：身体組成、体育の科学 28(7)：472-478 および(8)：550-557.

北川 薫 (1984)：肥満者の脂肪量と体力、杏林書院、Pp.146.

北川 薫 (1986)：肥満——その日本的背景と問題点、Japanese J. Sports Science. 5：762-767.

北川 薫、桜井佳世、田原靖昭、佐藤光毅 (1993)：密度法による日本人成人男女の身体組成、体力科学 42：209-218.

清田隆毅、葛西択司、国井実 (1994)：種々の測定法による体脂肪測定値の比較、Body Composition 解析研究会発表論文集：110-111.

Klissauras, V. (1972)：Genetic limit of functional adaptability, Int. Z. angew. Physiol. 30：85-94.

小林龍一 (1972)：相関・回帰分析入門（改）、日科技連、101-232および171-196.

小林龍一 (1982)：相関・回帰分析入門（新訂版）、日科技連、99-214.

Komiya, S. and K. Kikkawa (1978)：Height, weight, estimated body composition and a critical weight hypothesis at adolescent events and menarche, Jap. J. Physical Educ. 23：153-164.

Komiya, S., Komuro, T. and Tateda, A. (1981a)：Determination of the total body water by D_2O dilution using urine samples and infrared spectrophotometry, Jap. J. Physical Educ. 26：161-167.

小宮秀一、緒方道彦、吉川和利、小室史恵 (1981b)：健康指標としての体組成の特色、昭和55年度科研費研究成果報告書、57-64.

小宮秀一、小室史恵、吉川和利 (1981c)：体脂肪率（%Fat）推定法の比較、体力科学　30(6)：277-284.

小宮秀一、吉川和利 (1985)：日本人男子の体脂肪率（%Fat）推定式、体力科学　34：277-284.

小宮秀一、佐藤方彦、安河内 朗 (1988)：体組成の科学、朝倉書店、1-106.

小宮秀一 (1991)：身体組成の推定法を考える、Ann. Physiol. Anthropo. 10：1-17.

小室史恵、小宮秀一 (1982)：尿中クレアチニン排泄量による身体組成の推定、健康科学　4：145-152.

甲田道子 (1994)：中高年スイマーの身体組成、Body Composition 解析研究会発表論文集：120-121.

Krotkiewski, M., Bjorontorp, P., Sjostrom, L. and Smith, U. (1983)：Impact of obesity on metabolism in men and women, J. Clin. Invest. 72：1150-1162.

工藤昭雄、野町幸雄 (1962)：多変量選別法と予報の問題、数理科学研究報告第17集：33-46.

国井実、宮本佳代子、葛西択司、清田隆毅 (1994)：水中体重測定を用いた Body Composition 解析、Body Composition 解析研究会発表論文集：95-97.

草間朋子、菊地優子、甲斐倫明 (1994)：全身カリウム量からの体内脂肪量の推定法とその問題点、医用電子と生体工学　31（秋季特別号）：p.34.

Kushner, R. F. and Schoeller, D. A. (1986)：Estimation of total body water by electric impedance analysis, Am. J. Clin. Nutr. 44：417-424.

Lewis, S., Haskell, W. L., Klein, H., Halpern, J. and Wood, P. D. (1975a)：Prediction of body composition in habitually active middle-aged men, J. Appl. Physiol. 39：221-225.

Lewis, S., Haskell, W. L., Klein, H., Halpern, J. and Wood, P. D. (1975b)：

Prediction of body composition, resting oxygen consumption, and urinary creatinine in Edinburgh students. Lancet I : 728-729.

Lohman, T. G. (1981) : Skinfolds and body density and their relation to body fatness : a review. Ann. Human Biol. 53 : 181-225.

Lohman, T. G. (1984) : Research progress in validation of laboratory methods of assessing body composition. Med. Sci. Sport Exer. 16 : 596-603.

Lohman, T. G. (1992) : Advances in body composition assessment. Human Kinetics, Champaign, IL. Pp.150.

Lukaski, H. C. and Mendez, J. (1980) : Relationship between fat free weight and urinary 3-methylhistidine excretion in man. Metabolism 29 : 758-761.

Lukaski, H. C., Mendez, J., Buskirk, E. R. and Cohn, S. H. (1981) : A comparison of methods of assessment of body composition including neutron activation analysis of total body nitrogen. Metabolism 30 : 777-782.

Lukaski, H. C., Johnson, P. E., Bolonchuk, W. W. and Lykken, G. I. (1985a) : Assessment of fat free mass using bioelectrical impedance measurements of human body. Am. J. Clin. Nutr. 41 : 810-817.

Lukaski, H. C. and Johnson, P. E. (1985b) : A simple, inexpensive method of determining total body water using a tracer dose of D_2O and infrared absorption of biological fluids. Am. J. Clin. Nutr. 41 : 363-370.

Lukaski, H. C., Bolonchuk, W. W., Hall, C. B. and Siders, W. A. (1986) : Validation of tetrapolar bioelectrical impedance method to assess human body composition. J. Appl. Physiol. 60 : 1327-1332.

Lukaski, H. C. (1987) : Methods for the assessment of human body composition : traditional and new. Am. J. Clin. Nutr. 46 : 437-456.

Lykken, G. I., Lukaski, H. C., Bolonchuk, W. W. and Stanstead, H. H. (1983) : Potential errors in body composition as estimated by whole body scintillation counting. J. Lab. Clin. Med. 101 : 651-658.

マクドナル, W. D., クッチ, F. I., クッチ, V. L. (1992) : 運動生理学 (田口貞善他

文　献

訳)、杏林書院（MacArdle, W. D., Katch, F. I., Katch, V. L. (1986)：Exercise Physiology-Energy, Nutrition, and Human Performance.ver2,Lea & Febiger.

メイランド（1962）：医学における統計的処理問（松山ひさ三郎三訳）、東大出版：NJ).
163-164（訳註）．

Mallows, C. L. (1964)：Some comments on Cp, Technometr. 15 (4)：661-675.

Martin, A. D. m and Drinkwater, D. T. (1991)：Variability in the measures of body fat-assumption or technique?, Sports Medicine 11：277-288.

丸山工作生（1993）：毛布の蔵、准馬繰杜、Pp.252.

Mason, R. L., Gunst, R. F. and Webster, J. T. (1975)：Regression analysis and of multicollinearlity, Communication in statistics 4：277-292.

岡山ひC三郎（1980）：統に罰らせる、社泳書店、145.

Materson, B. J. (1971)：Measurement of glomerular filtration rate, CRC Crint. Rev. Clin. Lab. Sci. 2：1-44.

Matiegka, J. (1921)：The testing of physical efficiency, Am. J. Physical Anthropo. 4：223-230.

松田健孝、中谷伸子（1960）：皮脂厚整装置による皮下脂肪直測定に関する鑑法について、金沢大学医学部保健学統科学業鑛 62：117-131.

Mayhew, J. L., Pier, F. C. and Holmes, J. A. (1981)：Prediction of body density, fat weight, and lean body mass in male athlete, J. Sports Med. 21：383-389.

Mazariegos, M., Wang, Z., Gallagher, D., Baumgartner, R. N., Allison, D. B., Wang, J., Pierson, R. M. and Heymesfield, S. B. (1994)：Differences between young and old females in the five levels of body composition and their relevance to the two-compartment chemical model, J. Geronotol. 49：M201-M208.

Mazess, R. B., Peppler, W. W. and Gibbons, M. (1984)：Total body composition by dual-photon ^{153}Gd absorptiometry, Am. J. Clin. Nutr. 40：834-839.

Mazess, R. B., Barden, H. S., Bisek, J. P. and Hansen, J. (1990b)：Dual-energy X-ray absorptiometry for total-body and regional bonemineral and soft-tissue composition, Am. J. Clin. Nutr. 51 : 1106-1112.

Mellits, E. D. and Cheek, D. B. (1970) : The assessment of body water and fatness from infancy to adulthood. Monograph Soc. Res. Child. Developm. 35 : 12-26.

Mendez, J., Keys, A., Anderson, J. T. and Grande, F. (1960) : Density of fat and bone mineral of mammalian body. Metabolism 9 : 472-477.

Mendez, J., Prokop, E., Pincon-Reatogui, Akers, R. and Buskirk, E. R. (1970) : Total body water by D_2O dilution using saliva samples and gas chromatography. J. Appl. Physiol. 28 : 354-357.

Michael, E. D. and Katch, F. I. (1968) : Prediction of body density from skinfolds and girth measurements of 17-years-old boys. J. Appl. Physiol. 25 : 747-750.

Mitchell, H. H., Hamilton, T. S., Steggerda, F. R. and Bean, H. W. (1945) : The chemical composition of the adult human body and its bearing on the biochemistry of growth. J. Biological Chemistry 158 : 625-637.

三宅養夫系 (1978)：重回帰分析。最新医学 33 : 68-71.

羽下大信 (1980)：子どものからだ。東京大学出版会、84-119.

Moore, F. D., Olsen, K. H., McMurrey, J. D., Parker, H. V., Ball, M. R. and Boyden, C. M. eds. (1963) : The body cell mass and its supporting environment : body composition in health and disease. WB Saunders Co, Philadelphia. (cited from Lukaski, H. C., 1987).

森岡定夫 (1985)：縦断モデルの推定と検定。共立出版、205-225.

Moulton, C. R. (1923) : Age and chemical development in mammals. J. Biol. Sci. 57 : 79-97.

Mueller, W. H. and Wohlleb, J. C. (1981) : Anatomical distribution of subcutaneous fat and its description by multivariate methods : How valid are principal components? Am. J. Phys. Anthr. 54 : 25-35.

宗像恒次 (1991)：予防的保健行動と病気への対処行動（病気予防観離、離脱、罹病行動）。第4章 : 45-64.

文　献

Nagamine, S. and Suzuki, S. (1964)：Anthropometry and body composition of Japanese young men and women, Human Biol. 36：8-15.

南雲仁一 (1978)：システム理論と計量医学、最新医学 33：14-17.

内藤義彦、飯田稔、小町喜男、中塘二三生 (1994)：肥満の質的差異に関する疫学的検討、Body Composition 解析研究会発表論文集：p.20.

中谷和夫 (1978)：多変量解析、新曜社、12-19.

中塘二三生、渡辺完児、田中喜代次 (1994a)：Bioelecrical Impedance法による身体組成評価、Body Composition 解析研究会発表論文集：p.7.

中塘二三生、渡辺完児、田中喜代次 (1994b)：身体組成の変化からみたBioelecrical Impedance法の有用性、医用電子と生体工学　31（秋季特別号）：p.37.

中塘二三生、渡辺完児、田中喜代次 (1994c)：Bioelecrical Impedance法による小児の身体組成評価、Body Composition 解析研究会発表論文集：p.9.

中塘二三生、渡辺完児、田中喜代次 (1994d)：皮脂厚法、体格指数およびBI法による小・中学生の身体組成評価、Body Composition 解析研究会発表論文集：p.10.

Nelson, K. M., Weinsier, R. L., Long, C. L. and Schutz, Y. (1992)：Prediction of resting energy expenditure from fat-free mass and fat mass, Am. J. Clin. Nutr. 56：848-856.

Norris, A. H., Lundy, T. and Shock, N. W. (1963)：Trends in selected indices of body composition in men between the ages of 30 and 80 yr, Ann. NY. Acad. Sci. 110：623-639.

Norris, K. H. (1983)：Extracting information from spectrophotometric curves. In Proc. of IUFOST symposium on food research and data analysis, Applied Science Publishers, Oslo, 95-113.

Norris, K. H. (1985)：Reflectance spectroscopy. In Stewart, K. K.,J.R. Whitaker eds., Modern methods of food analysis, AVI Publishing, Westport,167-186.

奥野忠一、久米　均、芳賀敏郎、吉澤　正 (1971)：多変量解析法、日科技連、128-158.

奥野忠一、芳賀敏郎、矢島敬二、奥野千恵子、橋本茂司、古川洋子 (1976)：続多変量解析法、日科技連、7-76.

小野寺孝一 (1994): Bioelectrical Impedance法とその問題点, Body Com-position 体育科学研究会発表論文集: p.6.

大野誠, 池田義雄, 川上正舒 (1994): 体脂肪率測定による肥満判定法 ―― DEXA法, 近赤外分光法, BIA法, 皮膚厚法の比較, Body Com-position 体育科学研究会発表論文集: 107-109.

大島正光 (1975): 分析 ―― 医学的分野における ―― , 行動計量学 3: 53-64.

Osserman, E. F., Pitts, G. C., Welham, W. C. and Behnke, A. R. (1950): *In vivo* measurement of body fat and body water in a group of normal men, J. Appl. Physiol. 2: 633-639.

Pace, N. and Rathbun, E. N. (1945): Studies on body composition III.the body water and chemically combined nitrogen content in relation to fat content, J. Biol. Chem. 158: 667-676.

Panaretto, B. A. (1968): Estimation of body composition by the dilution of hydrogen isotopes, In Body composition in animals and man, National Academy of Sciences-National Research Council, 200-217.

Parizkova, J. and Roth, Z. (1970): The assessment of depot fat in childrenfrom skinfold thickness measurements by Holtain (Tanner/Whitehouse) caliper, Human Biol. 42: 401-418.

Parizkova, J. and Buzkova, P. (1971): Relationship between skinfold thickness measured by Harpenden caliper and densitometric analysis of total body fat in men, Human Biol. 43: 16-21.

Parizkova, J. (1973): Body composition and exercise during growth and development, In Rarick, G. L. ed., Physical Activity - Human Growth and Development, Academic Press, New York, 97-124.

Pierson, R. N., Wang, J., Heymesfield, S. B., Russel-Aulet, M., Mazariegos, M., Tierny, M., Smith, R., Thorton, J. C., Kehayios, J. C., Weber, D. A. and Dilmarvan, F. A. (1991): Measuring body fat: Calibrating the rules,Internethod compar-isons in 389 normal caucasian subjects, Am. J. Physiol. 261: E103-108.

Pinson, E. A. (1952): Water exchanges and barriers as studied by the use of hydrogen isotopes, Physiol. Rev. 32: 123-134.

文　献

Pollock, M. L., Hickman, T., Kendrick, Z., Jackson, A., Linnerud, A. C. and Dawson, G. (1976) : Prediction of body density in young and middle-aged women, J. Appl. Physiol. 40 : 300-304.

Rapp, D. J. (1984) : Management of allergy - related serious otitis, Am. J. Otol. 5 : 463-467.

Rathbun, E. N. and Pace, N. (1945) : Studies on body composition I : the determination of total body fat by mens of the body specific gravity, J.Biol. Chem. 158 : 667-676.

芦尾哲二郎編 (1986) : 予測、朝日出版社、9-39、73-109.

渡部勝之、佐伯行彦、江川光裕、春井　寛 (1990) : 体位による体格推定について―Body Composition の変化について、整形外科学会発表演説文集 : 39-43.

芹沢勝行、若狭真木生、北川雅一 (1983) : 体組織電量計学、共立出版社、Pp.233.

佐藤祐造、押田芳治 (1991) : 静疾患の運動療法（糖尿・高脂血症、運動療法の実際、59-71）.

佐伯隆次 (1979) : 回路分析、朝春書店、109-175.

Schoeller, D. A., Kushner, R. F., Dietz, W. H. and Bandini, L. (1985) : Measurement of total body water : isotope dilution techniques. Report of the Sixth Ross Conference on Medical Research. Ross Laboratories, Columbus, OH, 24-29.

Schoeller, D. A. (1989) : Changes in total body water with age, Am. J. Clin. Nutr. 50 (suppl.) : 1176-1181.

Schumacher, L. B. and N. Kretchmer (1988) : Upper arm anthropometric characteristics of immigrant children in the newcomer schools of San Francisco,Human Biol. 60 : 623-638.

Schutte, J. E. (1980a) : Growth differences between lower and middle income black male adolescents, Human Biol. 52 : 193-204.

Schutte, J. E. (1980b) : Prediction of total body water in adolescent males, Human Biol. 52 : 381-391.

Schutte, J. E., Longhurst, J. C., Gaffney, A., Bastian, B. C. and Blomquist, C. G. (1981) : Total plasma creatine : An accurate measure of total striated muscle mass, J. Appl. Physiol. 51 : 762-766.

Sergi, G., Perini, P., Bussorotto, M., Zurlo, F., Malvasi, L., Cararro, R., Prato, S. D., V. Giantini, G. Enzi (1993) : Body composition study in the elderly : Comparison between tritium dilution method and dual photon absorptiometry, J. Gerontol. 48 : M244-248.

Sheng, H. P., Huggins, R. A. (1979) : A review of body composition studies with emphasis on total body water and fat, Am. J. Clin. Nutr. 32 : 630-647.

Shock, N. W., Watkin, D. M. and Yiengst, M. J. (1963) : Age differences in water content of the body as related to basal oxygen consumption in males, J. Gerontol. 18 : 1-8.

柴田博 (1981) : 統計的肉眼測定方式とモデル選択, 統計科学 19(3) : 45-49.

清水陽, 川井充, 松村豊一郎 (1990) : CTによる筋肉の評価, 医用電子と生体工学会誌 29 : 146.

進藤宗洋、田中宏暁、荒川雅志等 (1979) : 身体組成区測定のための水中体重測定法に関する2、3エ夫, 福岡大学体育学研究 9 : 41-53.

シーデントップ, D. (1981) : 楽しい体育の原理 (高橋健一, 訳), 大修館, 259-293. (Siedentop, D. (1976) : Physical education, Introductory analysis, Second Ed., Wm. C. Brown Company Publishers).

Siri, W. E. (1956) : The gross composition of the body, In Lawrence, Tobias eds. Advances in Biological and Medical Physics, 4., Academic Press, NY, 239-280.

Siri, W. E. (1961) : Body composition from fluid spaces and density : Analysis of methods : In Brozek, J. and Henschel, A., eds., Techniques for measuring body composition, Natl. Acad. Sci., Washington DC., 223-224.

Sjostrom, L. and Kvist, H. (1988) : Regional body fat measurements with CT-scan and evaluation of anthropometric predictions, Acta Med. Scand. suppl. 723 : 169-177.

Slaughter, M. H., Lohman, T. G., Boileau, R. A., Horswill, C. A., Stillman, R. J., Van Loan, M. D. and Bemben, D. A. (1988) : Skinfold equations for estimation of body fatness in children and youth, Human Biol. 60 : 709-723.

Smalley, K. J., Knerr, A. N., Kendrick, Z. V., Colliver, J. A. and Owen, O.

E. (1990): Reassessment of body mass indices, Am. J. Clin. Nutr. 52: 405-408.

スネデッカー, G. W.、コクラン, W. G. (1972)：統計的方法 (畑村他訳 6版) (朝倉書店、津村他訳)、63-86 (Snedecor, G. W. and Cochran, W. G. (1967): Statistical methods, 6th ed. Iowa State Univ. Press).

Sosa, S. C., Camarena, R. G. and Gonzalez, M. J. G. (1991): Densitometric validation of nine anthropometric prediction equations of body composition in young native men in Mexico city, Archieves of Medical Research 23: 43-49.

スポール, J. P. (1986)：SASによる回帰分析の実際 (奥村他・訳)、朝倉書店、75-88 (Spall, J. P. (1981): SAS Regression Applications,SAS Institute,Cary, N.C.).

Steen, B. (1988): Body composition and aging, Nutr. Rev. 46: 45-51.

Steinkamp, R. C., Cohen, N. L., Gaffey, W. R., McKey, T., Bron, G., Siri, W. G., Sargent, T. W. and Issacs, E. (1965): Measures of body fat and related factors in normal adults II, a simple clinical method to estimate body fat and lean body mass, J. Chron. Dis. 18: 1291-1307.

Stewart, S. P., Bramley, P. N., Heighton, R., Green, J. H., Horsman, A., Losowsky, M. S. and Smith, M. A. (1993): Estimation of body composition by bioelectrical impedance of body segments: comparison with dual-energy X-ray absorpt-iometry, Br.J.Nutr. 69: 645-655.

Stone, M. (1979): Comments on model selection criteria of Akaike and Schwarz, J. Royal Statistical Soc. B41: 276-278.

杉山明一 (1983)：多変量データ解析入門、朝倉書店、104-136.

鈴木継美一郎 (1991)：栄養人類生態学、講談社、109-140.

Svendevsen, O. L., Hassager, C., Bergman, I. and Christiansen, C (1993): Measurement of abdominal and intra-abdominal fat in post menopausal women by dual energy X-ray absorptiometry: comparison with computerized tomography, Int. J. Obes. 17: 45-51.

田畑輝昭、徳山薫明、鰯方和明、佐伯重孝、内山久美子、渡田秀子、藤野久美子、福山由美子、渡内　良、門凹和浩、竹本泰一郎 (1995)：日本人区

人女子の皮下脂肪厚3部位和（上腕部、肩甲骨下部及び腹部）と年齢からの身体密度の推定式の検討、日本公衆衛生学会誌 42：84-94.

高原謙治 (1978)：回帰分析における変数選択の方法とその基準、国民生活研究 18：56-69.

竹内啓 (1981)：確率分布計算のいくつかの問題をめぐって ── 正規性の検定、bit 13(1)：90-91.

Talbot, N. B. (1938)：Measurement of obesity by the creatinine coefficient, Am. J. Dis. Child. 55：42-50.

田辺國士 (1978)：不適切問題への統計的アプローチ、数理科学 14(3)：60-64.

田中茂穂、戸部秀之、甲田道子 (1994)：体脂肪分布の要因および体脂肪分布が肥満判定に及ぼす影響について、Body Composition 解析研究会発表論文集：112.

Terry, R. B., Wood, P. D., Haskell, W. L., Stefanick, M. L. and Krauss, R. M. (1989)：Regional adiposity patterns in relation to lipid, lipoprotein cholesterol, and lipoprotein subfraction mass in men, J. Clin. Endocr. Metab. 68：191-199.

Thomasset, A. (1963)：Bio-electrical properties of tissues, Lyon Med. 209：1325-1352.

Thorland, W. G., Johnson, G. O., Tharp, G. D., Housch, T. J. and Cisar, C. J. (1984)：Estimation of body density in adolescent athletes, Human Biol. 36：439-448.

東京都立大学身体適性学研究室 (編)(1975)：日本人の体力標準値第2版、不昧堂、77-101.

東京都立大学身体適性学研究室 (編)(1988)：日本人の体力標準値第4版、不昧堂、70-76.

角田美紀、水田祥代、坂口 点、村守華都己、山内 健 (1992)：21世紀の医用生体工学をめざして、医用電子と生体工学 30：29.

Visser, M., E. van den Heuvel, Deurenberg, P. (1994)：Prediction equation for the estimation of body composition in the elderly using anthropometric data, Br. J. Nutr. 71：823-833.

Weber, G., Kartodihardjo, W. and Klissauras, V. (1976)：Growth and physical training with reference to heredity, J. Appl. Physiol. 40 (2)：211-215.

Wedgwood, R. J. (1963) : Inconstancy of the lean body mass, Ann. NY Acad. of Sci. 110 : 141-152.

Weltman, A. and Katch, V. L. (1978) : A non population specific method for predicting total body volume and percent fat, Human Biol. 50 : 151-158.

Widdowson, E. M., MaCance, R. A. and Spray, C. M. (1951):The chemical composition of the human body, Clin. Sci. 10 : 113-125.

Wilmore, J. H. and Behnke, A. R. (1968) : Predictability of lean body weight through anthropometric assessment in college men, J. Appl. Physio. 25 : 349-335.

Wilmore, J. H. (1969) : Use of actual, predicted, and constant residual volumes in the assessment of body composition by underwater weighing, Med. Sci. Sports 1 : 87-89.

Wilmore, J. H. and Behnke, A. R. (1970) : An anthropometric estimation of body density and lean body weight in young women, Am. J. Clin. Nutr. 23 : 267-273.

Womersley, J. and Durnin, J. V. G. A. (1977) : A comparison of skinfold method with exetent of overweight and various weight‐height relationships in the assessment of obesity, Br. J. Nutr. 38 : 271-284.

柳井晴夫、岩坪秀一、石塚智一編 (1990)：人間行動の計量分析、東大出版、1-20.

横山泰行 (1979)：青少年の体重の正規性検定に関する研究 ── k統計量正規性検定法による、体育学研究 24：209-216.

吉儀 宏 (1977) 肥満度の測定、体育の科学 27：286-289.

Young, C. M. (1962) : Predicting body fatness of young women on the basis of skinfolds, NY. St. J. Med. 62 : 1671.

Young, C. M., Blondin, J., Tensuan, R. and Fryer, J. H. (1963) : Body composition of older women, J. Am. Diet. Assoc. 43 : 344-348.

Zuti, W. B. and Golding, L. A. (1973) : Equations for estimating percent fat and body density of active adult males, Med. Sci. Sports 5 : 262-266.

　　　　　　　謝　　　辞

　本書は平成8年広島大学に提出した学位論文をまとめたものである。
　この研究を進めるにあたって、広島大学大学院教育学研究科保健体育科教育専攻の諸先生方、ならびに論文審査委員の先生方には適切な指導を賜り、幾多の貴重なご教示をいただいた。ここに記して深甚なる謝意を表したい。
　特に主査をお務めいただいた吉原博之先生には、研究の進め方あるいは研究者としての心構えについて親身のご指導を賜った。先生は私の学生時からの恩師であり、行き届かない私の性格をご承知の上で、ご鞭撻をいただいた。
　利島　保教授からは論文構成や統計学的論述について細かなご配慮をいただき、惰性に陥りがちであった私に統計的解析の心得を改めてご教示いただいた。
　また、中原忠男教授からも統計記述を中心に論文執筆に際しての態度など細やかな点にご配慮いただいた。
　さらに佐藤一精教授には体水分定量に関わる論点をご指摘いただき、緻密な研究態度の必要性を身をもってご提示いただいた。
　稲水　惇教授には医学的観点から肥満羸痩研究の意義をご示唆いただき、水分係数に関わる論点整理の方向付けを賜った。
　佐々木正治教授からは教育学的にみた肥満羸痩の意義に関して多くのご指摘を賜った。
　研究を側面からご援助いただいた広島大学教育学部保健体育科教育の諸先生には研究にとりかかった当初から様々にご支援いただいた。とりわけ黒川隆志教授には、資料の提示や概念規定などに関して貴重なご意見を賜った。
　いずれの先生方からも研究者として自信と謙虚さとが兼ね備わってこ

そ、初めてその遂行が可能であることをお示しいただいたことになる。

　また、この研究は、これから日本人が立ち向かわねばならない肥満や羸痩に関する新たな視点をめざしたものであり、健康を万人自らがその宝としていかにつくりあげていくのかを検討していく端緒として位置づけるとき、九州大学教養部と健康科学センターで研究した12年の日々を忘れることはできない。とくに同大学の小宮秀一教授と切磋しあった歳月が今にして思えば貴重であったと感慨深い。本研究に関わって解析したデータはすべて同教授と小室史恵元助手によって化学的分析が行われたものである。共同で研究を進めた当時の緒方道彦センター長あるいは被験者のみなさんにも心から謝意を表したい。

　なお資料の整理にあたっては広島県立大学の同僚であった安日　稔元講師、福岡県立大学　上田　毅助教授、ならびに元広島大学大学院教育学研究科山田倫栄氏の惜しみない労力の提供があった。三人をはじめとした若い研究者のみなさんの範になる研究態度ではなかった点が多々あることを省み、同時にお世話になった諸先生方のご教示を未だ十分には咀嚼し得ていない自らの未熟さを痛感している。

　今後の研究においてさらなる前進を図ることにより学恩に応えたい。

　なお、本書の刊行には日本学術振興会平成16年度科学研究費補助金研究成果公開促進費（課題番号165320）の交付を受けた。

　　平成16年12月

　　　　　　　　　　　　　　　　　　　吉　川　和　利

略歴

吉川　和利（きっかわ　かずとし）

昭和23年7月	島根県に生まれる
昭和46年3月	広島大学教育学部卒業
昭和49年3月	広島大学大学院教育学研究科修了
昭和49年11月	文部技官筑波大学体育センターに採用
昭和52年4月	文部教官助手九州大学教養部に異動
昭和53年4月	同健康科学センターに異動
昭和57年10月	文部教官講師に昇任
昭和58年12月	文部教官助教授に昇任
平成元年4月	広島県立大学経営学部教授に採用
	（現在に至る）

保健体育科教育における肥満羸痩概念の基礎的検討

2004年12月25日　発行

著者　吉　川　和　利
発行所　株式会社　溪　水　社
広島市中区小町1-4（〒730-0041）
電　話（082）246-7909
ＦＡＸ（082）246-7876
E-mail：info@keisui.co.jp

ISBN4-87440-856-7　C3037
日本学術振興会平成16年度科学研究費補助金（研究成果公開促進費）学術図書